Helfer unter Hitler

Bernd Biege

Helfer unter Hitler

Das Rote Kreuz im Dritten Reich

Kindler

1. Auflage April 2000
Copyright © 2000 bei Kindler Verlag GmbH,
Reinbek bei Hamburg
Alle Rechte vorbehalten
Redaktion: Thomas Bertram
Umschlaggestaltung: Büro Jorge Schmidt, München
Layout und Herstellung: Jan Enns, Wentorf
Satz: Plantin und Univers von Dörlemann Satz, Lemförde
Druck und Bindung: Franz Spiegel Buch GmbH, Ulm
Printed in Germany
ISBN 3 463 40371 4

Inhalt

Vorbemerkung

1. Die in diesem Buch dargestellten Ereignisse sind belegt und somit nachprüfbar. Werden Vermutungen geäußert oder bislang unbestätigte Annahmen dargestellt, sind diese im Text kenntlich gemacht.

2. Die Nennung der Namen von Beteiligten erfolgt aus Gründen der historischen Dokumentation, nicht in der Absicht einer Verurteilung. Sie soll ferner dazu dienen, weitere Forschungsarbeiten, etwa zur Nachkriegsgeschichte der Hilfsorganisationen, zu erleichtern.

3. Die in diesem Buch im Zusammenhang mit der Geschichte des Dritten Reiches genannten Mediziner haben nach eigener Aussage niemals gegen ärztliches Ethos verstoßen.

4. Dieses Buch schildert historische Ereignisse, aus denen eine Wertung der heutigen Nachfolgeorganisationen zu konstruieren falsch wäre. Jede Wertung der heutigen Arbeit des Deutschen Roten Kreuzes, aber auch der Feuerwehren, des Technischen Hilfswerks, des Arbeiter-Samariter-Bundes, der Deutschen Lebens-Rettungs-Gesellschaft oder der Deutschen Gesellschaft zur Rettung Schiffbrüchiger, muß auf der Folie der aktuellen Aktivitäten und Positionen erfolgen.

5. Bei Angaben zu Kriegsverbrechen oder Verbrechen gegen die Menschlichkeit, besonders zur Zahl der Opfer, wurden Quellen und Untersuchungsergebnisse verwendet, die einen allgemeinen Konsens der Forschung darstellen. Der Verfasser hält diese Angaben für zutreffend und wird daher in keinerlei Schriftwechsel über deren Wahrheitsgehalt eintreten.

Zehn Thesen
zum Deutschen Roten Kreuz

Das Deutsche Rote Kreuz hat es nach dem Zweiten Weltkrieg geschickt verstanden, ein Image aufzubauen, das die Organisation als makellosen Garanten für Humanität, Neutralität und Pazifismus erscheinen läßt. Dieses Image läßt sich in zehn Thesen zusammenfassen, deren stichpunktartige Widerlegung am Anfang dieses Buches steht.

Im Anschluß an die zehn Thesen werden die heute gültigen Grundsätze des Roten Kreuzes mit dem Verhalten des Deutschen Roten Kreuzes im Dritten Reich kontrastiert. Das Ergebnis dürfte auch für all diejenigen niederschmetternd sein, die die Grundsätze des Roten Kreuzes bislang für unverletzlich hielten.

1. Das Deutsche Rote Kreuz
war und ist eine
Organisation des Friedens

»Eine Rotkreuz-Gesellschaft wird vom Internationalen Komitee vom Roten Kreuz in Genf nur anerkannt, wenn sie neben zahlreichen anderen Voraussetzungen auch bereit ist, **sich im Frieden auf die Dienste im Krieg vorzubereiten**.«[1]

Das Deutsche Rote Kreuz besteht nicht nur aus einem Heer freiwilliger Helfer, das sich spontan zur Verfügung stellt, wenn Not am Mann ist – das Rote Kreuz ist auch ein wesentlicher Teil der Kriegsplanung des Landes, denn jeder Staat »unterhält« ein Rotes Kreuz oder einen Roten Halbmond in der Gewißheit, auf diese freiwilligen Helfer im Krisen- und Konflikt-fall zurückgreifen zu können. Ohne die Mitwirkung dieser Helfer wäre ein Sanitätseinsatz in Kriegszeiten personell wie logistisch meist gar nicht zu bewältigen.

Diese Rolle verschweigt das Deutsche Rote Kreuz regelmäßig in seinen für die Öffentlichkeit bestimmten Selbstdarstellungen.

2. Das Deutsche Rote Kreuz war niemals eine nationalsozialistische Organisation

Rein formaljuristisch ist diese These richtig – faktisch jedoch falsch.

Das Deutsche Rote Kreuz hat niemals die Rechtsform einer Gliederung der Nationalsozialistischen Deutschen Arbeiterpartei angenommen.

Tatsächlich war das Deutsche Rote Kreuz jedoch eine von Nationalsozialisten geführte und in ihrer Tätigkeit durch die nationalsozialistische Ideologie geprägte Organisation, die sich in ihrem Wahrzeichen nationalsozialistischer Symbole bediente.

Auch ohne die formaljuristischen Voraussetzungen zu erfüllen, war das Deutsche Rote Kreuz in der Zeit von 1933 bis 1945 somit von seinem Charakter her eine nationalsozialistische Organisation.

3. Das Deutsche Rote Kreuz war stets unabhängig

Schon rein rechtlich war das Deutsche Rote Kreuz in der Zeit des Dritten Reiches vollkommen von Staat und Partei abhängig.

Die höchsten Posten und damit die gesamte Führungs-
gruppe wurde im Rahmen des »Führerprinzips« von oben
herab und in Abstimmung mit der NSDAP besetzt, Wahlen
fanden nicht statt. Die Kette der Besetzungen begann an der
Spitze mit dem Präsidenten des Deutschen Roten Kreuzes –
dieser wurde von Adolf Hitler persönlich ausgewählt.

So ergab sich eine Vernetzung der Führungspositionen im
Deutschen Roten Kreuz mit Führungspositionen in der Partei, vor allem auch in der SS.

Ein »unabhängiges« Deutsches Rotes Kreuz existierte während des Dritten Reiches nicht, denn auch die Finanzen unterlagen staatlicher Kontrolle.

4. Das Deutsche Rote Kreuz war für alle offen

Die Offenheit für alle Freiwilligen war in der Zeit des Dritten
Reiches nicht gegeben.

Tatsächlich konnten nur Deutsche mit dem Nachweis einer
»arischen Abstammung« Mitglied werden.

5. Das Deutsche Rote Kreuz war neutral

Durch seine Verflechtung mit Partei und Staat sowie durch
den Ausschluß von »Nichtariern« konnte das Deutsche Rote
Kreuz im Dritten Reich schon aufgrund seiner inneren Struktur nicht als neutral gelten, obwohl nach außen versucht
wurde, den Eindruck einer neutralen Hilfsorganisation aufrechtzuerhalten.

Weitere Verstöße gegen das Gebot der Neutralität, etwa
das rein propagandistisch gelenkte Verhalten gegenüber dem
Internationalen Komitee vom Roten Kreuz nach Entdeckung
des Katyn-Massakers, belegen diese Ansicht.

6. Das Deutsche Rote Kreuz
engagierte sich
für die Kriegsgefangenen

Tatsächlich hat das Deutsche Rote Kreuz wertvolle Arbeit im Dienste der Kriegsgefangenen geleistet – diese Arbeit beschränkte sich jedoch auf diejenigen Soldaten, die durch den Konflikt mit den Westalliierten in Gefangenschaft gerieten.

Im Krieg gegen die Sowjetunion war auch durch die stillschweigende Duldung des Deutschen Roten Kreuzes eine Möglichkeit zur Kriegsgefangenenfürsorge ausgeschlossen. Initiativen hierzu gingen lediglich vom Internationalen Komitee vom Roten Kreuz und den Rotkreuzgesellschaften anderer Staaten aus.

Erst nach dem Ende des Zweiten Weltkrieges erzeugte das Deutsche Rote Kreuz mit seinen Aktivitäten zugunsten der noch in sowjetischem Gewahrsam befindlichen Soldaten den Eindruck, man habe sich immer auf diesem Gebiet engagiert.

7. Das Deutsche Rote Kreuz
beteiligte sich
nicht an Verbrechen

Eine aktive, kollektive Beteiligung des Deutschen Roten Kreuzes an Kriegsverbrechen und Verbrechen gegen die Menschlichkeit hat es in der Tat nicht gegeben.

Zahlreiche Angehörige des Deutschen Roten Kreuzes waren jedoch an solchen Verbrechen aktiv beteiligt – vor allem aus Führungspositionen heraus. Was Verbrechen unter Beteiligung, mit Wissen oder sogar mit Duldung von Angehörigen des Deutschen Roten Kreuzes betrifft, so dürfte die Dunkelziffer allerdings weitaus höher liegen als die Zahl nachweisbarer Fälle.

Der letzte Chef des Deutschen Roten Kreuzes im Dritten
Reich wurde wegen seiner unter dem Deckmantel der Medizin
begangenen Verbrechen im Nürnberger Ärzteprozeß zum
Tode verurteilt und anschließend hingerichtet.

8. Das Deutsche Rote Kreuz
hatte keine Kenntnis
von Verbrechen

Tatsächlich waren dem Deutschen Roten Kreuz allein durch
die personellen Verflechtungen bis in die Führung von Partei
und SS hinein die Verbrechen des Dritten Reiches wohlbekannt.

Selbst auf den untersten Ebenen des Deutschen Roten
Kreuzes dürften zumindest punktuell NS-Verbrechen be-
kannt gewesen sein, sei es durch eigenes Erleben oder vom
Hörensagen.

9. Das Deutsche Rote Kreuz
schützte
Zivilisten und Verwundete

Eine Möglichkeit zum Schutz von Zivilisten war dem Deutschen Roten Kreuz rechtlich überhaupt nicht gegeben, da das
diesbezügliche 4. Genfer Abkommen zwar als Entwurf vorlag,
vor 1949 jedoch keine Rechtsgültigkeit erlangte.

Der Schutz von Verwundeten wurde vom Deutschen Roten
Kreuz nur selektiv wahrgenommen. Im Krieg gegen die Sowjetunion nahm die Organisation diese Funktion faktisch
nicht wahr, wie die Massenmorde in besetzten Lazaretten der
Sowjetarmee belegen.

10. Das Deutsche Rote Kreuz
half in den
Konzentrationslagern

Eine aktive Hilfe des Deutschen Roten Kreuzes für die Insassen von Konzentrationslagern hat es bis zum Zusammenbruch des Dritten Reiches faktisch nicht gegeben.

Jedwede Hilfe, die den Inhaftierten in den Konzentrationslagern zukam oder zukommen sollte, wurde von ausländischen Organisationen über das Internationale Komitee vom Roten Kreuz initiiert.

Grundsätze des Roten Kreuzes

Die XX. Internationale Rotkreuzkonferenz in Wien formulierte am 8. Oktober 1965 die folgenden sieben Grundsätze des Roten Kreuzes:

Menschlichkeit
Unparteilichkeit
Neutralität
Unabhängigkeit
Freiwilligkeit
Einheit
Universalität

Nach den 1965 verabschiedeten (aber schon seit den Zeiten Henri Dunants ideell gültigen) Grundsätzen des Roten Kreuzes war das Deutsche Rote Kreuz in der Zeit zwischen 1933 und 1945 kein vollwertiges Mitglied der internationalen Rotkreuzgemeinschaft. Das Deutsche Rote Kreuz verstieß in eklatanter Form gegen alle Grundsätze, die seine Arbeit eigentlich hätten leiten sollen:

• In den Jahren 1933–45 war das Deutsche Rote Kreuz zumindest über Einzelpersonen und Einrichtungen an Verbrechen und Morden beteiligt – Menschlichkeit?
• Das Deutsche Rote Kreuz war im Dritten Reich direkt von der nationalsozialistischen Führung abhängig und wurde von Nationalsozialisten geführt – Unparteilichkeit?
• Das Deutsche Rote Kreuz war im Dritten Reich »Nicht-

ariern« verwehrt und unterstützte die Propaganda der Nationalsozialisten – Neutralität?

- Das Deutsche Rote Kreuz war in diesen Jahren in jeder Beziehung vom Staat, vor allem aber von den Nationalsozialisten abhängig – Unabhängigkeit?
- Das Deutsche Rote Kreuz war gegen Ende des Zweiten Weltkrieges auf die zwangsweise Dienstverpflichtung angewiesen – Freiwilligkeit?
- Das Deutsche Rote Kreuz war im Dritten Reich zwar die einzige Rotkreuz-Gesellschaft, stand jedoch nicht allen offen und arbeitete auch international nicht mit allen Rotkreuz-Gesellschaften zusammen – Einheit?
- Das Deutsche Rote Kreuz erklärte sich sogar noch nach Kriegsende als für sowjetische Kriegsgefangene nicht zuständig – Universalität?

Trotz dieser eindeutigen Verstöße gegen seine eigenen Prinzipien spricht das Deutsche Rote Kreuz stets von der Kontinuität seiner Arbeit auch im Dritten Reich. Eine zumindest teilweise Verletzung der Rotkreuzgrundsätze wurde niemals zugestanden.

Kämpfer ohne Waffen –
Warum das Rote Kreuz versagen muß

Den meisten Menschen dürfte das Rote Kreuz bekannt sein. Sie kennen das Symbol für humanitäre Hilfe aus unzähligen Publikationen und aus den Medien und setzen das (eine) Schutzzeichen der Genfer Konvention automatisch mit Begriffen wie »Sanitäter«, »Notfallhilfe«, »Katastrophenhilfe« oder »Krankenwagen« gleich. Bei einem Unfall wird oft das Rote Kreuz gerufen, bei Kriegen und Katastrophen »bittet das Rote Kreuz um Ihre Spende«. Das rote Kreuz als Symbol ist allgegenwärtig, der Begriff »Rotes Kreuz« ist austauschbar geworden, und die meisten Menschen setzen den Terminus mit humanitärer Hilfe gleich.

Tatsächlich gibt es das »Rote Kreuz« in Reinform nicht.

Das Deutsche Rote Kreuz ist eine privatrechtliche Hilfsorganisation, ein gemeinnütziger Verein, der gewissermaßen als Dachverband verschiedener anderer Vereine oder Firmen fungiert. Rechtlich selbständige Kreisvereine, die zum Teil wieder aus mehreren Einzelvereinen und -firmen bestehen, schließen sich zu Landesvereinen zusammen, die wiederum eine bundesweite Gesamtorganisation bilden – das eigentliche Deutsche Rote Kreuz.

Dieser Verein erfuhr seine Anerkennung als nationale Hilfsgesellschaft der Bundesrepublik Deutschland im Sinne der Genfer Konventionen, denen der Staat, nicht aber der Verein beitrat. Der Status des Deutschen Roten Kreuzes im völkerrechtlichen Sinne besteht also nur dank staatlicher Anerkennung.

Völlig losgelöst davon ist das Deutsche Rote Kreuz als

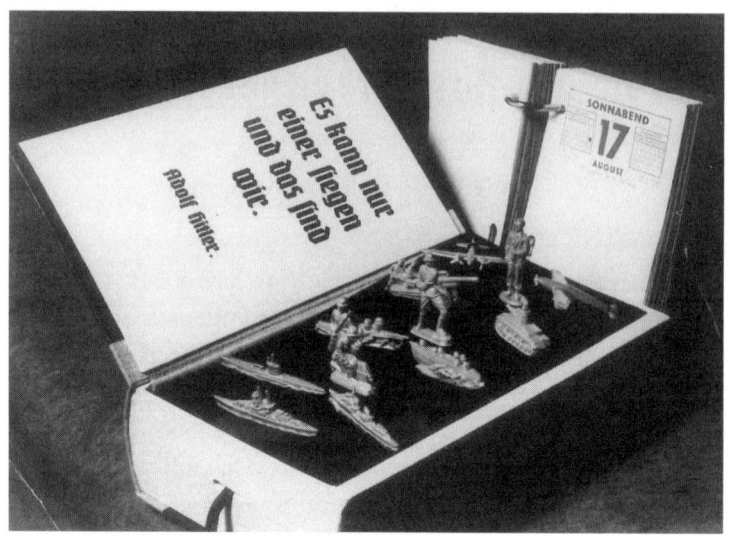

»Das Rote Kreuz bittet um Ihre Spende.«
Die Ansteckabzeichen zur 2. Straßensammlung des Deutschen Roten
Kreuzes zeigen die Waffengattungen der Wehrmacht.

nationale Rotkreuz-Gesellschaft Mitglied in der Liga der Rotkreuz-Gesellschaften, dem weltweiten Dachverband der nationalen Gesellschaften, die sich (ungeachtet ihrer jeweiligen
Rechtsform und des verwendeten Zeichens, aber nach gemeinsamen Prinzipien handelnd) zu einer Interessenvertretung zwecks Koordination und Informationsaustausch zusammengeschlossen haben. Die Liga wiederum hat keine
Befugnisse hinsichtlich der Überwachung der in den Genfer
Konventionen festgeschriebenen und von den Unterzeichner-
staaten anerkannten internationalen Rechtsnormen.

Diese Funktion obliegt dem Internationalen Komitee vom
Roten Kreuz – einem kleinen Verein Schweizer Staatsbürger,
der wichtiger ist als das Millionenheer der Rotkreuzhelfer
in aller Welt. Maximal fünfundzwanzig Schweizer Bürger können dem Internationalen Komitee angehören, auf ihren Schul-

tern vor allem ruht die Verantwortung für die Einhaltung der Genfer Konventionen in Kriegszeiten.

Als Gesamtvertretung der nationalen Rotkreuz-Gesellschaften, der Liga und des Internationalen Komitees gibt es wiederum das Internationale Rote Kreuz – einen reinen »Vereinsverein«.

Es gibt also nicht *das* Rote Kreuz, sondern eine Vielzahl von Organisationen, die sich unter zwei gemeinsamen Namen und derzeit zwei internationalen Zeichen betätigen – dem Roten Kreuz und dem Roten Halbmond.[2] Völkerrechtlich handelnde Parteien bei internationalen Konflikten sind einzig die jeweils direkt oder als Schutzmacht indirekt beteiligten nationalen Rotkreuz-Gesellschaften und das Internationale Komitee vom Roten Kreuz.

Doch sie sind Kämpfer ohne Waffen und können ihren Handlungen bestenfalls moralischen, nicht jedoch physischen Nachdruck verleihen. Dies ist der Grund, warum das Versagen des Roten Kreuzes in Extremsituationen vorprogrammiert ist.

Das nationale Rote Kreuz (oder der nationale Rote Halbmond) ist oft ein Verein, der erst durch seine staatliche Anerkennung als nationale Hilfsgesellschaft im Sinne der Genfer Konventionen eine beschränkte Rechtsfähigkeit erhält. Diese Anerkennung kann jederzeit widerrufen werden und muß nicht auf diese eine Organisation beschränkt bleiben. Zwar schreiben die Grundsätze des Roten Kreuzes vor, daß es in einem Land nur eine Rotkreuz-Gesellschaft geben darf, sie verhindern jedoch nicht, daß dem Roten Kreuz von staatlicher Seite andere Organisationen gleichgestellt werden. So bestimmte die britische Regierung im Jahr 1933, daß neben der British Red Cross Society (als eigentliche Rotkreuz-Gesellschaft) auch die St. John Ambulance und die St. Andrew's Ambulance als Hilfsorganisationen im Sinne der Genfer Konventionen anzusehen seien, und gestattete allen drei Organisationen im Falle eines Einsatzes in internationalen Konflikten die Verwendung des Schutzzeichens: ein rotes Kreuz auf weißem Grund. Doch selbst dieses »Markenzeichen der Humanität« ist nicht allerorten dem Roten Kreuz vorbehalten: In den USA vertreibt eine keineswegs mit dem National American Red Cross verbundene Firma unter dem Namen »Red Cross« und mit ebenjenem Symbol Materialien zur Ersten Hilfe.[3]

Die Liga der Rotkreuz-Gesellschaften ist wie auch das Internationale Rote Kreuz ein Zusammenschluß von Vereinen, ein Vereinsverein sozusagen – ohne Druckmittel und ohne über das Vereinsleben hinausgehende Befugnisse.

Letztlich ist es allein dem Internationalen Komitee vom Roten Kreuz vorbehalten, international vermittelnd tätig zu werden.

Welchen Druck kann das Internationale Komitee indes ausüben, wenn ein Staat seine Vermittlung ablehnt, sie ignoriert oder aktiv bekämpft?

Das Internationale Komitee vom Roten Kreuz hat keinerlei Möglichkeit, die Einhaltung der Genfer Konventionen bei Konflikten aus eigener Kraft durchzusetzen. Es kann ihre Beachtung anmahnen und so moralischen Druck auf einen Staat ausüben, aber es kann nicht mit Konsequenzen drohen, wenn diese Mahnung nicht befolgt wird.

Eine solche Drohung ist den Konfliktparteien vorbehalten und zieht meist neue Mahnungen des Internationalen Komitees nach sich, die vom Konfliktgegner verletzten Bestimmungen aus Gründen der Humanität zumindest selber einzuhalten.

Schert ein Staat aus dem Rahmen der Genfer Konventionen aus, können diese für alle Beteiligten außer Kraft gesetzt werden – eine solche Entscheidung aber trifft jede Partei selbst und im Angesicht einer möglichen weltweiten »Ächtung«.

Das Internationale Komitee vom Roten Kreuz kann und darf nach seinem Selbstverständnis Gewalt nicht mit Gewalt vergelten. Es kann auf Verletzungen der Genfer Konventionen nicht mit Repressalien reagieren, die den rechtsbrüchigen Staat tatsächlich in seiner Substanz erschüttern. Es darf auch angesichts seiner internationalen Reputation niemals aufhören, Kooperation anzubieten und, wenn irgend möglich, aktive Hilfe zu leisten. Es kann sich nicht zurückziehen und Verwundete, Schiffbrüchige, Kriegsgefangene oder Zivilisten ihrem Schicksal überlassen.

Insgesamt ist die Arbeit des Roten Kreuzes, ganz egal auf welcher Ebene, immer vom guten Willen der Regierungen und der Konfliktparteien abhängig.

Die praktische Arbeit des Roten Kreuzes ist deshalb in Extremsituationen zumindest teilweise zum Scheitern verurteilt. Dessenungeachtet kann die Organisation immer noch als moralisch unangreifbar dastehen.

Thema dieses Buches ist das Scheitern des Roten Kreuzes in der Zeit zwischen 1933 und 1945 auf nationaler wie internationaler Ebene. Dabei geht es auch um die Tatsache, daß das Deutsche Rote Kreuz und das Internationale Komitee vom Roten Kreuz es im Angesicht des Dritten Reiches und des Zweiten Weltkrieges nicht schafften, als moralisch unangreifbare neutrale Instanzen angesehen zu werden. Dieses Versagen war letztlich durch die Haltung und die Handlungen beider Institutionen selbst bedingt und nicht durch äußere Umstände.

Das Rote Kreuz vor 1933

Das Deutsche Rote Kreuz konnte seine Ursprünge immer auf die Schlacht bei Solferino am 24. Juni 1859 zurückverfolgen, die der Genfer Kaufmann Henri Dunant als Zeuge miterlebte. Von der mangelhaften medizinischen Versorgung der Verwundeten entsetzt, entwickelte

Dunant schon auf dem Schlachtfeld Eigeninitiative und veröffentlichte seine Erlebnisse 1862 als »Eine Erinnerung an Solferino«. Aus dieser eindrücklichen Schilderung und aus Dunants überwiegend christlich geprägten Ideen über Nächstenliebe auch in Kriegszeiten entwickelte sich eine Bewegung, die 1863 in Genf in eine Konferenz zum Thema Völkerrecht und Verwundetenfürsorge mündete. Dort wurde den Teilnehmern eine als neutral anzusehende Hilfsgesellschaft unter dem Zeichen eines roten Kreuzes auf weißem Grund empfohlen. Als binnen weniger Monate solche Gesellschaften gegründet wurden, war das Rote Kreuz geboren. Im deutschen Raum wurde noch im Dezember 1863 ein solcher Verein gegründet. Er war zuständig für das Königreich Württemberg und nannte sich »Württembergischer Sanitätsverein«. Im Jahr 1864 wurde die erste Genfer Konvention verabschiedet; erster deutscher Unterzeichner war das Großherzogtum Baden.

In den folgenden Jahren nahm das Rote Kreuz in Deutschland einen ungeheuren Aufschwung, da man in dieser Organisation Dienst am Vaterland nicht mit der Waffe, aber doch im Dienste der Waffenträger leisten konnte. Männer und Frauen, die ihre patriotische Gesinnung auf diese Weise demonstrierten, genossen positives Ansehen in der Bevölkerung und bei staatlichen Stellen. Schon ab 1870/71 wurde das Rote Kreuz als nicht militärisch betriebener, aber dem Militär angegliederter Sanitätsdienst betrachtet. 1902 wurde das Zeichen des Roten Kreuzes gesetzlich geschützt.

Obwohl es eine Kooperation gab, arbeiteten die Landesvereine lange jeder für sich. Selbst bei ihrem Einsatz im Ersten Weltkrieg waren die 117 988 Frauen und 132 782

Männer, die an der Front und im Hinterland für das Rote Kreuz arbeiteten, immer noch Angehörige eines Landesvereins, nicht eines Deutschen Roten Kreuzes.

Das Deutsche Rote Kreuz wurde erst 1921 ins Leben gerufen; es handelte sich aber nur um einen formellen Zusammenschluß. Es fungierte als Dachverband von etwa achttausend selbständigen Vereinen, in denen bis zu eineinhalb Millionen Deutsche Rotkreuzarbeit in unterschiedlichster Form leisteten. Es existierten allein etwa 3550 »Freiwillige Sanitätskolonnen« und 57 sogenannte »Mutterhäuser«, in denen fast zehntausend Krankenschwestern zusammengefaßt waren. Auch wirtschaftlich war das Vereinsgebilde stark – die Bilanz von 1932 wies 2704836,61 Reichsmark an Vermögenswerten auf.

Zu den Tätigkeiten des Roten Kreuzes gehörten der Krankentransport, die Pflege in eigenen oder fremden Heimen, Sozialdienste verschiedenster Art und die Jugendarbeit, für die im Jahr 1925 ein gesondertes Jugendrotkreuz gegründet wurde. In den Hintergrund trat die Arbeit im Kriegssanitätsdienst. Jegliche kriegerische Betätigung oder Vorbereitung auf den Krieg war durch den Versailler Vertrag auf die Reichswehr beschränkt. Wäre das Rote Kreuz hier auf breiter Basis aktiv geworden, hätte die Organisation mit einem Verbot rechnen müssen. Schon in den zwanziger Jahren allerdings übte man verstärkt den »Gasschutz« als Vorbereitung auf einen Einsatz vor allem im Luftschutz.

Die soziale Zusammensetzung des Roten Kreuzes war weitestgehend bürgerlich; die höchsten Führungspositionen bekleideten Adlige, ungeachtet der Tatsache, daß der Adel nach 1918 stark an Bedeutung eingebüßt hatte.

Die Helfer und die Henker –
Eine Typologie der Täter

Als Hilfsorganisation vereinte das Deutsche Rote Kreuz einen Großteil der Helfer im Dritten Reich unter seinem Dach. Und es unterstellte diese Helfer Hitler – sei es in seiner Eigenschaft als »Führer«, als Oberkommandierender der Wehrmacht oder einfach als Schirmherr des Deutschen Roten Kreuzes. Viele der vermeintlichen Helfer im Schutz des Roten Kreuzes waren zugleich Henker im Dienste des Nationalsozialismus.

In den letzten Jahren erregten zwei Publikationen die Aufmerksamkeit der Deutschen – Guido Knopps multimediale Reihe »Hitlers Helfer« und Daniel Goldhagens Buch *Hitlers willige Vollstrecker*. Das englische »executioners« kann mehrere Bedeutungen haben – es kann den verwaltenden Ausführer einer Sache ebenso bezeichnen wie den Scharfrichter. Interessanterweise können allein die Titel dieser beiden Veröffentlichungen schon als Richtschnur für eine Typologisierung der in diesem Buch beschriebenen Menschen(gruppen) gelten.

Helfer unter Hitler konnten diejenigen sein, die tatsächlich als Helfer in den Hilfsorganisationen (allen voran im Deutschen Roten Kreuz) unter der Diktatur der Nationalsozialisten tätig waren. Es konnten aber auch jene sein, die an mehr oder minder exponierter Stelle und aus innerer Überzeugung oder reinem Opportunismus heraus eher dem Regime geholfen haben.

Im Deutschen Roten Kreuz gab es ebenso wie in anderen Hilfsorganisationen fast immer »Helfer«, »Verwalter« und »Henker«.

Der »Helfer« beziehungsweise die »Helferin« bildet die Basis einer jeden Hilfsorganisation. Hiermit ist das weltweite Millionenheer derjenigen Menschen beschrieben, die sich dem Dienst etwa im Roten Kreuz verschrieben haben, um zu helfen. Die Gründe können humanitärer oder weltanschaulicher Natur sein, in der Tradition oder in dem Willen begründet liegen, dem Staat (beziehungsweise der Gemeinschaft) zumindest in dieser Form zu dienen.

Diese freiwilligen Helfer waren auch während des Dritten Reiches der Grundstock einer jeden Hilfsorganisation, auch des Deutschen Roten Kreuzes. Ohne aktive Mitwirkung dieser Helfer hätten die Organisationen (im Guten wie im Schlechten) gar nicht funktionieren können.

Über den Helfern standen die »Verwalter«, die Führungskräfte, die dafür sorgten, daß der Wille der Organisationsleitung (und damit oftmals der Wille des »Führers«) von den Gliederungen umgesetzt wurde. Es handelte sich meist um weltanschaulich im Sinne des Regimes gefestigte Personen, oftmals NSDAP-Mitglieder. Nicht ganz zuverlässig erscheinenden »Verwaltern«, die jedoch aus Prestige- oder Traditionsgründen im Amt blieben, stellte man gern zuverlässigere Mitarbeiter an die Seite – graue Eminenzen in brauner oder schwarzer Uniform.

Eine besondere Gruppe unter den »Verwaltern« waren die »Henker«. Sie taten sich nicht nur durch die praktische Umsetzung der nationalsozialistischen Ideologie in ihren Organisationen hervor, sondern entwickelten oftmals erschreckende Eigeninitiative. Das konnte bei einfachen Verwaltungstätigkeiten beginnen, etwa der Meldung »unzuverlässiger« Helfer an die Behörden oder der Nachfrage, ob Juden Helfer sein dürften. Solche Initiativen konnten bei Menschenversuchen an Häftlingen in Konzentrationslagern enden.

26

Nicht jeder »Henker« mußte selbst Blut an den Händen haben. Oft reichte zum Beispiel die Denunziation, die zum Todesurteil führte, schon aus.

Als »Henker« wird man in der Regel nicht geboren; erst durch äußere Umstände kann man in die Lage kommen, anderen Menschen zu schaden. So sind die Übergänge Helfer–Verwalter–Henker oftmals fließend: Der nach Kriegsende hingerichtete Karl Gebhardt etwa war zunächst einfach nur Arzt, also »Helfer«, dann als Leiter einer DRK-Klinik, die zugleich als SS-Lazarett diente, »Verwalter«, und schließlich als direkt oder indirekt Beteiligter an Menschenversuchen und Morden – »Henker«.

Im folgenden wird der Leser öfter den »Verwaltern« und »Henkern« begegnen, seltener den »Helfern«. Dennoch bildeten die »Helfer« das Gros der in diesem Buch untersuchten Organisationen.

Dieses Ungleichgewicht liegt in der Natur der Sache, denn »Verwalter« und »Henker« sind meist recht gut dokumentiert und namentlich bekannt, ihre Handlungen und oftmals auch ihre Gedanken lassen sich nachvollziehen. Die »Helfer« dagegen bilden eine gesichtslose, wenngleich uniformierte Masse, über die schwer stichhaltige Aussagen zu machen sind.

Man sollte sich wegen dieser Gesichtslosigkeit nicht dazu hinreißen lassen, die Helfer pauschal zu verurteilen – genauso wie es falsch wäre, jeden Deutschen als treuen Anhänger des Nationalsozialismus zu verdammen oder jeden einzelnen SS-Mann in die Kategorie psychopathischer Massenmörder einzuordnen. Aber sie alle waren Teil eines großen Ganzen (einer bestimmten Organisation, des Volks, der SS …), in dessen Namen Verbrechen verübt wurden. Insoweit machten sie sich zumindest durch Duldung mitschuldig.

Die Organisationen der Helfer allgemein, ihre Grundhaltung und ihre Verstrickung in die Verbrechen des Nationalsozialismus lassen sich mit Dokumenten nachweisen. Ebenfalls bewertbar sind diejenigen »Verwalter« und »Henker«, die sich durch Wort und/oder Tat aus der Masse selbst heraushoben. Sie werden namentlich genannt, zitiert und genau beschrieben – auch um zu zeigen, daß für die schlimmsten Exzesse innerhalb der Organisationen immer einzelne Täter oder Tätergruppen verantwortlich gemacht werden können und müssen – Täter, die sich hinter der Organisation verstecken konnten, durch sie legitimiert und oftmals auch noch nach Kriegsende durch Schweigen gedeckt wurden.

Jeder »Helfer« kann sich selbstverständlich auf den Standpunkt stellen, ihm sei keine Beteiligung an Verbrechen vorzuwerfen, ja er habe von Verbrechen tatsächlich nichts gewußt.

Doch Einzelaspekte der während des Dritten Reiches verübten Verbrechen und Greuel konnten die Helfer des Deutschen Roten Kreuzes reichlich wahrnehmen – die frühen Kriegsvorbereitungen, die Gleichschaltung, die Unterordnung unter die nationalsozialistische Ideologie, das Leiden an der Front, die immensen Verluste an Menschenleben, die Schrecken der Bombenangriffe, das Elend der Kriegsgefangenen und der KZ-Häftlinge, die Verbrechen der Nationalsozialisten und ihrer Helfer. Das alles konnte auch dem Deutschen Roten Kreuz nicht verborgen bleiben, da Mitglieder und Mitarbeiter direkt oder indirekt davon betroffen waren und man mit diesen Faktoren »an der Front der Menschlichkeit« ringen mußte – sei es an höchster Stelle im Kontakt mit der internationalen Gemeinschaft, sei es in niedrigster Position als Krankenträger im Luftschutz.

Dennoch kann man in diesem Zusammenhang nicht pauschal vom Deutschen Roten Kreuz sprechen. Soweit möglich werden im folgenden stets Personen und Dienststellen im Deutschen Roten Kreuz genannt, die von Tatbeständen wuß-

28

ten oder an ihnen beteiligt waren. Dadurch können personelle Verstrickungen aufgezeigt und konkret belegte Fälle falschen Handelns dokumentiert werden. Hier sind es dann die »Verwalter« und die »Henker«, die die Masse der »Helfer« vertraten, führten oder vielleicht auch verrieten.

Diese »Verwalter« und »Henker« haben dem Ansehen des Deutschen Roten Kreuzes geschadet und letztlich dazu beigetragen, daß das objektive Gesamtbild der Organisation für die Zeit zwischen 1933 und 1945, trotz unbestreitbarer humanitärer Leistungen, eher zum Negativen tendiert. Das Deutsche Rote Kreuz war in seiner Gesamtheit eine Hilfstruppe Hitlers – auch wenn dies dem einzelnen »Helfer« gar nicht bewußt gewesen sein mag.

Noch ein vierter Typus innerhalb des Deutschen Roten Kreuzes bleibt zu erwähnen: der »Fälscher«, der sich meist aus dem Kreis der »Helfer« rekrutierte. Auf ihn wird am Ende dieses Buches noch kurz einzugehen sein. Es handelt sich um die Männer und Frauen, die sich im Nachkriegsdeutschland mit der Geschichte »ihrer« Organisation auseinandersetzten und dabei zum Teil haarsträubende Argumentationsketten ersannen, um ebendiese Organisation von direkten und indirekten Vorwürfen zu entlasten. Oder, was noch schlimmer ist, sie priesen weiterhin die »Errungenschaften« der NS-Zeit. Bewußt oder unbewußt machten sie sich damit der Geschichtsfälschung schuldig, um sich oder ihre »Kameraden« zu schützen.

*»Mit Selbstverständlichkeit stellte sich das Deutsche Rote Kreuz dem Führer
bedingungslos zur Verfügung ...«*
3. Dezember 1939: Feierliche Vereidigung von 4000 Helferinnen und
600 Helfern des DRK im Berliner Sportpalast.

Anpassung per Gesetz –
Vom Verein zur
nationalsozialistischen Organisation

Das Deutsche Rote Kreuz wurde nicht über Nacht zu einer nationalsozialistischen Organisation. Die Umwandlung mußte behutsam vorbereitet und rechtlich abgesichert werden, schließlich ging es um die möglichst gewinnbringende Umgestaltung einer ihrem Wesen nach für das Dritte Reich gar nicht geeigneten Vereinigung. Rein rechtlich handelte es sich bei dem 1921 gegründeten Vereins-Verein »Deutsches Rotes Kreuz« um eine Interessenvertretung der verschiedenen, in den einzelnen Ländern bestehenden Rotkreuz-Gesellschaften. Von straffer Organisation oder gar einheitlicher Vereinspolitik konnte nur sehr eingeschränkt die Rede sein.

Das sollte sich rasch ändern. Die offizielle Geschichtsschreibung des Deutschen Roten Kreuzes vermerkte schon 1939: »Die Machtergreifung durch den Führer Adolf Hitler riß Deutschland im letzten, entscheidenden Augenblick vom Sturz in den Abgrund zurück. Aus einem verzweifelten Volk wurde in wenigen Jahren die im Nationalsozialismus geeinte, starke Nation, der es beschieden war, die Zusammenfassung aller Deutschen im Großdeutschen Reich mitzuerleben. Für das Deutsche Rote Kreuz bedeutete dieses Ereignis eine Befreiung von der unwürdigen Lage, in die es während der Jahre der Weimarer Republik gedrängt war. Mit Selbstverständlichkeit stellte sich das Deutsche Rote Kreuz dem Führer bedingungslos zur Verfügung, um sich in den zunächst noch nicht übersehbaren Neuaufbau des Reiches einzureihen.«[4]

Diese Sätze scheinen ein Gefühl widerzuspiegeln, das im deutschen Volk und somit auch bei den Helfern des Deutschen

Roten Kreuzes nach 1939 weit verbreitet war. Dieser Text erschien, als das Dritte Reich im Zenit seiner Popularität stand: nach der Eingliederung Österreichs und des Sudetenlandes, aber noch vor der Lebensmittelrationierung und den ersten scharfen Schüssen in Polen.

»Machtergreifung«, »Sturz in den Abgrund«, die »unwürdige Lage«, in die man »gedrängt« war – all diese Formulierungen entsprachen dem Zeitgeist, waren Schlagworte, die in aller Munde waren und deren Inhalt im Dritten Reich als unumstößliche Wahrheit galt.

Galt die negative Beschreibung der Zeit vor 1933 auch für das Deutsche Rote Kreuz? Die Antwort lautet: nein. Das Rote Kreuz hatte nach dem Ende des Ersten Weltkrieges einen langsamen, aber stetigen Aufschwung erfahren, ihm drohte kein Abgrund. Allein den Sanitätskolonnen standen zu Beginn des »Tausendjährigen Reiches« 132 023 aktive Mitglieder zur Verfügung, womit die Stärke der Reichswehr in den Schatten gestellt wurde. Mit 591 Krankenkraftwagen erbrachten diese Helfer 2 152 526 zum größten Teil bezahlte Hilfeleistungen. Außerdem zählten 13 598 »weibliche Hilfskräfte«, 9789 Schwestern, 71 186 inaktive Mitglieder der Sanitätskolonnen und 63 865 außerordentliche Mitglieder zum Roten Kreuz.[5] Am 30. Januar 1933 soll das DRK in 7943 Vereinen sogar 1 433 169 Mitglieder gehabt haben.[6] Die Organisation befand sich also keineswegs in einer unwürdigen Lage, sondern verfügte eher über eine gesunde Basis für ihre Arbeit.

Was allerdings den Boden für die Übernahme des DRK durch die Nationalsozialisten bereitete, war die soziale Struktur der Vereine. Die meisten männlichen Helfer entstammten dem Kleinbürgertum, die Frauen allen Schichten des Bürgertums: »Es gab in den Reihen des Deutschen Roten Kreuzes keine Arbeiter!«[7]

Als »unwürdig« mögen es vor allem die reichlich vertretenen Veteranen des Ersten Weltkrieges, die dem Kleinbürgertum entstammten, empfunden haben, daß in der Satzung des Deutschen Roten Kreuzes vom Januar 1921 erst im neunten Abschnitt des § 2 die Mitarbeit im Kriegssanitätsdienst erwähnt wurde.[8] Aus heutiger Sicht ist allerdings eher unwürdig, daß ein auf Neutralität und Humanität bedachter Verein sich wie selbstverständlich und bedingungslos einer rassistischen Weltanschauung und dem Herrschaftsanspruch einer Partei unterordnete.

Diese Unterordnung wurde von höchster Stelle gefördert: Der Stellvertreter des Führers Rudolf Heß ernannte sogleich im Jahr 1933 einen getreuen Gefolgsmann zum Kommissar für die erforderlichen Maßnahmen zur Eingliederung des Deutschen Roten Kreuzes in die Organisationsstrukturen des Dritten Reiches: Generaloberstabsarzt a. D. und SA-Sanitäts-Obergruppenführer (General) Dr. Hocheisen – einen alten Kampfgenossen.

»Das erste mußte eine Beseitigung der nun erst recht unerträglich gewordenen Satzung von 1921 sein«, stellte das Deutsche Rote Kreuz selbst lakonisch fest[9] und berichtete, daß die rechtlich immer noch selbständig agierenden Landesvereine dem DRK-Präsidenten von Winterfeldt-Menkin schnell ihr Einverständnis mit einer Satzungsänderung signalisierten.

Die neue Satzung trat am 29. November 1933 mit Genehmigung der Reichsregierung in Kraft. Unerträglich mag für die jetzt tonangebenden Nationalsozialisten etwa die Formulierung gewesen sein, daß die Mitglieder »ohne Unterschiede … des religiösen Bekenntnisses und der politischen Gesinnung« aktiv würden. Soviel Humanismus war einem politisch und rassentheoretisch voreingenommenen Menschen selbstverständlich ein Dorn im Auge, denn in einem der NSDAP genehmen und vom Dritten Reich offiziell anerkannten Roten Kreuz dürfte für Juden oder Kommunisten kein Platz mehr gewesen sein. Für einen alten Militär wie Hocheisen, aber anscheinend auch für viele DRK-Mitglieder war der geringe

Stellenwert des Kriegssanitätsdienstes in der bestehenden Satzung unerträglich. Dieser Zustand wurde im Sinne der neuen Machthaber korrigiert; ab sofort genoß »die Mitwirkung im amtlichen Sanitätsdienst des Heeres im Kriege« Priorität.[10] Wie vorausschauend gehandelt wurde, ließ ein zeitgenössischer Kommentator durchblicken: »Damit war ... eine engere Zusammenarbeit zwischen dem Deutschen Roten Kreuz und dem Heeressanitätsdienst *noch vor Wiederherstellung der Wehrhoheit des Reiches* angebahnt.«[11]

Auch die innere Struktur des DRK wurde 1933 weitestgehend bereinigt, indem das Prinzip der Berufung von Führungskräften eingeführt wurde, eine Praxis, die juristisch der Eintragung in das Vereinsregister widersprach: »Die Rechtsform des Deutschen Roten Kreuzes blieb die eines Eingetragenen Vereins. Die mühsam gefundene Lösung des Widerspruches zwischen der autoritären Form – Berufung statt Wahl der Vorsitzenden und Kontrolle über das Vermögen – und den Paragraphen des Bürgerlichen Gesetzbuches hat den Vereinsrichtern allerdings besonders bei den Untergliederungen viel Kopfzerbrechen gemacht.«[12] Fortan übte der Staat praktisch die Kontrolle über die Führung und die Gelder des theoretisch noch selbständigen Deutschen Roten Kreuzes aus; von Unabhängigkeit im Sinne der Rotkreuzgrundsätze konnte damit nicht mehr die Rede sein. Entscheidungsführer waren jetzt die Nationalsozialisten beziehungsweise deren im DRK eingesetzte Statthalter.

Der amtierende Präsident des Deutschen Roten Kreuzes, von Winterfeldt-Menkin, legte am Tag des Inkrafttretens der neuen Satzung sein Amt nieder. Damit verlor das DRK seinen letzten demokratischen Leiter, der mit der neuen Satzung seine Schuldigkeit getan hatte.

Nachfolger wurde auf Geheiß von Reichspräsident Paul von Hindenburg Herzog Carl-Eduard,[13] ein Adliger aus altem Geschlecht und künftig das Aushängeschild der noch immer nostalgisch verklärten alten Weltordnung im Roten Kreuz. Als Nationalsozialist war er aber gleichzeitig auch Repräsentant der neuen Ordnung in Deutschland. Ihm »beratend« zur Seite stellte der Reichsminister des Inneren Wilhelm Frick dann (nicht ganz überraschend) den SA-Arzt Hocheisen. Faktisch war das DRK damit also schon im Jahr 1933 fest in der Hand der Nationalsozialisten. Und als Hindenburg am 2. August 1934 starb, war das Deutsche Rote Kreuz nur einen Monat lang ohne Schirmherrn. Am 1. September übernahm Adolf Hitler, der sich sonst gegen solche Berufungen sträubte, dieses Ehrenamt. Andere Nationalsozialisten erhielten wichtige Funktionsposten, um das DRK vollkommen zu kontrollieren. Die bestehenden Vaterländischen Frauenvereine wurden zu einem neuen »Reichsfrauenbund des Deutschen Roten Kreuzes« zusammengefaßt, an dessen Spitze Gertrud Scholtz-

12. November 1936: Hitler begrüßt in der Reichskanzlei eine Abordnung des Reichsfrauenbundes im Deutschen Roten Kreuz.

Klink stand. Die Beamtenwitwe war seit 1927 »Frauenführerin« in Baden, trat 1928 in die NSDAP ein, war seit 1930 Leiterin der NS-Frauenschaft und seit Januar 1934 Leiterin des weiblichen Arbeitsdienstes. Seit Februar 1934 fungierte sie als Reichsführerin der NS-Frauenschaft und des Deutschen Frauenwerks.[14] »Mißverständnisse und Reibungen«[15] führten dazu, daß am 21. Juli 1934 Rudolf Heß den Reichsärzteführer Dr. Gerhard Wagner als Vertrauensmann der Partei und Ausgleichsstelle, also als eine Art Ombudsmann für das DRK, bestellte. Heß zählte zu den Patienten Wagners, der sich mit Überlegungen zur Sterilisation von Juden und Behinderten hervortat.

In einer Chronik des DRK-Landesverbandes Baden-Württemberg stellte Walter Gruber ungeachtet dieser eindeutigen nationalsozialistischen Übernahme der DRK-Führung ex cathedra fest, daß »praktizierende Humanisten ... sich ins DRK zurückgezogen hatten, da sie zwangsläufig einer Organisation angehören mußten«.[16] Schutzräume innerhalb des Deutschen Roten Kreuzes dürften allerdings rar gewesen sein. Das DRK nämlich sah seine Aufgabe unmißverständlich darin, sich der neuen Zeit unterzuordnen: »Das wichtigste war nun, mit der allmählichen elastischen Umbildung des Deutschen Roten Kreuzes, seiner Organisation und seiner Tätigkeiten, dem Eilmarsch zu folgen, in dem sich der Neuaufbau des nationalsozialistischen Staates, der Wehrmacht, der Partei, ihrer Gliederungen und angeschlossenen Verbände vollzog.«[17] Von der Öffentlichkeit kaum bemerkt, fielen einige Aktive diesem Eilmarsch des Deutschen Roten Kreuzes zum Opfer. Diese Gestrauchelten wurden aber schnell aufgefangen, denn entlang des Marschweges warteten hilfreich die Nationalsozialisten. So wurde das Jugendrotkreuz komplett aus dem Deutschen Roten Kreuz herausgelöst.[18] Dasselbe geschah mit anderen Gliederungen, die sich mit der durch die Nationalsozialistische Volkswohlfahrt exklusiv beanspruchten Sozialarbeit befaßten.[19]

Am 9. Dezember 1937 erließ die Reichsregierung das Gesetz über das Deutsche Rote Kreuz, das aus dem zersplitterten Vereins-Verein eine einheitliche Organisation machte,»um die Bereitschaft des Deutschen Roten Kreuzes zur Erfüllung seiner Aufgaben durch eine straffe Zusammenführung seiner Kräfte zu erhöhen«.[20] Aufgelöst wurden dadurch das Deutsche Rote Kreuz e.V., der Reichsfrauenbund des DRK, der Frauenverein vom Roten Kreuz für Deutsche über See e.V., alle Männer- und Frauenvereine des DRK, die Schwesternschaften des DRK, alle Sanitätskolonnen, Pflegerschaften und Samaritervereine des DRK, Stiftungen des DRK und sonstige mit dem DRK verbundene Vereine oder Gesellschaften.[21] Sie alle verloren ihre Eigenständigkeit, was das DRK jedoch nicht überrascht haben dürfte. Die offizielle Vereinschronik bemerkt dazu:»Ebenso bedurfte das Verhältnis der bisher auf ihre Unabhängigkeit bedachten Frauenvereine des Deutschen Roten Kreuzes zur NS-Frauenschaft und zum Deutschen Frauenwerk einer Schritt für Schritt vorrückenden Lösung, die ohnehin für beide Seiten in einer Hand zusammenlief, bei der Reichsfrauenführerin Frau Scholtz-Klink.«[22]

Das Deutsche Rote Kreuz selbst war fortan nur noch eine einheitliche Organisation ohne Eintrag im Vereinsregister und somit einer Körperschaft des öffentlichen Rechts vergleichbar. Dies bestätigt § 1 des Gesetzes:»(1) Das Deutsche Rote Kreuz e.V., der Reichsfrauenbund und die sonstigen Verbände, Vereine und Untergliederungen des Deutschen Roten Kreuzes werden zu einer Einheit ›Deutsches Rotes Kreuz‹ zusammengeschlossen. (2) Das Deutsche Rote Kreuz ist rechtsfähig.« Die Mitgliedschaft in dieser»rechtsfähigen« Einheit war zwar freiwillig (§ 4), die Aufsicht lag jedoch beim Reichsministerium des Inneren (§ 6).

Die öffentlich-rechtliche und hoheitliche Stellung des DRK im Dritten Reich bestätigt auch § 17:»Der Bedarf des Deutschen Roten Kreuzes gilt als Bedarf im Sinne der Vorschriften für das öffentliche Beschaffungswesen.« Auch von Gerichts- und Verwaltungsgebühren wird das DRK per Gesetz mit sofortiger Wirkung befreit. Was die Grundsteuer betraf, so wurde das DRK über eine Änderung des Grundsteuergesetzes von 1936 im § 19 mit der NS-Volkswohlfahrt und der NS-Kriegsopferversorgung gleichgestellt.

In letzter Konsequenz wurde das Deutsche Rote Kreuz also zu einer Einrichtung des nationalsozialistischen Staates, gewissermaßen zum verlängerten Arm der Reichsregierung beziehungsweise der Partei.

Ebenfalls abgeschafft wurden durch dieses Gesetz die Reste der bislang noch bestehenden demokratischen Strukturen innerhalb der aufgelösten Mitgliedsvereine. Im § 5 heißt es eindeutig: »Der Präsident des Deutschen Roten Kreuzes wird vom Führer und Reichskanzler auf gemeinsamen Vorschlag des Reichsministers des Inneren, des Reichskriegsministers und Oberbefehlshabers der Wehrmacht sowie des Stellvertreters des Führers berufen und abberufen.«[23]

Dieses Reichsgesetz betraf nur den Präsidentenposten sowie die *Erst*besetzung der Stelle eines geschäftsführenden Präsidenten,[24] so daß sich folgende Konstellation ergab: Der Präsident, vom Führer berufen, stand an der Spitze des DRK, war Vorzeigehelfer und auch internationaler Vertreter, und ihm »zur Seite« stand als ständiger Stellvertreter ein Geschäftsführender Präsident, sozusagen eine graue Eminenz.

Das Gesetz vom 9. Dezember 1937 wies das DRK an (§ 4, Abs. 3), sich eine Satzung zu geben, die von Innenministerium, Kriegsministerium und vom Stellvertreter des Führers genehmigt werden mußte.

Offenbar aufgrund intensiver Vorarbeit veröffentlichte das Deutsche Rote Kreuz bereits am 24. Dezember 1937 seine schon von allen Instanzen genehmigte neue Satzung. Aus jeder Zeile dieser Satzung sprach die Treue zum Führer und die Absage an jede Art demokratischer Prozesse.

Schon in § 3 wird festgestellt, daß der »Führer und Reichskanzler«[25] Schirmherr des Deutschen Roten Kreuzes war. Um die »besondere Verbundenheit mit Führer und Reich« weiter zu bekräftigen, gab es fortan einen eigenen DRK-Eid, der von allen Führungskräften sowie den aktiven Mitgliedern[26] abgelegt werden mußte:»Ich schwöre Treue dem Führer des Deutschen Reiches und Volkes, Adolf Hitler. Ich gelobe Gehorsam und Pflichterfüllung in der Arbeit des Deutschen Roten Kreuzes nach den Befehlen meiner Vorgesetzten. So wahr mir Gott helfe.« Mit dieser Formulierung wurden die Aktiven und die Führungskader der größten humanitären Organisation Deutschlands auf eine einzige Person eingeschworen, auf Adolf Hitler persönlich. Sie gelobten Gehorsam und Pflichterfüllung, aber nicht etwa nach den Grundsätzen des Roten Kreuzes oder der Genfer Konventionen, sondern einzig und allein gegenüber den Befehlen von Vorgesetzten. Wo diese Pflichterfüllung erwartet wurde, machte der nächste Paragraph klar:»Das Deutsche Rote Kreuz wirkt mit im amtlichen Sanitätsdienst der Wehrmacht[27] und im Sanitätsdienst des Luftschutzes.« Alle anderen Aktivitäten wurden zweitrangig, hier hatte das DRK künftig nur noch »unterstützend mitzuwirken«.[28]

Die inneren Strukturen des neuen DRK wurden in dem Paragraphen 10 ff. geregelt; sie waren fortan dem Führerstaat angepaßt und entbehrten jeder demokratischen Grundlage.[29] Der Präsident, vom »Führer« berufen, ernannte den Geschäftsführenden Präsidenten und einen Präsidialrat »zur beratenden Mitwirkung«. Zu Sitzungen dieses Präsidialrats waren immer der Reichsminister des Inneren, der Stellvertreter des Führers, der Reichskriegsminister und (später nur noch) der Oberbefehlshaber der Wehrmacht, der Reichsminister des Auswärtigen sowie der Reichsminister der Luftfahrt[30] zu laden. Weiter berief der Präsident des DRK »im Einvernehmen mit den Gauleitern der NSDAP Landesführer, diese wiederum

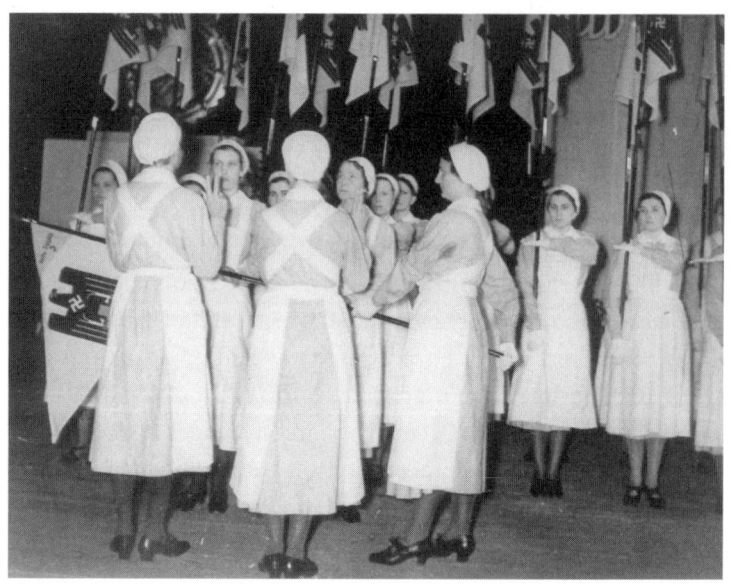

»Ich schwöre Treue dem Führer des Deutschen Reiches und Volkes, Adolf Hitler ...«
2. Juni 1940: In der Berliner Scala werden 1800 DRK-Helferinnen und -Helfer vereidigt.

bestellten zusammen mit den Gauleitern Kreisführer. Auch Leiter von Anstalten berief der Präsident, Landes- oder Kreisführer wurden von den in ihrem Gebiet tätigen Leitern anderer Einrichtungen berufen. Das Rote Kreuz im Dritten Reich wurde also zu einer Körperschaft der Berufenen, die Stränge der Berufung liefen letztlich immer in der Person Hitlers zusammen.

Zusammen mit der oben zitierten Treueformel darf also wohl ohne jede Polemik behauptet werden, daß Hitler nicht nur Schirmherr, sondern in letzter Instanz auch Chef des Deutschen Roten Kreuzes war. Er, und nur er allein, konnte den Präsidenten nach Gutdünken einsetzen und abberufen, also jederzeit durch einen willfährigen Handlanger ersetzen, der dann ihm unterstellte »unzuverlässige Elemente« von oben herab und in Zusammenarbeit mit Staat und Partei auswechseln konnte.

Der Grundsatz der Unabhängigkeit und Überparteilichkeit, der das Handeln der nationalen Rotkreuzeinrichtungen eigentlich bestimmen sollte, wurde im Deutschen Reich Ende 1937 ersatzlos gestrichen.

In diesen Zusammenhang gehört auch die Annahme eines neuen Abzeichens.[31] Hierzu hieß es im § 20: »Das Deutsche Rote Kreuz gebraucht im Schriftverkehr und für seine Abzeichen das Wahrzeichen des Roten Kreuzes in folgender Form: Das Wahrzeichen wird von den Fängen eines Adlers mit geschlossenen Flügeln und nach rechts gewendetem Kopf gehalten, der auf der Brust ein Hakenkreuz trägt.«[32]

De facto wurde das rote Kreuz also zu einem Accessoire in einem staatlich wirkenden Wappenkonstrukt. Das rote Kreuz befand sich fest im Griff des Reichsadlers und war an unterster Stelle zu finden; über dem roten Kreuz prangte das Hakenkreuz.

Die neue Satzung des Deutschen Roten Kreuzes trat am 1. Januar 1938 in Kraft, unterzeichnet wurde sie nicht von DRK-Präsident Carl-Eduard, sondern vom Geschäftsführenden Präsidenten, SS-Brigadeführer Ernst Robert Grawitz.

Mit dem Inkrafttreten der Satzung war die rechtliche Angleichung des Deutschen Roten Kreuzes an den nationalsozialistischen Staat endgültig vollzogen. Dieser Rechtsstatus wurde während des Dritten Reiches nicht mehr verändert und behielt bis zur Auflösung des Deutschen Roten Kreuzes durch die Alliierten Gültigkeit.

Uniformen über alles

Das Deutsche Rote Kreuz war seit seiner Gründung uniformiert. Während andere Vereine, etwa der Arbeiter-Samariter-Bund, sich mit Armbinden und Mützen zufriedengaben, legte sich das Rote Kreuz sofort eine komplette »Dienstkleidung« zu, die der militärischen Uniform zum Verwechseln ähnlich sah. Mit weißen Mützen, Rotkreuzkragenspiegeln und einer Armbinde zogen die freiwilligen Sanitäter in den Dienst.

Die Uniformierung des DRK im Dritten Reich war den militärischen, paramilitärischen und parteieigenen Gliederungen so eng nachempfunden, daß aus einiger Entfernung nur noch Unterschiede in den Farbnuancen feststellbar waren. DRK-Führungskräfte etwa trugen militärische Schirmmützen, eine durchweg militärische Jacke unter einem eigentlich nur in Verbindung mit Pistolenhalftern oder Stichwaffen Sinn machenden Gurtgebilde, Reithosen und Schaftstiefel. Gern wurde in halbentspannter Haltung mit Lederhandschuhen in der Linken für Fotos posiert ... Der Eindruck einer militärischen Organisation war perfekt.

Nach 1945 entschloß sich das DRK erneut für eine dem Militär der Vorjahre entlehnte graue Uniform; Accessoires wie »Landser«-Schirmmütze oder silberne Biesen an den Hosen machten das militärische Image perfekt. Eine bessere Wahl immerhin als die Uniformen der in den fünfziger Jahren gegründeten Johanniter-Unfall-Hilfe. Diese Hilfsorganisation wählte braune Uniformen, komplett mit den im Dritten Reich zum Beispiel bei der SS populären Ärmelstreifen, die nun allerdings die regionale Zugehörigkeit bezeichneten.

Ein »ziviles« Image hielt erst in den achtziger Jahren verbreitet Einzug, gefördert vor allem durch den Rettungsdienst – der Retter von heute kommt nicht mehr in Grau, sondern in Weiß mit roter Jacke daher. Militaristische Reste können jedoch weiterhin vor allem im ehrenamtlichen Bereich beobachtet werden, etwa bei Baretts mit Bundeswehr-Abzeichen (meist in der falschen Farben-Abzeichen-Kombination) oder bei Einheiten des Katastrophenschutzes, die sich »Wappen« im Sinne von Divisionskennzeichen gaben und diese auf ihren Fahrzeugen stolz präsentieren.

Freiwillige Anpassung –
Die innere Haltung des DRK zum
Dritten Reich

In der deutschen Bevölkerung gab es eine zahlenmäßig starke Minderheit, die Hitler aktiv unterstützte, eine größere Gruppe Sympathisanten stand zumindest ideell hinter dieser Minderheit. In Wort und Tat aktiv bekämpft wurde die NSDAP von einer anderen Minderheit aus dem linken politischen Spektrum. Die Mehrheit der Bevölkerung stand der verworrenen parlamentarischen Situation und den Straßenkämpfen zwischen Linken und Rechten abwartend gegenüber – eine Haltung, die die Nationalsozialisten bei der Abschaffung der Demokratie geschickt für sich ausnutzen konnten. Aus den »abwartenden« Bürgern wurden Mitläufer des Systems. Wie ging diese Entwicklung nun im Deutschen Roten Kreuz vor sich, wie paßte die Organisation sich in ihrer inneren Haltung dem Dritten Reich an?

Grüneisen als offizieller Chronist der ersten Jahre unter Hitler, selbst aber wahrscheinlich kein »Parteigenosse«,[33] faßte die Reaktionen des DRK auf Hitlers »Machtergreifung« wie folgt zusammen: »Mit Selbstverständlichkeit stellte sich das Deutsche Rote Kreuz dem Führer bedingungslos zur Verfügung, um sich in den zunächst noch nicht übersehbaren Neuaufbau des Reiches einzureihen.«[34] Diese pauschale Behauptung läßt sich durch Dokumente hinreichend belegen.

Der Geist des Konservatismus durchwehte das Deutsche Rote Kreuz seit eh und je, wie etwa die heroische Darstellung des Kriegsbeginns 1914 und des Kriegsendes 1918 in einem Erinnerungsband belegt: »Der 1. August 1914! Mobilmachung! Deutschlands Heer und Flotte rüsteten, den vom Feinde aufgedrungenen Kampf zu bestehen ... Vor einer Welt von Feinden hatte Deutschland nach langem heldenhaften Widerstande schließlich die Waffen senken müssen.«[35] Politisch auch für die Nationalsozialisten korrekt, gab man so zwei Legenden neue Nahrung – der deutschen Unschuld 1914 und dem »im Felde unbesiegten« deutschen Heer. DRK-Präsident Carl-Eduard wünschte dem die Geschichte solcherart zumindest zurechtbiegenden Werk »vollen Erfolg und weite Verbreitung unter den Deutschen«.[36]

Oft waren es jedoch die kleinen Details, in denen die devote Haltung der Helfer des Deutschen Roten Kreuzes sich ausdrückte – das Parteiabzeichen am Revers; der besonders zakkige Führungsstil; das Auftreten in der Öffentlichkeit, wie beispielsweise die Fotografien des Bildjournalisten Arthur Zachger vom Festzug zum siebenhundertjährigen Stadtjubiläum Itzehoes belegen.[37] An den Bildrändern sind oft auch zwei den Festzug betreuende DRK-Helfer zu erkennen, die beim Vorbeimarsch einer Wehrmachtsabteilung den rechten Arm zum »Deutschen Gruß« emporrecken. Auch eine Abordnung der Sportvereine wurde von den Helfern auf diese Weise gegrüßt. Unglücklicherweise reagierten die zwei DRK-Helfer etwas übereifrig, denn nach den Vorschriften des Reichsinnenministeriums war der »Deutsche Gruß« in ihrem Fall völlig deplaziert: Als Uniformträger mit Kopfbedeckung hätten sie, wenn überhaupt, militärisch grüßen müssen.[38] Immerhin wurde für solche Auftritte fleißig geübt. So stieß sich der schon 1933 vom Arbeiter-Samariter-Bund (ASB) zum DRK übergewechselte Hamburger Kurt Hörmann[39] bei seinem »neuen Dienstherrn« vor allem an den militärischen Umgangsformen und den ständigen Drillübungen mit Marschieren und »Deutschem Gruß«. Begeisterung für die Sache der NSDAP drückte man auch beim Roten Kreuz im hessischen Hanau aus. In den dreißiger Jahren führten die Krankenwagen dort an einem Kotflügel die Rotkreuzflagge, am anderen die

Hakenkreuzfahne.[40] Und natürlich gab es immer dieselben Berührungspunkte mit den Nationalsozialisten, zum Beispiel anläßlich der regelmäßig angeordneten Sammlungen für das nationalsozialistische Winterhilfswerk, an denen sich auch das Deutsche Rote Kreuz beteiligte.[41]

»Uniformträger mit Kopfbedeckung«
1938: Eine Rotkreuzformation marschiert zu einer Großveranstaltung auf der Sieb in Langenselbold – unter den Klängen der SA-Kreiskapelle.

Gelegentlich nahm die Ehrerbietung gegenüber dem »Führer« im Deutschen Roten Kreuz skurrile Formen an. So schrieb am 30. März 1937 Lilly von Schnitzler aus Frankfurt am Main an den Führeradjutanten Wiedemann: »Die Ortsgruppenvorsitzende des hiesigen Frauenvereins vom Deutschen Roten Kreuz (Abteilung über See) hat dem Vorstand, welchem ich ebenfalls angehöre, den Vorschlag unterbreitet, einen Teppich aus deutscher Wolle zu knüpfen mit den Insignien des Deutschen Roten Kreuzes über See (ein fahrendes Schiff). Die Knüpfung des Teppichs soll sich an einem öffentlichen Ort vollziehen, und jeder Stich beziehungsweise jede Knüpfung, ähnlich wie sr. Zt. bei den Nagelungen im Weltkrieg, mit einer Gabe von 10 bis 20 Pfg. verbunden sein. Der fertige Teppich soll dann dem Führer überreicht werden. Wir versprechen uns hiervon einmal eine propagandistische Wirkung, zum zweiten die Gewinnung einer gewissen Geldsumme für unsere Zwecke. Um dieser Initiative den nötigen Nachdruck zu verleihen, wäre es außerordentlich wünschenswert, wenn wir publizistisch verwerten könnten, daß der Führer die Annahme dieser Ehrengabe bereits zugesagt habe.«[42] So wollten es die Damen der Gesellschaft, zu denen Lilly von Schnitzler gehörte, ihren Vorbildern aus der Zeit von 1914 bis 1918 gleichtun. Damals hatte man zur Unterstützung der Kriegerhilfe Nägel in Statuen geschlagen, wenn man für des Kaisers Rotkreuzler oder andere Hilfsorganisationen spendete. Allerdings wurden die Statuen nicht dem Kaiser übergeben. Der Führer jedoch sollte den Teppich schon im Vorfeld ungesehen annehmen und den Frankfurter Damen so quasi als doppelter Schirmherr dienen. Zu allem Überfluß verwendete Frau von Schnitzler einen falschen Vereinsnamen. Die Gliederung hieß korrekt »Frauenverein vom Roten Kreuz für Deutsche über See e. V.« Wie enttäuscht mögen die Damen gewesen sein, als am 14. April die ablehnende Antwort Wiedemanns eintraf: »Der Führer ... sagt, er hätte schon genügend Teppiche.«[43] Ein Schlag ins Gesicht, aber typisch für die generelle Haltung Hitlers, sich möglichst nicht mit Ehrengaben und Ehrentiteln zu belasten.

Wie zackig es im Deutschen Roten Kreuz zuging, lassen nicht nur Uniformen und die Übernahme des militärischen Zeremoniells inklusive »Fahnenweihen« erahnen. Eine Anweisung der Kreisstelle Plön vom 10. Januar 1939 für die *weibliche* Bereitschaft gibt davon ebenfalls einen guten Eindruck:

»Ab April findet auf dem Lande nur noch ein Dienstabend im Monat statt. Nach Möglichkeit ist aber in jedem Monat noch eine Stunde Ordnungsdienst anzusetzen, am besten Sonntag vormittags. Ordnungsdienst: In Linie antreten lassen, durchzählen, Wendungen, Marschordnung. Reihen bilden, abbrechen in der Gruppe, rechts und links schwenken.« Eindeutig wurde der »Formalausbildung«, also dem paradegemäßigen Marschieren, zumindest auf dem Lande dieselbe Bedeutung eingeräumt wie der fachlichen Ausbildung der DRK-Frauen. Überdies dürfte diese Anordnung einen von den Nationalsozialisten nicht ungern gesehenen Nebeneffekt gehabt haben: Wer am Sonntagmorgen in den Reihen des DRK marschierte, der konnte nicht zur Kirche gehen.

Diese Art von Ausbildung wurde während der Kriegsjahre an der Heimatfront fortgesetzt.

»Ordnungsdienst: In Linie antreten lassen, durchzählen, Wendungen, Marschordnung.«
1940: Aufmarsch mit den DRK-Fahnen nach beendeter Ausbildung.

Die erschreckende Wirklichkeit des Krieges holte aber auch die Mitglieder des Deutschen Roten Kreuzes immer wieder ein. Als Helfer in den von alliierten Bombern zerstörten Städten ließen einige ihr Leben, darunter auch hochrangige Mitglieder, wie ein Sonderrundschreiben der Landesstelle X vom Sommer 1944 beweist:»Für den beim Terrorangriff auf Hamburg gefallenen DRK-Generalhauptführer Dr. Tietzen habe ich kommissarisch ... Heil Hitler! Der Führer der Landesstelle X Krogmann.«[44] Der nationalsozialistische Bürgermeister Hamburgs und DRK-Generalhauptführer Krogmann sprach ganz selbstverständlich von einem »Gefallenen« der »Terrorangriffe« und machte sich damit die Propaganda des NS-Regimes zu eigen.

Wie der Tod in den Bombennächten von Hamburg wirklich aussah, läßt ein erschütterndes Bilddokument erahnen.[45] Man sieht einen Krankenwagen des Deutschen Roten Kreuzes, der anscheinend unversehrt inmitten der ausgebrannten Trümmer steht. Ein Blick in den Fahrerraum zeigt jedoch drei Leichen – den Fahrer, seine Frau und ein etwa sechs Jahre altes Kind, die von den zur Bergung eingesetzten Feuerwehrleuten vorgefunden wurden. Alle drei waren den sogenannten Hitzetod gestorben, ein qualvolles Ende in genau jenem Fahrzeug, das Rettung bringen sollte.

Das Bild zeigt aber auch eine andere Ebene der Realität des Bombenkrieges: Der Fahrer hatte wahrscheinlich ohne einen Gedanken an seine Funktion als DRK-Mann versucht, sich und seine Familie aus dem brennenden Hamburg zu retten, und dafür schlicht den Krankenwagen benutzt.

Den Helfern versprach das Deutsche Rote Kreuz in einem Rundschreiben:»Auf Veranlassung des Befehlshabers der Ordnungspolizei Hamburg weist die Landesstelle darauf hin, daß beabsichtigte Auszeichnungen von DRK-Angehörigen nach Großangriffen möglichst noch am nächsten Tage nach dem Angriff bei dem örtl. Luftschutzleiter eingereicht werden müssen. Nur so ist eine Verleihung aus dem Sofort-Kontingent möglich.«[46] Es war allein die groteske Weltsicht des Dritten Reiches, die solche Schreiben möglich machte. Wer konnte ernsthaft daran interessiert sein, daß sich Männer und Frauen des Deutschen Roten Kreuzes nach einem Einsatz im Bombenhagel, zwischen Trümmern und Bränden, unter stärkster physischer wie psychischer Belastung, wenige Stunden später um ein billiges Blechabzeichen drängelten? Offensichtlich aber gab es Handlungsbedarf, denn sonst wäre dieses Schreiben nie in Umlauf geraten. Auszeichnungen waren begehrt im Dritten Reich; nicht nur Göring schmückte sich gern mit Orden und Ehrenzeichen, sondern auch der ganz normale »Volksgenosse«. Und die Uniform des Deutschen Roten Kreuzes bot sich für Ausschmückungen aller Art an – selbst noch in der Bundesrepublik Deutschland, wo so mancher ergraute DRK-Helfer weiter seine »Klunker« präsentierte.

Von diesem verbreiteten Wunsch nach Auszeichnungen waren die DRK-Mitglieder nicht frei. Kurz nach Beginn des Überfalls auf die Sowjetunion gab ein Rundschreiben den norddeutschen Helfern bekannt: »Die Landesstelle X hat sich an den Gauleiter der NSDAP in Schleswig-Holstein, Pg. Lohse, gewandt mit der Bitte, bewährte DRK-Angehörige, die aktiv im DRK tätig sind, in die NSDAP aufzunehmen. Die Gauleitung Schleswig-Holstein ist dieser Bitte nachgekommen und hat nachfolgendes Schreiben an die Landesstelle X gesandt: ... Wir haben vor kurzem erst eine Lockerung der Mitgliedersperre in unserem Gaugebiet herbeigeführt. ... Die Angehörigen des Deutschen Roten Kreuzes brauchen sich also lediglich bei unseren Ortsgruppen zur Aufnahme zu melden.« Offensichtlich war die Auszeichnung verdienter Mitglieder durch das Rote Kreuz selber nicht mehr ausreichend, so daß »bewährte« Aktive mit der problemlosen Aufnahme in die NSDAP besonders geehrt werden sollten.

Die Anstrengungen eines mit immer verzweifelteren Mitteln geführten Krieges können auch an der Sprache eines Rundschreibens abgelesen werden, mit dem das DRK-Präsidium im August 1944 anordnete: »Die nunmehr mit Hochdruck einsetzende totale Kriegsführung wird zwangsläufig einen Großteil des männlichen Krankentransportpersonals für Zwecke der Wehrmacht beanspruchen. Die DRK-Dienststellen des Krankentransportes haben dem Rechnung zu tragen und unverzüglich den Einsatz von Frauen vorzubereiten. Einwände, wonach Frauen die mit einem Krankentransport verbundene Schwerarbeit nicht zugemutet werden kann, entkräften sich durch die Tatsache, daß ein großer Teil von DRK-Kreisstellen den Krankentransport ausschließlich mit weiblichem Personal aufrechterhält und damit im allgemeinen befriedigende Erfahrungen gemacht hat.«[47] Interessant ist es wiederum, zwischen den Zeilen zu lesen. Es ergeht die Anweisung, den Einsatz von Frauen vorzubereiten, gleichzeitig gibt das Präsidium bekannt, daß »ein großer Teil« der Krankentransporte, die ja allein in den Händen des DRK liegen, schon zu diesem Zeitpunkt nur noch von Frauen durchgeführt wird. Schwerarbeit für Frauen in den Krankenwagen war damit zwar schon vielerorts gegeben, der allgemeine Einsatz allerdings ein Zeichen des bevorstehenden Zusammenbruchs. Die Tatsache, daß die von den Nationalsozialisten immer wieder als besonders schützenswert hingestellte »deutsche Frau und Mutter« jetzt eine so potentiell gefährliche Arbeit wie Krankentransporte übernehmen mußte, hätte den immer noch den »Endsieg« erhoffenden »Volksgenossen« im DRK zu denken geben müssen.[48]

Bedingungslose Treue zum »Führer«, wie im Eid des DRK gefordert, bewies nach dem gescheiterten Attentat auf Hitler vom 20. Juli 1944 auch eine namentlich nicht bekannte Schwester des Deutschen Roten Kreuzes an ganz anderer Stelle, als sie Ehrengard Frank-Schultz denunzierte und damit vor den Volksgerichtshof brachte. Die Schwester hatte bei der Polizei

Frau Frank-Schultz' Bedauern angezeigt, daß Hitler bei dem Attentat nicht ums Leben gekommen war. Über die Tragweite dieser Anzeige dürfte sich die DRK-Schwester im klaren gewesen sein. Aus der Urteilsbegründung vom 6. November 1944: »Frau Frank-Schultz bedauerte einer Rote-Kreuz-Schwester gegenüber, daß der Mordanschlag auf unseren Führer mißglückte, und erfrechte sich zu der Behauptung, einige Jahre unter angelsächsischer Herrschaft seien besser als ›die gegenwärtige Gewaltherrschaft‹. Sie hat also gemeinsame Sache mit den Verrätern vom 20. Juli gemacht. Dadurch ist sie für immer ehrlos geworden. Sie wird mit dem Tode bestraft. Wer so handelt, muß aus unserer Mitte verschwinden. Würde hier ein anderes Urteil als das Todesurteil gefällt werden, so würden unsere Soldaten an der Front mit Recht zweifelnd fragen, ob denn die Eiterbeule des 20. Juli wirklich ganz herausgeschnitten ist, damit wir gesund und stark den Kampf zum Siege führen können. Weil Frau Frank-Schultz verurteilt ist, muß sie auch die Kosten tragen.«[49]

Ob die unbekannte DRK-Schwester ihre Denunziation nach der Hinrichtung bereut hat, ist nicht feststellbar. Folgt man der menschenverachtenden Diktion des Urteils, handelte sie getreu ihrem Eid als Hilfsmedizinerin und assistierte dem Volksgerichtshof beim »Herausschneiden einer Eiterbeule«. Die medizinische Wortwahl des Urteils in Zusammenhang mit der ungenannten Denunziantin aus den Reihen des Deutschen Roten Kreuzes entbehrt dabei nicht einer traurigen Ironie.

Der Niedergang des Dritten Reiches und der unaufhaltsame Vormarsch der Roten Armee im Osten spiegelten sich auch in den Rundschreiben des DRK wider, wobei die Diktion wiederum der nationalsozialistischen Propaganda entsprach. So war am 2. Dezember 1944 bei der Landesstelle X von der »Auflockerung der Städte und Dörfer im Generalgouvernement«

die Rede, womit die Flucht der Deutschen aus den besetzten Gebieten gemeint war; darin schwang die allgegenwärtige Paranoia der Machthaber, diese Flüchtlinge könnten den Wehrwillen der Bevölkerung zersetzen, mit: »Es ist auch bei einem neuen Einsatz durch das DRK, vor allem bei den Volksdeutschen, Vorsicht geboten.«[50] Warum diese Vorsicht geboten sein sollte, wurde nicht begründet. Bemerkenswert erscheint jedoch, daß die vielerorts sicher dringend benötigten Kräfte nicht vorbehaltlos in den Dienst an neuer Stelle übernommen werden sollten.

Der Lohn der Mitläufer –
Beutezüge des DRK
auf Kosten anderer

Die schnelle Entscheidung des Deutschen Roten Kreuzes, sich den neuen Machthabern nicht zu widersetzen, sondern an der eigenen Gleichschaltung tatkräftig mitzuarbeiten, sollte vom Dritten Reich honoriert werden – nicht nur in bezug auf den Weiterbestand der Organisation, sondern auch ganz materiell durch die Zuweisung beschlagnahmter Gegenstände und die zunehmende Übernahme hoheitlicher Aufgaben.

Erstes Opfer waren Organisationen, die im Verdacht standen, dem Regime zumindest distanziert gegenüberzustehen – allen voran der Arbeiter-Samariter-Bund (ASB) und der Proletarische Gesundheitsdienst.

Zunächst ging jedoch alles seinen scheinbar normalen Gang: Am 18. Februar 1933 genehmigte der Staatskommissar für die Regelung der Wohlfahrtspflege sogar noch eine Haus- und Straßensammlung des Arbeiter-Samariter-Bundes. In der Zeit vom 1. bis zum 15. April durften Mitglieder der Kolonnen im gesamten preußischen Staatsgebiet auf öffentlichen Straßen und Plätzen Geld sammeln. Noch wurde in Preußen bürokratisch und in Erwartung genauerer Bestimmungen gehandelt.

In anderen Teilen Deutschlands dagegen agierte und agitierte die NSDAP mehr oder minder offen gegen den ASB, der als marxistische Organisation (falsch) eingestuft wurde. In Thüringen blieben die Samariter zunächst unbehelligt, während in Bayern nationalsozialistische Lokalfürsten nach Gutdünken handelten – hier wurde eine Kolonne aufgelöst, da blieb sie unangetastet, wurde aber beobachtet. In Braunschweig und Baden dagegen war der ASB schon offiziell aufgelöst, wobei die Braunschweiger Regierung nach Intervention des ASB-Bundesvorstandes noch eine »wohlwollende Prüfung« des Verbots zusagte. In Württemberg dagegen fuhr man die »bayrische Linie«, also einen Schlingerkurs zwischen Auflösung und Duldung; vereinzelt kam es zu Beschlagnahmungen. Offiziell wartete die württembergische Regierung jedoch auf eine Regelung auf Reichsebene.

Am 11. April kam es zum ersten offiziellen Kontakt zwischen nationalsozialistischem Staat und ASB. Der Bundesvorsitzende Theodor Kretzschmar wurde geladen, beim preußischen Staatskommissar für das Medizinalwesen Dr. Leonardo Conti zu erscheinen. Conti, ein alter Kämpfer für die NSDAP und treuer Gefolgsmann Hitlers, erschien jedoch nicht persönlich, sondern ließ sich von seinem Referendar vertreten. Dieser erklärte Kretzschmar, in etwa zwei Wochen werde eine gesetzliche Regelung erfolgen, die die Zulassung des ASB im Dritten Reich eindeutig klären solle. Bis dahin sollte man sich im verborgenen halten, nicht öffentlich auftreten und keine Versammlungen, außer zur Fortbildung, abhalten. Sanitätsdienste bei den bevorstehenden Maifeiern seien durchzuführen, dabei hätten die Samariter sich jedoch strikt neutral zu verhalten und Hochrufe sowie das Mitsingen von Liedern zu unterlassen. Von einer Auflösung des ASB, so berichtete Kretzschmar später, sei keine Rede gewesen.

Am nächsten Tag setzte sich Kretzschmar an die Schreibmaschine und gab den etwa 40000 Arbeiter-Samaritern in Deutschland seine Einschätzung der Lage[51] bekannt: »Doch kann gesagt werden, daß von allzu großen Schwierigkeiten, die dem ASB gemacht worden wären, noch nicht gesprochen werden kann.« Tatsächlich nimmt Kretzschmar die neuen Machthaber in Schutz, räumt ihnen angesichts der »so urplötzlich umgestellten geänderten Verhältnisse« Zeit ein und spricht bei Beschlagnahmen und Auflösungen lediglich von

»Schwierigkeiten« und »Einzelaktionen«. Fein differenziert er auch zwischen Beschlagnahmungen, die die Polizei gemeinsam mit SA und Stahlhelm vornimmt (»kann … nichts unternommen werden«), und Aktionen, die allein auf das Konto von SA und Stahlhelm gingen. Hier »… ersuchen wir unsere Kolonnenverbände, sich beschwerdeführend an die betreffenden Oberführer zu wenden mit der Bitte, das beschlagnahmte Material wieder freizugeben«. Während Kretzschmar im selben Schreiben bei Beschädigung oder Entwendung von Unfallmeldeschildern der Kolonnen eine Anzeige bei der Polizei empfiehlt, ersucht er seine Mitglieder bei wesentlich drastischeren Maßnahmen, bittend zu Kreuze zu kriechen. Zu guter Letzt forderte der Vorsitzende den ASB auf, den Kopf nicht hängen zu lassen, »zumal man ja nicht daran denkt, diese so groß angelegte Hilfsorganisation zu zerschlagen«. Kretzschmar scheint darauf gehofft zu haben, sich mit dem NS-Regime arrangieren zu können.

War diese Hoffnung berechtigt? Kretzschmar hatte nur die Aussage eines Referendars, der letztlich nicht verantwortlich war und lediglich als Sprachrohr seines Chefs fungierte. Und dieser Chef hätte die Arbeiter-Samariter nachdenklich machen sollen. Der Italo-Schweizer Conti war der erste Arzt in der SA, seit 1927 NSDAP-Mitglied und seit 1930 auch in der SS. Ausgerechnet dieser Mann sollte den ASB neutral, wenn nicht gar wohlwollend betrachten? Nachdem der Bundesvorstand der Arbeiter-Samariter bereits 1930 festgestellt hatte, daß der seinem Selbstverständnis nach politisch neutrale Verband[52] »der NSDAP in ihrer Gesamtheit nicht zur Verfügung« stünde, und 1931 explizit anordnete, daß Nationalsozialisten generell nicht in Samariter-Lehrkursen ausgebildet werden dürften, erscheint dies unwahrscheinlich.

Man kann davon ausgehen, daß Contis Werdegang innerhalb der NSDAP und der nationalsozialistischen Ärzteschaft dem ASB-Vorstand nicht verborgen geblieben war. Der Vorstand muß gewußt haben, daß Conti als einer der entschiedensten Gegner des Arbeiter-Samariter-Bundes zu gelten hatte – zumindest bis zum Beweis des Gegenteils. Statt dessen vertrauten die ASB-Leiter den Worten eines Referendars. Ihren Mitgliedern gaukelten sie per Rundschreiben eine relativ heile Welt vor und versicherten ihnen ausdrücklich, an eine Zerschlagung des Bundes sei von offizieller Seite nicht gedacht. Angesichts der bereits erfolgten Beschlagnahmungen und Verbote erscheint diese Haltung zumindest fahrlässig. Zudem vergaß man offensichtlich, daß Conti (oder sein Referendar) nur für Preußen,[53] nicht aber für das gesamte Reichsgebiet sprechen konnte. Andernorts war die Unterdrückung des ASB schon Realität und wahrscheinlich auch nicht mehr revidierbar.

Aus dieser trügerischen Ruhe im Arbeiter-Samariter-Bund gab es am 2. Mai 1933[54] ein jähes Erwachen, denn unmittelbar nach dem »Tag der Arbeit« gingen die Nationalsozialisten daran, die unabhängige Arbeiterbewegung zu zerschlagen und gleichzuschalten. Die Gewerkschaftshäuser wurden von SA und SS besetzt, Einrichtungen und Wertgegenstände jeder Art beschlagnahmt und höhere Funktionäre in »Schutzhaft« überführt. Im Verlauf der Aktion machten sich die politischen Kampfgruppen der NSDAP sogleich daran, auch die Einrichtungen des Arbeiter-Samariter-Bundes zu vereinnahmen. In Schweinfurt etwa besetzte die SA das Vereinslokal des ASB – der Wirt des »Roten Ochsen« hatte ihnen den Schlüssel ausgehändigt – und machte reiche Beute, zu der unter anderem drei Kraftwagen gehörten, die später an das Deutsche Rote Kreuz und an die Hitler-Jugend gingen.

Nach diesen Aktionen war der Arbeiter-Samariter-Bund weitgehend handlungsunfähig, de facto schon zerschlagen, de jure aber noch unangetastet, mit Ausnahme Bayerns, wo auf den ASB kurzentschlossen das Gesetz über die Enteignung von zu antinationalen Zwecken verwendetem Gut vom 4. und

11. April 1933 angewendet wurde. In der Praxis kam dies der Enteignung des ASB gleich, der damit zugleich als staatsfeindliche (weil antinationale) Organisation galt. Am 11. Mai erfolgte reichsweit die juristische Gleichschaltung. Der Berliner Arzt Dommel wurde zum Staatskommissar in Sachen Arbeiter-Samariter ernannt und erhielt den Auftrag, den Verband gleichzuschalten. Eine Aufgabe, an die er sich sofort mit einem vereinsinternen Erlaß machte:

»Richtlinien für die Reorganisation des Arbeiter-Samariter-Bundes unter nationalsozialistischer Leitung:[55]

1. Die Reorganisation des Bundes hat den Zweck, diejenigen Volksgenossen, die bisher abseits gestanden haben, in den Dienst der Allgemeinheit einzuspannen. Sie sollen den Rettungsdienst, den Gasschutz und auch die Hauspflege, ferner Krankentransport und die Sicherung, Erhaltung und Ausbau von sanitären Einrichtungen übernehmen. Der Dienst kann deshalb nicht von anderen Formationen übernommen werden, weil die Mitglieder des Bundes stark in Anspruch genommen werden, und zwar:
a) durch die Ausbildung,
b) durch die Veranstaltungen, die den Zweck haben sollen, die Mitglieder im Sinne der neuen Regierung umzuschalten.

2. Da es außerordentlich schade wäre, wenn der gut eingespielte Apparat, der mit modernsten Hilfsmitteln ausgerüstet ist, verzettelt und dadurch wertlos würde, ist die Reorganisation des Bundes möglichst in der Gesamtheit bestimmt worden. Die Leitung des Bundes befindet sich in Berlin N. O. 43, Jostystraße 4. Der Bund selbst bleibt wie bisher in Kreise eingeteilt, die Kreise in Bezirke, die wieder in Kolonnen, Abteilungen unterteilt sind.

3. An die Spitze einer jeden Formation sind Parteigenossen zu setzen, die mit dem Dienst vertraut sind und die

dafür zu sorgen haben, daß die Gleichschaltung im Sinne der heutigen Regierung vor sich geht.

4. Jede Gegenagitation und jede Störung dieses Aufbaus oder wilde Beschlagnahme sind sofort der kommissarischen Leitung zu melden. Die Beteiligung an solcher Sabotage ist für die Beteiligten mit den schwersten Folgen verknüpft.

5. Abzeichen und Armbinden sind beim Kommissariat anzufordern, ebenso die Ausweise. Die Parteigenossen tragen im Dienst die braune Uniform, die anderen Samariter vorläufig Armbinden.

6. Der wertvolle Apparat soll nicht zerschlagen, sondern für die Allgemeinheit nutzbar gemacht werden. Daher sind überall die beschlagnahmten oder annektierten Materialien sofort an den Bund zurückzufordern. Zuwiderhandlungen werden vom Staatskommissar verfolgt.

gez.

Dr. Dommel«

Betrachtet man diesen Erlaß Punkt für Punkt, so werden die Absichten des Regimes schnell klar. An erster Stelle stand die Einspannung des ASB für die Pläne der Nationalsozialisten, wobei auf eine Umschaltung im Sinne der Partei besonderer Wert gelegt wurde. Eine Reorganisation (von der hier noch gar nicht gesprochen wird, denn die eigentliche Organisation des ASB wird durch den Erlaß nicht berührt) sollte für die Gesamtorganisation erfolgen, das heißt, der ASB sollte dem NS-Staat als geschlossene Körperschaft zugeführt und in diesem Sinne reorganisiert werden. Da dies später nicht der Fall war und ein meist links orientierter, geschlossener Kader wahrscheinlich nicht unangetastet bleiben konnte, ist zu vermuten, daß die beschworene Gesamtheit eventuell anderen Zwecken diente. Die Geheime Staatspolizei dürfte sicherlich ein Interesse an den kompletten Mitgliederlisten und Akten des Arbeiter-Samariter-Bundes, die bei einer Zerschlagung des Bundes eventuell vernichtet worden wären, gehabt haben. An die Spitze des ASB »Parteigenossen« zu stellen, die zudem mit dem Dienst vertraut waren, gehörte sicherlich zu den einschneidendsten Maßnahmen. Da der Bund sich bereits 1930/31 radikal von den Nationalsozialisten distanziert hatte, dürften eigentlich gar keine Parteimitglieder in seinen Reihen zu finden gewesen sein.[56] Wer von den »Parteigenossen« kannte sich aber mit dem Dienst im ASB aus? Natürlich diejenigen, die selber solchen Dienst geleistet hatten – vor allem Fachleute aus SA und SS, aus der Reichswehr und (was nicht verwunderlich wäre) dem Deutschen Roten Kreuz. Hier deutet sich bereits an, daß eine zumindest ideologische Vereinnahmung des ASB nur über die enge Zusammenarbeit mit Parteigliederungen, Beamten oder eben dem Deutschen Roten Kreuz möglich war.

Auch äußerlich wurde der ASB umgestaltet. Parteimitglieder traten künftig im Dienst in brauner Uniform auf, der Rest zivil mit Armbinde. Die ASB-Uniform war damit faktisch, wenn auch indirekt, verboten. Auch das Emblem des ASB wurde angepaßt und mit einem Hakenkreuz versehen. Äußerlich wandelte der Bund sich so zu einer Art Parteigliederung.

Letztlich ging es Dommel noch um die bereits fortgeschafften Besitztümer des ASB. Sie seien »zurückzufordern« (nicht zurückzu*geben!*), also vom ASB selbst einzuklagen.

Schon neun Tage nach Beginn der Gleichschaltung, also am 20. Mai 1933, mußten Probleme klar zu erkennen gewesen sein, denn Dommel traf sich mit dem Chef des Sanitätswesens der SA, Generaloberstabsarzt a. D. Dr. Hocheisen. Der NS-ASB-Chef wandte sich also an den Mann, der im Namen des Reichsinnenministers als »Sonderbeauftragter« für das Deutsche Rote Kreuz fungierte. Noch am selben Tag gaben die beiden Parteifreunde in einer Pressemitteilung bekannt, daß der

Arbeiter-Samariter-Bund unter nationalsozialistischer Leitung »nur vorläufiger Natur« sei. Im selben Atemzug vermeldete man stolz, die staatskonforme Ausrichtung des Deutschen Roten Kreuzes sei dank Dr. Hocheisens Engagement bereits »wirksam im Gange«.

Einerseits wurde der NS-ASB somit als »vorläufig« eingestuft, andererseits lobte man die regimetreue Ausrichtung des Deutschen Roten Kreuzes, der mächtigsten direkten Konkurrenz des ASB. Zusammen mit der gleichzeitig beschlossenen Vereinheitlichung des Sanitätskolonnenwesens in Deutschland war damit eigentlich klar, daß der ASB aufgelöst und Mensch und Material bei Eignung in das Rote Kreuz überführt werden sollten. Noch waren jedoch keine Fakten geschaffen, abgesehen davon, daß der ASB in einigen Ländern bereits aufgelöst war und dieser Schritt nachträglich Rechtsgültigkeit bekommen hatte, da er nicht rückgängig gemacht wurde. Anderen, eventuell noch unentschlossenen Ländern wurde empfohlen, sich an das preußische Vorbild zu halten.

Am 10. Juli 1933 erging der Polizeifunkspruch Nr. 100 vom Berliner Staatssicherheitsdienst an alle preußischen Regierungspräsidenten und den Berliner Polizeipräsidenten: »Der mit der Überleitung und Umgestaltung des Arbeiter-Samariter-Bundes beauftragte Staatskommissar, Dr. Dommel, in Berlin teilt mir mit, daß an vielen Orten Geräte und Ausrüstungsgegenstände des ASB von unbefugten Stellen in Anspruch genommen und damit der in Aussicht genommenen Verwendung für öffentliche Zwecke entzogen wurden. Zur Vermeidung des Verlustes dieser großen wirtschaftlichen Werte und im Interesse der ordnungsgemäßen Ausstattung der geplanten Einheitsorganisation ersuche ich die Polizeibehörden, Geräte und Ausrüstungsgegenstände des Arbeiter-Samariter-Bundes sofort polizeilich sicherzustellen und sie bis zum Erlaß weiterer Verfügung den mit Ausweis des Staatskommissars Dr. Dommel versehenen örtlichen Beauftragten für die Verwaltung des Arbeiter-Samariter-Bundes mit der Auflage pfleglichen Gebrauchs zu überlassen.« In diesem Funkspruch war gar nicht mehr von einem Weiterbestehen des ASB die Rede. Es ging nur noch darum, Material sicherzustellen, um die zukünftige einheitliche Organisation des Sanitätsdienstes ausstattungsmäßig zu unterstützen. Damit konnte im wesentlichen nur eine Ablieferung an das Deutsche Rote Kreuz gemeint sein, auch wenn dies noch nicht offen ausgesprochen wurde. Bemerkenswert ist auch die Formulierung, die Sachen seien Dommels Beauftragten, nicht jedoch den ASB-Kolonnen auszuhändigen. Dommels Vertraute, das stand spätestens seit den oben zitierten Richtlinien fest, konnten immer nur Parteimitglieder sein.

Knapp vier Wochen später, am 5. Juli 1933, schrieb Reichsinnenminister Frick unter dem Aktenzeichen II A 1107/3.7 an SA-Sanitätschef und Rotkreuzwächter Dr. Hocheisen:»... erteile ich Ihnen hierdurch mit sofortiger Wirkung den Auftrag, die Überführung der noch nicht aufgelösten Formationen des Arbeiter-Samariter-Bundes in das Kolonnenwesen des Deutschen Roten Kreuzes als mein besonderer Beauftragter[57] durchzuführen. Sie treten auch insoweit zu der Dienststelle des mir unterstellten Kommissars der freiwilligen Krankenpflege[58] und haben im Einvernehmen mit ihr sofort die nötigen Maßnahmen zu treffen.«

Und Hocheisen handelte umgehend: Nicht einmal zwei Wochen brauchte er, um gemeinsam mit Frick die endgültige Vernichtung des ASB auch verwaltungstechnisch in die Wege zu leiten. So konnte Frick am 15. Juli 1933 melden:

»Für die Überführung des Arbeiter-Samariter-Bundes in das Kolonnenwesen des DRK, hat mein besonderer Beauftragter, Dr. Hocheisen, Chef des Sanitätswesens der SA, im Einvernehmen mit mir die nachfolgenden Richtlinien erlassen:

63

1. Die Überführung des Arbeiter-Samariter-Bundes in das Deutsche Rote Kreuz muß bis zum 1. September 1933 durchgeführt sein.
2. In den Ländern und Orten, wo der Arbeiter-Samariter-Bund schon aufgelöst und das Sanitätsmaterial beschlagnahmt ist, bleibt es dabei. Frei werdendes Sanitätsmaterial ist den Sanitätsdienststellen der SA und der SS zu übergeben.
3. An Orten, an denen Sanitätskolonnen des Roten Kreuzes bestehen, werden die Mitglieder des ASB, soweit sie geeignet sind und es wünschen, in die Rotkreuzkolonnen aufgenommen. Das Sanitätsmaterial ist, soweit es von den örtlichen Sanitätskolonnen des Roten Kreuzes nicht benötigt wird, den Sanitätsdienststellen der SA zu übergeben. Das Nähere regelt das Rote Kreuz in Verbindung mit den örtlichen SA-Dienststellen und den von den zuständigen Landesbehörden eingesetzten Kommissaren.
4. An Orten, wo bisher keine Rotkreuzkolonnen, sondern nur der Arbeiter-Samariter-Bund bestand, regelt das Rote Kreuz die Eingliederung in das Rote Kreuz, in Verbindung mit den örtlichen SA-Dienststellen und den für den Arbeiter-Samariter-Bund von den zuständigen Landesbehörden eingesetzten Kommissaren.
5. Besitz und Vermögen des bisherigen Arbeiter-Samariter-Bundes ist zu treuen Händen zu verwahren.
6. Mitteilung der Länder über die Durchführung zum 10. September 1933 an das Reichsministerium des Inneren.«

Somit war klar, was mit dem ASB zu geschehen hatte – die Mitglieder durften (wenn geeignet und willig) in das Rote Kreuz übertreten; Vermögen, Sachwerte und Materialien wurden zwischen Rotem Kreuz, SA und SS geteilt – allerdings nicht ganz öffentlich, denn man befürchtete wohl kritische Stimmen. Sanitätsgruppenführer z. b. V. Lohmann, Beauftragter des Reichsministeriums des Inneren beim Kommissar der freiwilligen Krankenpflege, ordnete an:»Wegen der sich häufenden Fälle von Aktionen gegen den ASB sind Veröffentlichungen über die Überführung des ASB in Zeitungen und Zeitschriften, die der breiten Öffentlichkeit zugänglich sind, bis zur durchgeführten Gleichschaltung zu unterlassen.«Gleichzeitig gab Lohmann bekannt, daß künftig in den örtlichen Gliederungen des ASB Listen ausgelegt würden, in die sich Mitglieder eintragen sollten, die in das Deutsche Rote Kreuz übertreten wollten – was sicherlich auch im Interesse des persönlichen Wohlergehens der einzelnen Mitglieder lag, denn eine Nichteintragung hätte bestimmt Aufmerksamkeit erregt und zu»Nachfragen«geführt. Jedenfalls wurden diese Listen dazu verwendet, die darin enthaltenen ASB-Mitglieder zunächst en bloc in das DRK zu überführen. Anschließend wurde im einzelnen geprüft, ob die Betreffenden alle Bedingungen für eine Mitgliedschaft erfüllten.

Mit der Auslage der Listen zum Übertritt in das DRK mußte auch dem letzten Arbeiter-Samariter klar sein, daß der Bund aufgelöst, seine Organisationen zerschlagen und zur willkommenen Beute des Deutschen Roten Kreuzes, aber auch der SA und SS geworden war. Was folgte, waren letzte Todeszuckungen der Organisation.

Die Beschlagnahme erfolgte in einigen Fällen sukzessive, im ostfriesischen Emden etwa waren hierfür die Wochen vom 15. Juni bis zum 16. August notwendig.[59] Eingezogen wurden Materialien im Gesamtwert von 92 Reichsmark; eine Kasse scheint nicht vorhanden gewesen (oder zumindest nicht gefunden worden) zu sein. Die SA-Sanitätskolonne unter einem Dr. Tillmann sicherte sich ein Zelt und sieben Verbandskästen, Kolonnenführer Their vom Roten Kreuz erhielt unter anderem zwölf Verbandskästen, eine Tragbahre, zwei Lehrbücher sowie vier Hauben und drei Kittel. Posten Nummer 10, die Mitgliedsbücher, alle Belege und das sonstige Schriftmaterial der Kolonne, ging direkt an die Kriminalpolizei.

Das Ministerialblatt für die Preußische Innere Verwaltung teilte am 6. September 1933 in seiner 45. Ausgabe mit: »Infolge der unter dem 1. 9. 1933 erfolgten Überführung des Arbeiter-Samariter-Bundes in das Deutsche Rote Kreuz wird die Bestellung des Dr. med. Dommel zum Ministerialkommissar für die Untergliederung des Arbeiter-Samariter-Bundes e.V. im Gebiet des Freistaates Preußen aufgehoben.« Der ASB war abgewickelt, und damit war Dommels Stelle überflüssig geworden.[60] Der erste und letzte ASB-Chef von Hitlers Gnaden verschwand in der Versenkung der Geschichte.[61]

Exemplarisch dafür, daß die »Überleitung« insgesamt akzeptiert wurde, dürfte das spätere Bekenntnis eines Samariters sein: »Wir wurden im August 1933 aufgelöst, und es blieb keine andere Wahl, [als] entweder in die SA, SS, Technisches Hilfswerk oder DRK zu gehen. Dann haben wir beratschlagt: Was machen wir? Wir wollten auch gerne zusammenbleiben, wir waren eine gute Gemeinschaft und haben gesagt: Weißt du was, wir schließen uns dem DRK an, da sind wir denn noch gemeinsam wirklich eine Gruppe.«[62]

So lange wie der ASB hielt ein anderer Verein übrigens nicht durch. Der einige Jahre zuvor von ASB-Mitgliedern aus politischen Gründen gebildete Proletarische Gesundheitsdienst (PGD) wurde unmittelbar nach der nationalsozialistischen Machtergreifung zerschlagen. Im Gegensatz zur politisch neutralen Haltung des ASB bekannten die Mitglieder des PGD sich eindeutig zum Kommunismus und machten keinen Hehl aus ihrer Einstellung. Für sie waren freiwilliger humanitärer Dienst und politisches Engagement untrennbar miteinander verbunden.

Neben den großen Verbänden ASB und PGD fielen auch kleinere, oft nur lokal tätige Vereine der Gleichschaltung des

Sanitätswesens durch die Nationalsozialisten zum Opfer. Über die Vorgehensweise im einzelnen ist wenig bekannt, da in diesen Fällen keine reichsweiten Maßnahmen getroffen zu werden brauchten. Die Überführung in das Deutsche Rote Kreuz geschah auf regionaler Ebene und dürfte sich in der Regel wie beim ASB abgespielt haben: Auflösung des Vereins beim zuständigen Gericht; Übernahme der »geeigneten und willigen« Aktiven in das DRK; Verteilung von Materialien an Parteigliederungen, Staat und DRK. Das las sich dann so: »Die mit dem Umbau verbundenen organisatorischen Neuregelungen gaben auch den Anlaß für eine weitgehende Umgestaltung des Deutschen Roten Kreuzes (DRK),[63] die in den Jahren 1933/1937 erfolgte und aus einem lockeren Gefüge von rund 9000 verschiedenen, rechtlich weitgehend selbständigen Vereinen eine einheitliche, straff gegliederte Organisation schuf. Da im Zuge dieser Neugestaltung außerdem einige größere, mit dem Rettungswesen sich befassende Verbände, so der Arbeiter-Samariter-Bund und der Landes-Samariter-Verband Sachsen, aufgelöst und ihre Mitglieder zum Teil in das DRK übernommen wurden, war der erste Schritt für die *Vereinheitlichung des Deutschen Rettungswesens* hiermit getan.«[64]

Mit der Übernahme der Konkurrenzvereine war die Monopolstellung des Deutschen Roten Kreuzes zwar auf dem Gebiet des Sanitätsdienstes (ausgenommen natürlich die Sanitätseinheiten von Staat und Partei) gesichert, nicht jedoch auf dem gewinn- und prestigeträchtigen Gebiet des zivilen Rettungsdienstes und Krankentransportes.

Am 10. Februar 1938 schließlich wurde dem DRK per Runderlaß des Reichsinnenministers das gesamte Rettungswesen[65] im Deutschen Reich unterstellt. Mit einem Federstrich wurde so die Beteiligung anderer Stellen, etwa der Rettungsämter oder der Feuerwehren, ersatzlos gestrichen und das Rote Kreuz zum alleinigen Retter im Reich bestimmt. »Das DRK hat, nachdem ihm die verantwortliche Führung im Rettungswesen zuerkannt worden war, alle seine hierfür erforderlichen Einrichtungen in großzügigster Weise ausgebaut und auf ein Höchstmaß von Leistungsfähigkeit gebracht.«[66] Der »großzügige Ausbau« verlangte zunächst einmal jedoch die vom Reich befohlene Großzügigkeit auf seiten der anderen am Rettungswesen Beteiligten. So stieg der Bestand an Krankenfahrzeugen im DRK rapide an, da diese den Einheitsrettern von anderen Stellen übertragen wurden.

Die Frage ist, wie beherrschend das Deutsche Rote Kreuz durch diese Maßnahmen tatsächlich wurde. Eine Statistik, die im Jahr 1940 von den Reichsbehörden erstellt wurde, erfaßte die im Reichsgebiet eingesetzten Krankenkraftwagen, von denen insgesamt 4359 gezählt wurden. Fast die Hälfte, nämlich 2126, unterstand dem Deutschen Roten Kreuz. Weitere Bestände fanden sich bei den Gemeinden (789), bei der Industrie (566, vorerst eventuell nur intern eingesetzt), bei Feuerwehren (356) und Krankenhäusern (218), bei Privatunternehmen (132) sowie bei verschiedenen Stellen (172).[67] Insgesamt waren 947 verschiedene Behörden, Einrichtungen und Organisationen am Krankentransport beteiligt. Zwar war das DRK damit eindeutig »Marktführer«, doch trotz der monopolartigen Übernahme des Rettungswesens mußte es sich den Krankentransportdienst mit unzähligen anderen Anbietern teilen.[68]

Ende 1942 schlug dann noch einmal eine große Stunde für das Deutsche Rote Kreuz, die das Vereinsbesitztum ungeheuer mehrte. Hatte man bislang etwa die Hälfte des Krankentransportwesens im Reich unter sich gehabt, schuf ein »Erlaß des Führers über die Vereinheitlichung des Krankentransports« vom 30. November 1942 plötzlich ganz neue Verhältnisse. Ein Standardwerk zum Krankenbeförderungswesen bewertete diesen Erlaß noch 14 Jahre später als »berechtigte Anerkennung der friedensmäßigen Rotkreuzarbeit«,[69] wobei die knappe Formel des Textes selbst darauf kaum schließen läßt:

»Für den Bereich des zivilen Gesundheitswesens wird der Krankentransport einheitlich dem Deutschen Roten Kreuz übertragen.«

Damit war das DRK über Nacht zum alleinigen Krankenbeförderer im ganzen Reich geworden und erhielt von fast eintausend anderen Stellen weitere Fahrzeuge. In Stuttgart allerdings, wo die Feuerwehr sechs Krankenwagen besaß, mußten vier sogleich als veraltet ausgemustert werden, während einer der Feuerwehr für interne Zwecke verblieb und lediglich der letzte tatsächlich dem DRK übergeben wurde.[70] In Braunschweig war das Rote Kreuz gar nicht in der Lage, den an die Organisation gestellten Anspruch zu erfüllen. Hier erfolgte die Übernahme des Krankentransport- und Rettungsdienstes von der Feuerschutzpolizei erst am 5. April 1944.[71]

DRK-Fahrzeug aus den dreißiger Jahren mit Rotkreuzwimpel und Hakenkreuzstandarte.

In der Realität gestaltete sich der Umbruch trotz einer am 18. Januar 1943 erlassenen Durchführungsvorschrift des Reichsgesundheitsführers als schwierig, so daß Ernst Robert Grawitz am 20. Januar eine ausführliche DRK-interne Richtlinie folgen ließ. Bei jeder Kreisstelle des Deutschen Roten Kreuzes wurde fortan ein »Leiter des DRK-Krankentransports der Kreisstelle« ernannt, der seine Gefolgschaft vor Ort und bei Einsätzen führte. Überregionale Einsätze wurden dagegen direkt durch das DRK-Präsidium geführt. Sämtliche Fahrzeuge erhielten ein eigenes DRK-Kennzeichen,[72] die Zulassung führte der Einfachheit halber das Präsidium selber durch.

Das Personal übernommener Fahrzeuge wurde gleich mitübernommen, teilweise auf der Basis sogenannter Notverpflichtungen.[73] Dennoch schien der Personalbestand für einen ununterbrochenen Einsatz der Fahrzeuge nicht auszureichen, denn neben bereits tätigen ehrenamtlichen Helfern mußten vermehrt hauptamtliche Besatzungen angestellt werden, »wobei sich auch weibliche Personen (als Fahrer) recht gut bewährt haben«.[74]

Gleichschaltung und Verflechtung statt Einverleibung – Warum das DRK nicht NSDAP-Gliederung werden mußte

»Das Deutsche Rote Kreuz war keine Gliederung der NSDAP, konnte es gar nicht werden!« So hört und liest man es immer wieder von den Chronisten des DRK. Dieser Satz ist *fast* richtig. Mit kleineren Veränderungen ist er ganz richtig, denn das Deutsche Rote Kreuz war in seiner Gesamtheit so stramm nationalsozialistisch ausgerichtet, daß es gar keine Gliederung der NSDAP werden *mußte.*

Anhänger einer Idee müssen nicht unbedingt Mitglieder der die Idee repräsentierenden Organisation sein: »Die Propaganda wird demgemäß unermüdlich dafür zu sorgen haben, daß eine Idee Anhänger gewinnt, während die Organisation schärfstens darauf bedacht sein muß, aus der Anhängerschaft selbst nur das Wertvollste zum Mitglied zu machen.«[75] Der Verfasser dieser Unterscheidung zwischen Anhängern und Mitgliedern ging unter Berücksichtigung der »trägen und feigen Majorität der Menschheit« auch davon aus, daß »auf zehn Anhänger immer höchstens ein bis zwei Mitglieder treffen«. Das ergibt einen Mitgliederanteil unter der Anhängerschaft zwischen 10 und 20 Prozent, im Mittel also von 15 Prozent.

Stellt man in einer Gruppe grundsätzlich gleichgesinnter Menschen (Verband) also einen auf eine andere Organisation bezogenen Mitgliederanteil von 15,7 bis 16,85 Prozent fest, kann der Rest des Verbandes im Umkehrschluß zumindest zur Anhängerschaft der die Organisation leitenden Idee gerechnet werden. Sind aber alle Mitglieder eines Verbandes Anhänger einer einzigen, mit dem Verbandsziel nicht identischen Idee, dann kann man von einer völligen Beherrschung des

Verbandes durch diese Idee sprechen. Die Handlungen des Verbandes werden folgerichtig dem entsprechen, was die mit dem Verband nicht verbundene Idee vorschreibt.

Der Verband war das Deutsche Rote Kreuz,[76] die Idee der Nationalsozialismus. Die rechnerische Grundlage für diesen kleinen Exkurs hatte Adolf Hitler in *Mein Kampf* persönlich geliefert.

Mußte Hitler also zweifeln, ob das Deutsche Rote Kreuz ihm in seiner Gesamtheit ergeben war? Nein! Hätte nach Hitlers Worten die Ausschöpfung des Mitgliederpotentials im DRK gereicht? Ja – denn man wollte nur »das Wertvollste zum Mitglied«.

Eine solche Rechnung ist zwar lediglich ein Gedankenspiel, aber eines, das auf Gedanken des »Führers« und auf Zahlen aus dem DRK basiert. Wenn Hitler mit 15 Prozent Mitgliedern unter der Anhängerschaft der NSDAP gerechnet hatte, dann war das NSDAP-Mitgliederpotential im DRK gut ausgeschöpft.[77] Rein rechnerisch war es also nicht notwendig, das DRK zu einer Gliederung der NSDAP zu machen. Es bleibt die Frage, ob es ideologisch notwendig war.

Als Antwort mag eine Zitatsammlung aus der im Jahr 1939 vom DRK offiziell verbreiteten Selbsteinschätzung im Dritten Reich dienen:

»In einem Staat, der aus nationalsozialistischer Anschauung gestaltet ist, in Gefolgschaft einer Wehrmacht, die von nationalsozialistischem Kämpfertum erfüllt ist, gefördert von einer Partei, die Träger und Ausdruck des nationalsozialistischen Willens des deutschen Volkes ist, kann ein Deutsches Rotes Kreuz nur bestehen, das aus solchem Geist und Willen geformt wurde.«[78]

Der Verfasser stellt also ganz eindeutig fest, daß das DRK nur existieren konnte, wenn es sich »Geist und Willen« des Nationalsozialismus nicht nur anpaßte, sondern auch von ihm »geformt« wurde. Diese Formung hatte das DRK zwischen 1933 und 1938 in vielfacher Weise selbst vorgenommen – so mit dem Ausschluß von Juden, mit der Annahme des Führerprinzips in der inneren Struktur, mit der umfassenden Ausrichtung auf einen militärischen Auftrag, mit der Verwendung nationalsozialistischer Symbole im Organisationsabzeichen und mit dem Treueschwur auf Adolf Hitler. Der Bestand des Deutschen Roten Kreuzes im Sinne dieser Zeilen stand also durch seine freiwillige Anpassung außer Frage.[79]

»Das Deutsche Rote Kreuz, das als freie nationale Hilfsgesellschaft des Genfer Abkommens der Aufsicht des Reiches untersteht, konnte weder eine Gliederung der Partei noch ein unmittelbarer Bestandteil der Wehrmacht werden. Es ist so eng mit Reich, Partei und Wehrmacht verbunden, daß es keinem von ihnen ausschließlich angehören kann. Diese Sonderstellung ist dem Deutschen Roten Kreuz eigentümlich und bestimmt seine Haltung, die überall zu wahren ist.«[80]

Auch in diesem Zitat wird klar, daß das DRK sich zwar als eine »freie Hilfsgesellschaft« bezeichnete, dies aber nicht mit Entscheidungsfreiheit gleichzusetzen war. Die Rolle einer »freien«, also nicht direkt juristisch an Dritte gebundenen Einrichtung war übrigens weder im 1. Genfer Abkommen noch im Gesetz über das Deutsche Rote Kreuz vorgeschrieben – dort ging es um »freiwillige« Hilfsgesellschaften. Insgesamt ist der Begriff »frei« in diesem Text so dehnbar, daß er keinerlei Rückschluß auf den tatsächlichen Status des DRK erlaubt.[81] Viel wichtiger ist die Selbsteinschätzung des Deutschen Roten Kreuzes vor allem im Verhältnis zur NSDAP, der es »eng verbunden« sei, ebenso dem Dritten Reich[82] und der Wehrmacht. Eine »Sonderstellung« nahm das DRK nicht als freie Hilfsgesellschaft per se ein, sondern als Einrichtung, die von Staat, Partei und Militär gleichermaßen beansprucht wurde und daher keinem »ausschließlich« zugeschlagen werden konnte. Die daraus resultierende »Haltung« war eindeutig:[83] Verbundenheit mit allen drei Entitäten, ohne eine zu bevorzugen oder sich ausschließlich ihr zuzuwenden.[84]

Die Arbeit des Deutschen Roten Kreuzes wurde zudem in unmittelbaren Zusammenhang mit der Ideologie des Nationalsozialismus gebracht, der Erfolg unmittelbar an den Nationalsozialismus geknüpft: »Das Deutsche Rote Kreuz muß demnach seinen Ruf an alle die richten, die in Pflicht und Beruf stehen, ihre freie Zeit für das gemeinsame Werk daranzu-

»Die straffe nationalsozialistische Führung wird diesem freiwilligen Einsatz Hunderttausender von Männern und Frauen eine Steigerung des Erfolges verleihen ...«

17. April 1940: Fahneneinmarsch im Sportpalast anläßlich der Eröffnung des Kriegshilfswerks für das DRK durch Goebbels.

geben, für den ›selbstlosen Dienst an Volk und Vaterland‹ nach dem Worte des Führers. Rotkreuzarbeit im Frieden ist ›praktisch gelebter und geleisteter Sozialismus der Tat‹. (...) Die straffe nationalsozialistische Führung wird diesem freiwilligen Einsatz Hunderttausender von tüchtig geschulten Männern und Frauen eine Steigerung des Erfolges verleihen ...«[85] Tatsächlich waren seit 1933 sämtliche entscheidenden Führungsposten im Deutschen Roten Kreuz mit Nationalsozialisten vor allem aus Partei, SA und SS besetzt worden. Die »straffe nationalsozialistische Führung« handelte also weitgehend von innen heraus und war an keine Aufsicht von außen gebunden.

Das vereinheitlichende Gesetz über das Deutsche Rote Kreuz von 1937 wurde in den Reihen der Helfer wie folgt gesehen: »Dieses Gesetz ... schuf eine ganz neue Rechtsgrundlage, ohne die es nicht möglich gewesen wäre, die völlige Neugestaltung des Deutschen Roten Kreuzes im Geist nationalsozialistischer Führung zu verwirklichen. (...) Der Reichsminister des Inneren führt die Aufsicht ... Damit ist die Bindung des deutschen Roten Kreuzes an den Staat ausgesprochen. Um jedoch der gleichen Bindung an die Partei und ... Wehrmacht gerecht zu werden, ist bestimmt, daß jeder entscheidende Schritt ... im Einverständnis mit dem Oberkommando der Wehrmacht und mit dem Stellvertreter des Führers zu geschehen hat.«[86] Der Autor verweist auch auf die nach dem Gesetz neugestaltete Satzung und die »besondere Verbundenheit mit Führer und Volk«,[87] die der Vereidigung auf die Person Hitlers zugrunde liege.

Insgesamt ergab sich aus der Selbsteinschätzung des DRK, »daß auf Grund jahrzehntelanger reicher Erfahrungen heute ein neues, schlagkräftiges Deutsches Rotes Kreuz, in soldatisch-straffer Form organisiert und nationalsozialistisch geführt, zu jedem Einsatz bereitsteht. Mit freudigem Stolz sollen die Männer und Frauen des DRK aus diesem Buch ersehen, daß sie heute in einer Organisation des Dritten Reiches ihren Dienst leisten.«[88] Da eine »Organisation des Dritten Reiches«

zwar formell keine NSDAP-Gliederung sein, aber rein nationalsozialistisch handeln mußte, machte diese Formulierung
das Deutsche Rote Kreuz faktisch zu einer nationalsozialistischen Organisation.

Wie ideologisch gefestigt die Helfer auf allen Gebieten sein
sollten, läßt sich auch einem Werbeprospekt entnehmen, der
1939 Grüneisens Buch *Das Deutsche Rote Kreuz in Vergangenheit
und Gegenwart* bei der Auslieferung, wohl auch mit Billigung
des DRK, beilag. Neben dem *Volksbuch deutscher Dichtung* wurden darin unter anderem angeboten: *Charakter und Krankheit,
Der völkische Staat – biologisch gesehen,*[89] *Dienst an der Rasse als
Aufgabe der Staatspolitik*[90] oder das für die Arbeit der DRK-
Helfer wahrscheinlich entbehrliche Werk *Rasse, Weltanschauung,
Wissenschaft.*[91] All diese Bücher wurden über eine Beilage in ei-
ner speziellen Ausgabe für Angehörige des Deutschen Roten
Kreuzes als »brauchbare und preiswerte Bücher für jeden im
Gesundheitsdienst Stehenden« wärmstens empfohlen.[92]

Die Selbsteinschätzung des Deutschen Roten Kreuzes läßt
sich auf der Basis eigener Zeugnisse für das Jahr 1939 folgen-
dermaßen zusammenfassen:

- geformt aus Geist und Willen des Nationalsozialismus;
- neugestaltet im Geist des Nationalsozialismus;
- Volk und »Führer« ideell verbunden;
- auf Adolf Hitler eingeschworen;
- praktisch eng mit Reich, Partei und Wehrmacht verbunden;
- nach den Worten des »Führers« handelnd;
- soldatisch-straff organisiert;
- nationalsozialistisch geführt;
- erfolgreicher durch straffe nationalsozialistische Führung;
- entscheidungsfähig nur in Abstimmung mit Militär und
  Partei;
- eine Organisation des Dritten Reiches.

Diese Selbsteinschätzung aus dem Jahr 1939 spricht für sich.

»Ein neues, schlagkräftiges Deutsches Rotes Kreuz, in soldatisch straffer Form organisiert und nationalsozialistisch geführt ...«
1938: Ernst-Robert Grawik (1. v. r.), Geschäftsführender Präsident des DRK und SS-Brigadeführer, und der Oberbürgermeister und DRK-Landesführer Dr. Lippert (2. v. r.) nehmen den Aufmarsch der Rotkreuzhelferinnen Unter den Linden ab.

Heim ins Reich –
Die Übernahme anderer Rotkreuz-Gesellschaften

Das Deutsche Rote Kreuz beteiligte sich nicht nur an den Raubzügen der Nationalsozialisten auf Kosten unliebsamer Mitbürger, wie dies beim Arbeiter-Samariter-Bund geschehen war. Schon zu Beginn der Expansionspolitik des Dritten Reiches stand man »Trage bei Fuß«, um sukzessive auch die Neuorganisation des Sanitätswesens durchzuführen. Wie selbstverständlich gliederte das Deutsche Rote Kreuz nach und nach auch ausländische Rotkreuz-Gesellschaften oder Teile davon in den eigenen Vereinsapparat ein. Vor allem das Österreichische Rote Kreuz und das Danziger Rote Kreuz waren hiervon betroffen.

Das Österreichische Rote Kreuz hatte sich schon im Zuge des allgemeinen Rechtsrucks in der Alpenrepublik saniert, als ihm Anfang 1934 der Arbeiter-Samariter-Bund zugeschlagen worden war.[93] Der damalige Kanzler Engelbert Dollfuß hatte nach deutschem Vorbild alle Arbeiterorganisationen für aufgelöst erklärt und den heimischen ASB gleich mit verboten. Vermögens- und Sachwerte nahm der Staat in »Obhut« und verteilte sie dann weiter, so auch an das ÖRK.

Vier Jahre später ging es dem ÖRK selbst an den Kragen. »Bei der Wiedervereinigung der deutschen Ostmark mit dem Reich«[94] wurde es schlichtweg aufgelöst, weil es als nationale Rotkreuz-Gesellschaft nicht mehr benötigt wurde. Das Deutsche Reich schluckte Österreich, und in der Folge der Ereignisse schluckte das Deutsche Rote Kreuz das kleine österreichische Pendant. Rechtlich wurde dieser Schritt durch eine Verordnung über das Deutsche Rote Kreuz im Lande Österreich vom 23. Mai 1938 abgesichert, die die Angliederung der Strukturen gemäß des jetzt auch dort gültigen Gesetzes über das Deutsche Rote Kreuz von 1937 regelte.

Aus dem Österreichischen Roten Kreuz wurden im Juni 1938 die DRK-Landesstellen XVII und XVIII. Alle Besitztümer des ÖRK gingen an das DRK über, wurden aber wohl im wesentlichen vor Ort belassen.

In der DRK-Literatur liest sich der daran anschließende Prozeß der Assimilation wie folgt: »Dank der von frischer Begeisterung getragenen Einsatzbereitschaft und Opferwilligkeit der Ostmärker, wohl auch bedingt durch ihre besonders große Empfänglichkeit für den deutschen Rotkreuzgedanken und die wehrpolitischen Rotkreuzaufgaben infolge der langen Not- und Verfolgungsjahre, kam die Bildung von DRK-Dienststellen, von DRK-Gemeinschaften und -Bereitschaften schnell zustande. Eine Grundlage in Gestalt von österreichischen Rotkreuzvereinen, im Sinne der früheren Entwicklung im Altreich, war kaum vorhanden.«[95]

Dieser Abschnitt mutet insoweit merkwürdig an, als hier ein spezifisch *deutscher Rotkreuzgedanke* beschworen wird, der sich irgendwie von den Gedanken des Internationalen Roten Kreuzes unterscheiden mußte. Vermutlich spielte der Autor auf die stramm nationalsozialistische Ausrichtung des DRK an. Auch scheint das »kaum vorhandene« ÖRK vom Bazillus des Pazifismus durchsetzt gewesen zu sein, denn geschickt wird von einer »Empfänglichkeit für die wehrpolitischen Rotkreuzaufgaben« gesprochen. Zwischen den Zeilen kommt klar zum Ausdruck, daß das ÖRK sich, zumindest nach deutscher Ansicht, wohl nur unzureichend an Kriegsvorbereitungen beteiligt hatte.[96]

Auf dem Gebiet der Freien Stadt Danzig[97] existierte ebenfalls eine nationale Rotkreuz-Gesellschaft. Mit Rundschreiben 215 des Internationalen Komitees vom Roten Kreuz[98] wurde die Gründung und Anerkennung des Danziger Roten Kreuzes bekanntgegeben. Das Danziger Rote Kreuz war vom Senat der Stadt als »einzige nationale Gesellschaft« anerkannt und offiziell zur Mitwirkung im »Hilfs-Sanitätsdienste im Kriegsfall« berechtigt worden. Die Mitgliedschaft stand laut Satzung »allen Bewohnern der Stadt Danzig und des dazugehörigen Gebiets« offen – neben den Danzigern (die einen eigenen Paß hatten) also auch Polen und Deutschen.

Nach der Eroberung der Westerplatte durch von Danziger Verbänden unterstützte deutsche Verbände im September 1939 und der darauffolgenden Eingliederung der Freien Stadt in das Deutsche Reich ging das Danziger Rote Kreuz im Deutschen Roten Kreuz auf, was insoweit unausweichlich war, als der Erhalt der Freien Stadt durch das Dritte Reich niemals geplant war und deshalb auch der Fortbestand eines Danziger Roten Kreuzes nicht zur Diskussion stand.

Das Danziger Rote Kreuz war sich dieser Planung bewußt und tat nichts, um sich einer Eingliederung in das DRK zu widersetzen. Ebenso erhoben weder das Danziger noch das Deutsche Rote Kreuz Einwände gegen die völkerrechtswidrige Behandlung polnischer Freischärler, die auf Danziger Gebiet Widerstand gegen die deutschen Truppen geleistet hatten.[99]

Geradezu skurril mutet in diesem Zusammenhang ein Erlebnis an, das einem polnischen KZ-Häftling bei Kriegsende widerfuhr. Im Angesicht des Zusammenbruchs des Reiches wurde der Pole von einem deutschen Sanitätssoldaten angesprochen: »Ich bin kein Deutscher, ich bin Danziger!«

Bei der Einvernahme des Österreichischen und des Danziger Roten Kreuzes durch das Deutsche Rote Kreuz handelt es sich um die einzigen Fälle, in denen unabhängige Rotkreuz-Gesellschaften aufgelöst und auch juristisch korrekt in das

DRK überführt wurden. Im Zuge der weiteren Gebietsexpansion des Dritten Reiches setzte das Deutsche Rote Kreuz zwar stets schnell nach und erhielt auch jedesmal einen Anteil an der Beute – meist in Form beschlagnahmten Materials –, übernahm jedoch keine kompletten Gesellschaften mehr.

Verwaltungstechnisch wurde die Expansion des DRK an die Erweiterung der Wehrkreise, beispielsweise im Sudetenland, geknüpft. Neben dem DRK waren in den besetzten Gebieten und Ländern parallel noch (wenn auch zum Teil nur nominell) nationale Rotkreuz-Gesellschaften tätig. Selbst als der Staat Polen nicht mehr existierte, gab es noch ein Polnisches Rotes Kreuz.[100]

Dieser Tatbestand war jedoch politisch bestimmt und nicht Ausdruck des besonderen Interesses der deutschen Besatzer am Fortbestehen der jeweiligen Rotkreuz-Gesellschaft. Mit der Duldung ihrer Kernaktivitäten oder zumindest des juristischen Weiterbestehens unter Kontrolle der deutschen Behörden wurde international zumindest der Anschein eines sich dem Völkerrecht immer noch verbunden fühlenden deutschen Verwaltungsapparates erweckt.

Das Deutsche Rote Kreuz profitierte dennoch vom Eroberungsdrang der Nationalsozialisten: Als die deutsche Industrie schon fast nur noch für den Kriegsbedarf produzierte, durften die tschechischen Praga-Werke zum Beispiel Krankenwagen an das DRK liefern – zu Sonderkonditionen. Überdies hatte die tschechische Industrie einen guten Ruf: Panzer aus tschechischen Produktionsstätten übernahm die Wehrmacht schon beim Einmarsch 1938 und setzte sie erfolgreich nach 1939 während der Blitzkriege ein.[101]

Stille Propaganda

Die Deutsche Reichspost legte zwischen 1933 und 1945 nicht weniger als 78 Briefmarken auf, die gleichzeitig bis 1935 der Förderung der Deutschen Nothilfe und danach des nationalsozialistischen Winterhilfswerks dienten. Alle Marken zeigten unverfängliche Motive. Drei im Motiv gleiche Marken propagierten schon vor Kriegsbeginn den Luftschutz, vier Marken das »Hilfswerk Mutter und Kind«. Für das Rote Kreuz konnte sich die Reichspost in keinem Fall erwärmen, und auch die mit der Wehrmacht verbundenen Sondermarken zeigten in keinem Fall Motive aus dem Sanitätsdienst. Diese Form von Not und Elend durfte es im Dritten Reich nicht geben.

Geradezu grotesk erscheint dagegen im Vergleich die Briefmarkenpolitik in den besetzten Ländern. Für Albanien druckte man eine Hilfsmarke für Fliegergeschädigte, die eine Mutter mit Kleinkind vor rauchenden Trümmern zeigt. Im Reichsprotektorat Böhmen und Mähren erschienen acht Sondermarken für das Rote Kreuz – bis 1942 versehen mit Darstellungen verwundeter Wehrmachtssoldaten. Im Generalgouvernement produzierte man vier Rotkreuzmarken und eine Marke für die dortige Winterhilfe. Das okkupierte Laibach konnte sich über zwei Rotkreuzmarken, sechs Marken zugunsten von Waisen und ebenso vielen für die Winterhilfe freuen. Montenegro bedachte das Reich mit acht Flüchtlingsmarken und noch einmal acht Rotkreuzmarken. Selbst Luxemburg wies unter deutscher Besatzung eine Marke für das Winterhilfswerk auf. Ganz besonders aktiv waren die deutschen Postbeamten in Serbien – eine Marke für die allgemeine Wohlfahrt, acht für Katastro-

phenhilfe, vier für Kriegsgefangene, vier für arme Mitbürger, acht für Kriegsinvaliden und neun für Bomben-
geschädigte machten den Serben klar, wie fürsorglich
sich der »Führer« um sie kümmerte. Selbst die Indische
Legion, ein Teil der Waffen-SS, durfte sehen, wie auf einer ihrer Briefmarken ein verwundeter Turbanträger von
einer Krankenschwester versorgt wurde.

Die »stille Propaganda« mit Hilfe der Post funktio-
nierte wie am Fließband. Der Bevölkerung in den besetzten Gebieten wurde eingehämmert, wie böse Deutschlands Gegner handelten.

Politik per Post war nie eine spezielle Erscheinung des
Dritten Reiches. So gedachte die Deutsche Bundespost
mit einer Gedenkmarke des ersten Todestages des Rabbiners Leo Baeck am 2. November 1957 und griff damit
erstmals das Thema Holocaust zumindest indirekt auf.
Andere Motive gab es schon früher: deutsche Kriegsgefangene in der UdSSR (1953), deutsche Vertriebene (1955)
und deutsche Kriegsgräber (1956).

Innerstaatliche Angelegenheiten –
Das Rote Kreuz
und der Holocaust

In den letzten Kriegstagen und verstärkt nach der Kapitulation der Wehrmacht wurde der deutschen Bevölkerung durch die alliierten Besatzungstruppen, teilweise mit radikalen Mitteln, bekanntgemacht, daß an den Juden Europas ein Massenmord verübt worden war, ein Massenmord, der unter den Augen des Roten Kreuzes stattgefunden hatte.

Eine Verstrickung des Deutschen Roten Kreuzes als Organisation in den Holocaust ist nicht zu belegen.[102] Doch es bleibt festzustellen, daß das Rote Kreuz angesichts des Massenmordes vor allem an Juden und Zigeunern versagte.

Dabei gab es ein reales rechtliches Problem: Das Rote Kreuz in seiner Gesamtheit war während des Zweiten Weltkrieges nur im Sinne der ersten drei Genfer Abkommen tätig – die das Schicksal der verwundeten Militärs an Land und auf See, die Stellung der sie betreuenden Sanitätseinrichtungen und das Schicksal der Kriegsgefangenen regeln sollten. Eine für das Rote Kreuz verbindliche Bestimmung zum Schutz der Zivilbevölkerung im Kriegsgebiet oder unter fremder Besatzung, das erst 1949 beschlossene 4. Genfer Abkommen, existierte zwar im Entwurf, war aber nicht Teil des internationalen Rechts. Den einzigen Schutz von Leib und Leben der Zivilisten stellte (neben der Moral der Besatzer) Artikel 46 der Haager Landkriegsordnung in seiner letzten Fassung von 1907 dar: »Die Ehre und die Rechte der Familie, das Leben der Bürger und das Privateigentum sowie die religiösen Überzeugungen und gottesdienstlichen Handlungen sollen geachtet werden.« Diese Bestimmung galt ausschließlich für die Bewohner eines besetzten Gebietes, nicht jedoch für die Bewohner des kriegführenden Staates selber; es war eine außenpolitische, keine innenpolitische Regelung.[103] Die Kontrolle ihrer Einhaltung oblag den kriegführenden Staaten, nicht einer neutralen Institution wie dem Internationalen Komitee vom Roten Kreuz.

Rein formaljuristisch konnte sich das Rote Kreuz also, was die Insassen der Konzentrationslager, soweit sie nicht als »Kriegsgefangene« klassifiziert waren, die Zwangsarbeiter und letztlich auch die gesamte Zivilbevölkerung betraf, auf den Standpunkt stellen, man sei leider nicht zuständig. Obwohl es so pauschal nie formuliert wurde, lassen die Handlungen des Roten Kreuzes oftmals den Schluß zu, daß eine solche Sichtweise in der Organisation verbreitet war.

Das Deutsche Rote Kreuz als nationale Hilfsgesellschaft wurde wohl niemals direkt mit dem Holocaust konfrontiert, allenfalls indirekt durch Anfragen anderer Rotkreuz-Gesellschaften über den Verbleib verschleppter Personen oder Kriegsgefangener. Für die Betreuung der in KZ inhaftierten Deutschen war das DRK ohnehin nicht zuständig, da diese nicht internationalem Recht unterstanden. Der einzige Kontakt mit den Gefangenen in den Konzentrationslagern bestand auf dem Papier, denn für internationale Kontakte war eine teilweise Registrierung der Häftlinge erfolgt, soweit diese als »Arier« galten.

Selbst die in den hauptsächlich betroffenen Gebieten eingesetzten Helfer scheinen vom Holocaust nichts gewußt zu haben. Man wußte zwar von Ghettos und Deportation, aber (zumindest offiziell) nichts vom Massenmord.

In einer Äußerung der DRK-Helferin Sophie Bettermann kamen hingegen durchaus alte Vorurteile über Juden zum Ausdruck:»Ein Ghetto war ja auch in Przemysl, und wir brachten unsere Schuhe dahin, zum Schuster, oder wenn wir mal was zu nähen hatten. Und die haben mir leid getan, die lagen oben in den Fenstern – und wer war unten an der Tür, elegant angezogen? Ein Kaufmann von Wien! Auch ein Jude! Das paßte ja auch nicht zusammen, ne? Oder?«[104]

Zeitzeugen verweisen immer wieder darauf, daß es auch im Dritten Reich soziale Unterschiede unter den Juden gegeben habe. In den Gaskammern der Vernichtungslager verschwanden solche Unterschiede schnell. Privilegiert waren tatsächlich nur wenige »Schutzjuden«, die von der Elite der NSDAP aus den verschiedensten Gründen vor der Verfolgung bewahrt wurden. Aber selbst diese Juden konnten von einem Tag zum anderen deportiert und ermordet werden. Festzuhalten bleibt, daß den in Polen eingesetzten Helferinnen des Deutschen Roten Kreuzes zumindest die Ghettos und die dort herrschenden Zustände aus eigener Anschauung bekannt waren.

Meta Altemeier, eine andere Helferin unter dem Roten Kreuz, rechtfertigte sich mehr als fünfzig Jahre nach Kriegsende: »Ich habe nichts falsch gemacht, denn ich bin ja in Warschau in das Judenghetto gegangen – habe die Juden mit Verpflegung versorgt. Die Wachtposten haben uns auch durchgelassen, ohne überhaupt was zu sagen. Deshalb konnte ich das dann gar nicht begreifen, als es hieß, die Juden sind vernichtet worden. Hab ich nicht miterlebt! In dem Ghetto, da waren Schustereien und so was, die haben uns dann die Schuhe fertiggemacht, dafür haben wir dann Lebensmittel reingebracht.«[105]

DRK-Helferin Altemeier war, wie sie einräumt, nicht in humanitärer Mission im Warschauer Ghetto unterwegs, sondern benutzte die mitgebrachten Lebensmittel lediglich zum Tausch gegen handwerkliche Dienstleistungen, die andernorts mit Sicherheit teurer gewesen wären.[106]

Über den Holocaust will sie überhaupt nichts gewußt, nur die Ghettos gekannt haben: »Ja, das haben wir bemerkt, als wir zurückkamen [gemeint ist wohl das Verschwinden der Ghettos] –, aber was dann daraus geworden ist, da haben wir uns gar keine Gedanken gemacht. Wir haben auch die Juden versorgt, also das … wenn man uns gesagt hätte, so, jetzt geht in das Lager rein und helft den Juden, dann wären wir auch da reingegangen und hätten geholfen. Und ich nehme an und hoffe auch, daß sie von den Sanitätern versorgt wurden.« Was nicht der Fall war; abgesehen von revisionistischen Veröffentlichungen wird die medizinische Versorgung der Juden in den Ghettos und in den KZ durchweg als schlecht oder als nicht existent beschrieben. Allenfalls im Altersghetto Theresienstadt mag es eine geregelte basismedizinische Versorgung gegeben haben.

Die obige, unter erheblichem persönlichen Rechtfertigungszwang (die Interviews sollten im Fernsehen gezeigt werden) gemachte Aussage ist für die damals vorherrschende Haltung des DRK nicht repräsentativ. Es handelt sich um einen Versuch der Rechtfertigung nach der Unterlassung und in dem Wissen (oder zumindest der Ahnung), daß diese Unterlassung nicht Rechtens war. Man hatte sich eben »keine Gedanken« gemacht.

Interessant (und wiederum für die am Zweiten Weltkrieg beteiligten Deutschen eigentlich typisch) ist die Formulierung insoweit, als ein nebulöser »man« als Befehlsgeber genannt wird, der jedoch eindeutig nicht zu »uns«, also den Helfern des DRK, gehörte. »Wenn man uns gesagt hätte …« ist zugleich die Umkehrung der Rechtfertigung vieler NS-Verbrechen. Im Zusammenhang mit diesen Verbrechen ist auf einen Befehlsnotstand verwiesen worden, weshalb man keine persönliche Schuld trage. Meta Altemeier kehrte dies wahrscheinlich unbewußt um, indem sie sagte, es habe keinen Befehl gegeben, also hätte das DRK gar nicht handeln können. Die Unterlassung wird so dargestellt, als träfe das DRK keine Schuld, da die Organisation weder generell durch die Genfer Abkommen noch speziell durch die Befehlshierarchie zum Handeln angewiesen worden sei. Angesichts einer derart engen Sichtweise auf die tatsächlich herrschenden Verhältnisse dürfte sich Henri Dunant im Grabe umdrehen, hatten er und die Gründer des Roten Kreuzes doch schließlich ohne Befehl und Anordnung gehandelt.

Insgesamt gilt für das Deutsche Rote Kreuz, daß man vom Holocaust zumindest ansatzweise gewußt hat und das Elend der Juden in den Ghettos bekannt war. An höchster Stelle im DRK beteiligte man sich zwar, wie noch zu zeigen sein wird, an der Massenmord-Planung, wahrte aber als Organisation offiziell Distanz zu den Konzentrationslagern. Der Holocaust wurde in der gesamten Hierarchie des Deutschen Roten Kreuzes an vielen Stellen und mit vielen Einzelfaktoren wahrgenommen – von der Einrichtung der Ghettos bis hin zur Planung der Selektion arbeitsfähiger Häftlinge –, offenbar herrschte aber ein allgemeiner stiller Konsens darüber, sich weiter »keine Gedanken« zu machen und den Mord an Millionen Menschen schlichtweg totzuschweigen.

Neben dem Deutschen Roten Kreuz gab es jedoch auf einer ganz anderen Ebene das Internationale Komitee vom Roten Kreuz (IKRK), in dessen Zuständigkeitsbereich der Holocaust viel eher fiel. Die weitaus größte Zahl der Juden, die in die KZ verschleppt und dort ermordet wurden, war nicht deutscher Nationalität, sondern stammte aus den besetzten Ländern. Und aus diesen Ländern wie auch von jüdischen Organisationen anderen Ortes wurden die meisten Fragen und Wünsche an das IKRK herangetragen. Kopf des Internationalen Komitees vom Roten Kreuz und damit Hauptansprechpartner des Auslands war lange Zeit der Schweizer Max Huber.

Die *Enzyclopaedie des Holocaust* beschreibt das Wirken dieser Institution: »Das IKRK versuchte trotz der Kontrolle seiner nationalen Gesellschaften durch totalitäre Regierungen ... die

Einheit der internationalen Bewegung des Roten Kreuzes aufrechtzuerhalten. Die Sorge um die Gefangenen in den Konzentrationslagern überließ es dem Deutschen Roten Kreuz.« Eine traurige Bilanz!

Tatsächlich erfuhr das IKRK fast immer nur indirekt von den Massendeportationen der Juden und hatte bis unmittelbar vor Kriegsende nur Gelegenheit, zwei ausgewählte Konzentrationslager zu besuchen. In Buchenwald sprach man 1940 und 1941 mit niederländischen Häftlingen, auf die »Inspektion« des Lagers Theresienstadt kommen wir später noch ausführlich zurück. Diese mangelnde Einsicht in die Vorgänge des Holocaust wurde ergänzt durch die Ansicht des IKRK, man könne vor allem für »politische Gefangene« etwas tun. Juden seien aber keine »politischen Gefangenen«, da sie ja »nur« wegen ihrer religiösen Ansichten (im Sinne des Dritten Reiches auch ihrer »ethnischen Zugehörigkeit«) interniert worden seien. Das IKRK unterschied genau zwischen »internierten Zivilisten«, die politische Gefangene im obigen Sinne waren, und Juden.

Spätestens 1939 wurde jedoch im Internationalen Roten Kreuz, vor allem bei den betroffenen nationalen Rotkreuz-Gesellschaften, über die Behandlung der Juden durch das Dritte Reich diskutiert und mit Beginn der »Endlösung« 1941 auch über den Massenmord. Spätestens im Dezember 1941 war der Massenmord an den Juden im IKRK bekannt, man plante sogar die Entsendung einer Delegation – die lange auf sich warten ließ. Zu lange, denn im Frühjahr 1942 setzte die Deportation der französischen Juden ein, gleichzeitig verweigerte das Deutsche Rote Kreuz eine weitere Zusammenarbeit mit dem IKRK. Das Internationale Komitee versuchte daraufhin unter Umgehung der nationalen Rotkreuz-Gesellschaft, direkt aus dem Auswärtigen Amt und dem Oberkommando der Wehrmacht Informationen über Vermißte zu bekommen, aber man erntete nur Schweigen.

Daraufhin verwies das IKRK über seinen Berliner Vertreter Roland Marti auf die Vorschläge einer internationalen Konferenz in Tokio, bei der 1939 schon die Grundlagen des 4. Genfer Abkommens über Zivilpersonen zusammengefaßt worden waren. Marti wollte direkt mit der SS oder zumindest mit dem Justizministerium verhandeln, wurde aber aus Genf gebremst. Am 24. September legte Marti dem Auswärtigen Amt das diesbezügliche Schreiben und einen konkreten Plan vor: Die französischen und belgischen Deportierten sollten den internierten Zivilisten gleichgestellt werden. Das Wort »Jude« wurde vom IKRK gegenüber dem Dritten Reich nicht in den Mund genommen; als schützenswert betrachtete man zudem vorrangig Belgier und Franzosen, eine kleine Minderheit innerhalb der Minderheit der europäischen Juden. In Martis internen Anweisungen zu dem offiziellen Papier wurde weiter erklärt, daß das IKRK diejenigen Juden (hier fiel das »Unwort« tatsächlich) als »internierte Zivilisten« und damit schützenswert ansehe, die einer Nation angehörten, die dem Dritten Reich feindlich gegenüberstehe.

Dies bedeutete nichts anderes, als daß die deutschen Massenmörder nach Ansicht des IKRK zumindest in bezug auf deutsche, italienische, slowakische, ungarische, kroatische, rumänische und bulgarische Juden sowie die Juden im Reichsprotektorat und im Generalgouvernement freie Hand hatten und daß sie die Juden der neutralen Staaten gleichfalls umbringen durften, solange deren Regierungen sie in deutsche Hände gaben. Das Internationale Komitee vom Roten Kreuz machte dem Dritten Reich deutlich, daß man an den Juden im deutschen Einflußbereich gar nicht interessiert sei – eine wahrhaft neutrale Haltung. Den deutschen Behörden war dies jedoch nicht genug (oder gar zuviel der Intervention), denn sie würdigten Marti oder das IKRK nicht einmal einer Antwort.

Das Internationale Komitee zog sich daraufhin erst einmal in seinen Genfer Elfenbeinturm zurück, konnte sich zu keiner

Geste des Protests entschließen und verhinderte jede öffentliche Stellungnahme mit der Begründung, das Deutsche Reich könne sonst die Genfer Abkommen womöglich gänzlich ignorieren. Die Aussonderung und Deportation von Juden unter französischen Kriegsgefangenen und Zivilinternierten sowie die Heranziehung von polnischen Kriegsgefangenen zur Zwangsarbeit wurde nicht kommentiert.

Offensichtlich schwebte die Angst vor den bislang noch siegreichen Armeen der Achsenmächte wie ein Damoklesschwert über dem IKRK, war die Schweiz doch von diesen Armeen vollständig eingekreist.[107] Zudem wollte man die Arbeit für internierte Zivilisten und Kriegsgefangene sowie die (letztlich völlig fruchtlosen) Bemühungen um eine Regelung des Kriegsgefangenenstatus im deutsch-sowjetischen Krieg nicht dadurch gefährden, daß man sich zu sehr für die Juden einsetzte. Sehr schnell war man der Ansicht, daß die Juden für das IKRK ein verzichtbarer (Stör-)Faktor waren.

Statt selber gegenüber dem Deutschen Reich aktiv zu werden, beschloß man, sich an die mit dem Reich verbündeten Staaten zu wenden.[108] Und statt weiter als IKRK in Erscheinung zu treten, gab man die Unterstützung der KZ-Häftlinge an die Joint Relief Commission des Internationalen Roten Kreuzes und die Liga der Rotkreuz-Gesellschaften weiter. Da man die Alliierten jedoch nicht vollständig von der Bedeutung dieser Aufgabe überzeugen konnte, kamen großangelegte Hilfsaktionen nicht in Frage. Nur im Generalgouvernement und in Vichy-Frankreich kam es vereinzelt zur Massenlieferung von Hilfsgütern. Pakete an einzelne Häftlinge in den Konzentrationslagern erlaubte das Deutsche Reich ab Frühjahr 1943. Voraussetzung war, daß dem IKRK der genaue Aufenthaltsort des Adressaten bekannt war, was nur in einem verschwindend geringen Teil der Fälle tatsächlich zutraf. Und selbst dann blieb es der SS überlassen, einem Häftling sein Paket auch tatsächlich auszuhändigen.

Erfolge konnte das IKRK zu jener Zeit also nur wenige vorweisen. Dem Slowakischen Roten Kreuz gegenüber gestand man schon 1942 seine Handlungsunfähigkeit angesichts der einsetzenden Deportationen von Juden ein. Einziger Lichtblick blieb die im Frühjahr 1944 verdeckt ablaufende Emigration rumänischer Juden nach Palästina, die durch die rumänische Regierung unterstützt wurde.[109] Deutsche und Briten durften von dieser Rettung nichts erfahren: erstere hätten die Ausreise verhindert, letztere die Einreise. Interventionsversuche des IKRK Mitte 1944 in Ungarn scheiterten zunächst und waren letztlich nur dank des mutigen Vorgehens von Raoul Wallenberg (der nicht für das Rote Kreuz, sondern für die schwedische Regierung arbeitete) von Erfolg gekrönt. In der Slowakei schließlich konnte das IKRK, vertreten durch Georges Dunand, bis Ende 1944 überhaupt nichts erreichen. Lediglich in Frankreich wendete sich das Blatt nach der Invasion. Am 2. Oktober 1944 schlug Max Huber in französischem Auftrag dem deutschen Außenminister Ribbentrop Verhandlungen über einen Gefangenenaustausch und die den Zivilinternierten angepaßte Behandlung von Deportierten aus Frankreich, Belgien und den Niederlanden vor. Ribbentrop ging »unter der Bedingung der Gegenseitigkeit« am 1. Februar 1945 auf diesen Vorschlag ein, denn in Frankreich waren mittlerweile Tausende von Deutschen interniert.

Während das Ende des Dritten Reiches unaufhaltsam näher rückte, wurde das IKRK plötzlich von den Alliierten gedrängt, Delegierte in die KZ zu entsenden. Man war sich bewußt geworden, daß die SS keine Zeugen überleben lassen würde, wollte sie den eigenen Hals retten.[110] Da sich sowohl das IKRK als auch die Schweizer Regierung (die Schweiz war Schutzmacht vieler alliierter Staaten) einverstanden erklärten, entwickelte sich eine hektische, aber letztlich zu späte Diplomatie zwischen dem Roten Kreuz und der SS. Hubers Nachfolger Carl J. Burckhardt erklärte sich sogar zu einem Treffen mit Himmler bereit, mußte aber mit dessen treuem Paladin Kaltenbrunner, dem Chef des Reichssicherheits-Hauptamtes (RSHA), vorliebnehmen.[111] Am 12. März 1945 kam es zu dieser Begegnung, bei der Richtlinien für eine Rettung der Inhaftierten und auch der überlebenden Juden festgelegt wurden und Burckhardt von Kaltenbrunner der Zugang des IKRK zum KZ Mauthausen und zum Altersghetto Theresienstadt zugesichert wurde.

Nur einige hundert KZ-Häftlinge aus Mauthausen konnten noch vor der deutschen Gesamtkapitulation durch das IKRK gerettet werden. Parallel erreichte das Schwedische Rote Kreuz dank eigener Verhandlungen mit der SS die Ausreise einer ähnlich geringen Zahl von Häftlingen aus dem KZ Ravensbrück. Die Mehrzahl der noch lebenden Häftlinge wurde durch Kampftruppen der Alliierten im Rahmen des Vormarsches auf Berlin und der Besetzung des Reichsgebietes befreit.

Insgesamt hat das Internationale Komitee vom Roten Kreuz, was die Konzentrationslager (und auch die sowjetischen Kriegsgefangenen) betrifft, versagt.[112]

Der wiederholte Hinweis, man habe in den Lagern Pakete des Roten Kreuzes vorgefunden, ist zwar durchaus nicht unberechtigt, allerdings waren die meisten dieser Pakete in einen Privatfundus der SS gewandert. Lediglich in Kriegsgefangenenlagern wurden Pakete unter Kontrolle des Roten Kreuzes direkt den Häftlingen ausgehändigt.

Im allgemeinen waren Aktivitäten des Roten Kreuzes zugunsten von KZ-Häftlingen auf Anweisung Himmlers nur äußerst eingeschränkt und erst in den letzten Kriegsmonaten überhaupt möglich. Dabei wollte Himmler ohnehin nur Häftlinge aus nordeuropäischen Ländern versorgt sehen. Lange Zeit bot Himmler die Freilassung von Internierten nur unter der Bedingung an, daß man ihm für eine Fortsetzung des Krieges gegen die Sowjetunion durch einen Separatfrieden freie Hand gäbe und der SS geländegängige Lastwagen überließe.[113]

Nach dem Krieg räumte das Internationale Komitee vom Roten Kreuz selbst den »Mißerfolg« seiner Arbeit ein, betonte jedoch wiederholt, es sei alles versucht worden.[114] Zum Teil wurde man auf seiten des Internationalen Roten Kreuzes in der Endphase des Holocaust sogar zum Mittäter, wenn auch wahrscheinlich unfreiwillig und durch eine Verkettung kaum beeinflußbarer Umstände und Zufälle.[115] So finden sich erschreckende Dokumente von Überlebenden des KZ Neuengamme, in denen sie berichten, daß sie im April 1945 durch einen russischen Häftlingsarzt als Kranke zum Abtransport vorgesehen worden seien.

Man verlud die Kranken teilweise in Wagen des Schwedischen Roten Kreuzes, die, von der SS bewacht, das Lager Neuengamme verließen. Während der Fahrt betreute schwedisches Personal die Häftlinge und führte eine behelfsmäßige Registrierung durch. Nach der Fahrt durch Hamburg Richtung Süden wurden die Häftlinge im Außenlager Hannover-Stöcken wieder ausgeladen, womit die Arbeit des Schwedischen Roten Kreuzes anscheinend beendet war. Man hatte die Gefangenen lediglich bei ihrer Verlegung von einem KZ in ein anderes betreut und sie dann ihrem Schicksal überlassen.

Wenige Tage später wurden die Häftlinge, die sich durch die Aktion des Schwedischen Roten Kreuzes schon in Sicherheit gewähnt hatten, von der SS zusammengetrieben und zu einem »Todesmarsch« gesammelt. Das Ende kam am 13. April 1945. Die Überlebenden des Marsches wurden zusammen mit benzingetränktem Stroh in einer Scheune eingeschlossen und das Stroh anschließend von der SS angezündet. Amerikanische Truppen fanden einen Tag später 1016 verbrannte Leichen vor, von denen 711 nicht mehr identifiziert werden konnten – über tausend Menschen, die, begleitet vom Schwedischen Roten Kreuz, in den Tod fuhren![116]

Weder bewiesen noch widerlegt werden konnte das wiederholt aufkeimende Gerücht,[117] das Deutsche Rote Kreuz habe die Behälter mit Zyklon-B transportiert, das als Giftgas in den Vernichtungslagern eingesetzt wurde. Hier scheint es sich jedoch um eine Verwechslung zu handeln, denn das Zyklon-B wurde tatsächlich wohl mit eigenen Krankenfahrzeugen der SS transportiert, die natürlich auch das Schutzzeichen trugen. In Ermangelung anderer Zeugnisse werden als »Beleg« für die Belastung des Deutschen Roten Kreuzes in Zusammenhang mit den Gastransporten die Zeugenaussagen ehemaliger KZ-Häftlinge herangezogen: »Draußen wurde der Hauptschalter betätigt, um die Beleuchtung abzustellen, und ein Rot-Kreuz-Wagen mit dem Zyklon fuhr vor.«[118] Der beobachtete Wagen wird wohl tatsächlich mit einem roten Kreuz als Sanitätsfahrzeug gekennzeichnet gewesen sein, eine genauere Zuordnung zu einer Organisation hätte letztlich jedoch nur über das Zulassungskennzeichen erfolgen können. Dies geschah jedoch nie, daher sollte man das Deutsche Rote Kreuz nach dem Grundsatz »im Zweifel für den Angeklagten« von diesem Vorwurf freisprechen.[119]

Ähnlich verhält es sich mit den Gaswagen, die vor allem in den besetzten Gebieten der Sowjetunion zur Ermordung von Juden eingesetzt wurden. Diese von der einheimischen Bevölkerung unter anderem als »Seelentöter« bezeichneten Fahrzeuge, im Verwaltungsdeutsch schlicht »S-Wagen« (für Spezialwagen) genannt, waren mit einem geschlossenen Aufbau versehen, in dem mittels eingeleiteter Abgase jeweils Dutzende von Menschen vergast wurden. Nachdem Zweck und Aussehen der Fahrzeuge zumindest gerüchteweise bekanntgeworden waren, bemühten sich die zuständigen Dienststellen um eine bessere Tarnung. Laut einigen Aussagen sollen die Fahrzeuge dabei zeitweise das Zeichen des roten Kreuzes getragen haben.[120] Wesentlich verbreiteter dürfte jedoch die »Tarnung« als Wohnwagen gewesen sein, die verschiedentlich belegt ist.

Rote Kreuze auf Gaswagen und Zyklon-B-Transportern sind jedoch ein Beleg dafür, daß es die Bürokratie des NS-Staates keineswegs störte, wenn das nach außen hin als so wichtig erachtete Schutzzeichen der Genfer Abkommen intern auch der Durchführung der »Endlösung« diente.

Krieg als Wesenszweck –
Wie das DRK
an allen Fronten wirkte

Daß der Krieg allein »Grundlage und Daseinsberechtigung«[121] sei, wurde den Helfern des Deutschen Roten Kreuzes im Dritten Reich von zeitgenössischen Autoren wiederholt klargemacht.[122] Der Krieg sei das Ziel aller Rotkreuzarbeit, die Mitwirkung im Sanitätsdienst der Streitkräfte ultimative Krönung des Lernens und Übens im Frieden. Alle anderen Tätigkeiten seien nur Beiwerk, hätten hinter der Vorbereitung auf einen Einsatz an und hinter der Front zurückzustehen.

Aus dieser Perspektive betrachtet, verwundert es wenig, daß das Deutsche Rote Kreuz immer mit von der Partie war, wenn deutsche Truppen marschierten. Schließlich hatte man sich früh auf solche Einsätze vorbereitet. Noch bevor das Deutsche Reich seine Wehrhoheit wiedererlangte, machte das durch den Versailler Vertrag in seinem Wirken eingeschränkte DRK den militärischen Sanitätsdienst erneut zu seinem Hauptziel. So wurde unter anderen der »Gasschutz« geübt, als Vorbereitung auf einen Bombenkrieg, aber auch auf den Einsatz an der Front.[123]

In welcher Form sich das Deutsche Rote Kreuz bei der Besetzung des Rheinlandes 1936 engagierte, ist nicht bekannt.

Die militärische Aggression des Deutschen Reiches über die Reichsgrenzen hinweg begann zwei Jahre später mit dem Einmarsch deutscher Truppen in die Republik Österreich, die dem »Anschluß« nicht so begeistert gegenüberstand, wie es die deutsche Propaganda glauben machen wollte. Ganz im Sinne dieser Propaganda und mit unverhohlenem Stolz berichtete das Deutsche Rote Kreuz:»Bei der Wiedervereinigung der deutschen Ostmark mit dem Reich im März 1938 hat das Deutsche Rote Kreuz gemäß seiner Aufgabe, beim amtlichen Sanitätsdienst der Wehrmacht mitzuwirken, seine Männer und Frauen für die verschiedensten sanitären Aufgaben in großer Zahl zur Verfügung gestellt.«[124] Viel detaillierter konnte man wahrscheinlich nicht berichten, denn immerhin galt der »Anschluß« als ein von Österreich gewünschter Akt. Durch genauere Berichte des Roten Kreuzes hätte der Eindruck erweckt werden können, daß man mit Widerstand gerechnet hatte.[125]

Bei der Besetzung des Sudetenlandes im selben Jahr sprach dann allerdings sogar das DRK von »Krisentagen« und, interessanter noch, von einer »Feuerprobe«. Tatsächlich war der Einmarsch in die Tschechoslowakei ein größeres Risiko als die Besetzung Österreichs und in vielerlei Hinsicht unkalkulierbar. Die Welt stand – das war auch den nationalsozialistischen Machthabern klar – am Rande eines Krieges. Und so liest sich dann auch der entsprechende Tätigkeitsbericht des DRK: »An dem Einmarsch der deutschen Truppen in das Sudetenland waren wehrpflichtige Männer aus den DRK-Bereitschaften, die zu Übungen eingezogen waren, in großer Zahl beteiligt. Auch standen genügend DRK-Schwestern, -Schwesternhelferinnen und -Helferinnen bereit. Die Einsatzbereitschaft ... wurde von den verantwortlichen Führern der Wehrmacht anerkannt, das Deutsche Rote Kreuz darf mit Befriedigung feststellen, daß es seine Ursprungsaufgabe, die Ergänzung des Wehrmachtssanitätsdienstes, bei der Rückkehr alter deutscher Lande in das Reich zur vollen Zufriedenheit der Wehrmacht gelöst hat.«[126] Das DRK hatte am ersten, auch international riskanten Raubzug des Dritten Reiches mitgewirkt. Generalstabsmäßig geplant, waren die Männer schon zu Übungen eingezogen worden, und auch die Frauen waren von ihrem Einsatz wohl kaum überrascht. Eine Generalprobe für den bevorstehenden Krieg, die nicht ganz ohne Probleme verlaufen zu sein scheint, denn immerhin wurde von »vorhandenen Lücken« und »Schwierig-keiten der verschiedensten Art« gesprochen.

Während die Wehrmacht in die Tschechoslowakei einmar-schierte, war ein Stillhalten Frankreichs angesichts der deut-schen Bedrohung nicht garantiert, so daß das DRK auch im Westen tätig werden mußte:»Noch eine dritte Gelegenheit bot sich für das Deutsche Rote Kreuz 1938, im großen seine Einsatzkräfte Volk und Vaterland zur Verfügung zu stellen. Die gewaltigen Arbeiten an den Westbefestigungen machten zur sanitären Betreuung der eingesetzten Hunderttausende von Arbeitern den Einsatz vieler DRK-Männer und Frauen und von Krankenwagen, Sanitätsmaterial und -gerät aller Art erforderlich. Im ganzen waren zu gleicher Zeit als Höchstzahl vom Deutschen Roten Kreuz bei den Westbefestigungen ein-gesetzt: 75 Ärzte (aufsichtführend) und 987 Helfer und Hel-ferinnen in Revieren und Zentralrevieren. Vom Präsidium waren zur Verfügung gestellt: 8 Sanitätskraftwagen und 6 Döckersche Baracken.«[127] Was so großartig klingt, war tat-sächlich ein »normaler« Einsatz. Zum Vergleich: Aus Anlaß des Geburtstags Hitlers und der gleichzeitigen Einweihung ei-nes neun Kilometer langen Straßenstücks waren 1939 in Ber-lin 81 Ärzte, 241 Führungskräfte und 4706 Helfer allein des Deutschen Roten Kreuzes eingesetzt worden.

Überhaupt schien der »Vorkriegs«-Einsatz keine besondere praktische Herausforderung gewesen zu sein: »Auch in den militärischen Einsätzen im März 1938 in Österreich, im Okto-ber 1938 im Sudetenland sowie im März 1939 in der Tschecho-slowakei hatte es zwar organisatorische Lehren gegeben, San. Einsätze erübrigten sich jedoch, da die wenigen Kranken und Unfallverletzten in den örtlichen Krankenhäusern ausrei-chend untergebracht werden konnten.«[128]

Fast im geheimen spielte sich ein Krieg ab, an dem sich das Deutsche Rote Kreuz beteiligte – der Bürgerkrieg in Spanien. Während sowohl auf republikanischer wie auf faschistischer

Seite deutsche Freiwillige kämpften, hatte das DRK seine Aufgaben ganz ohne solche Ambivalenz begriffen: »Der Freiheitskampf des spanischen Volkes gegen die bolschewistische Vernichtung forderte sanitäre Hilfe, die durch die Vermittlung des Internationalen Komitees vom Roten Kreuz in stiller, aber intensiver Arbeit geleistet wurde. Arzneimittel und Instrumente bildeten den Beitrag des Deutschen Roten Kreuzes zu einer von Genf aus geleiteten Aktion, die weit über die sanitäre Hilfe hinausreichte und unzähligen Gefangenen, darunter nicht wenigen deutschen, in den Kerkern der roten Gewalthaber das Leben erhielt und in manchen Fällen sogar die Freiheit wiedergab. Zwei DRK-Schwestern wurden von ihrem Mutterhaus beurlaubt, um bei der Sanitätsgruppe der Legion Condor in Spanien den verwundeten und erkrankten deutschen Freiwilligen helfend und pflegend zur Seite zu stehen.«[129]

Im Verlauf der nationalsozialistischen Kriegsplanung schlug 1939 auch das Deutsche Rote Kreuz Töne an, die eine allmähliche Einstimmung auf den Krieg bedeuteten: »Mit diesen Kräften [gemeint sind die Helfer] hat das Deutsche Rote Kreuz seine Friedensaufgaben heute und, nach dem Willen des Führers, in Zukunft zu erfüllen, solange das Deutsche Reich nicht gezwungen ist, Freiheit und Lebensraum mit der Waffe in der Hand zu verteidigen.«[130] Dieser Prozeß war indessen schon im Gange. Im März 1939 marschierten deutsche Truppen in die Rest-Tschechoslowakei ein, aus der das Reichsprotektorat Böhmen und Mähren und der Marionettenstaat Slowakei wurden. Eine Woche später »überließ« Litauen das Memelgebiet kampflos der einrückenden Wehrmacht. Das DRK bildete hier die »Kreisstelle Memel«.[131]

Kurze Zeit nach Niederschrift des oben Zitierten begann mit dem deutschen Überfall auf Polen der Zweite Weltkrieg. Der Polenfeldzug endete nach wenigen Wochen mit der Aufteilung Polens zwischen Stalin und Hitler. Während sich mit-

ten in Polen deutsche und sowjetische Offiziere zum freund-
schaftlichen Austausch trafen, rückten die Hilfskräfte des
Deutschen Roten Kreuzes nach und bezogen Station, anfangs
noch in Kooperation mit dem Polnischen Roten Kreuz arbeitend. Polen hörte de facto auf zu existieren. Die von der Wehrmacht besetzten Gebiete firmierten fortan als Gau Danzig-
Westpreußen oder Reichsgau Wartheland, der Rest Polens als
Generalgouvernement. Auch hier setzte sich die Verflechtung
von Partei und DRK schnell durch. Ein hoher deutscher Ver-
waltungsbeamter im Wartheland wurde der SS-Offizier und
DRK-Generalhauptführer Dr. Böttcher, der auch dem Roten
Kreuz in seinem Machtbereich vorstand. 1947 richtete man
ihn in Radom wegen unzähliger Verbrechen gegen die
Menschlichkeit hin.

Als Besatzer empfand man sich in DRK-Kreisen jedoch
nicht, wie ein Interview mit der damals dort eingesetzten
DRK-Hilfsschwester Sophie Bettermann belegt: »Was heißt
Feindesland Polen? Wir konnten einkaufen im Geschäft, und
wir konnten ins Café gehen und Kaffee trinken, es hat uns nie
einer rausgetrieben. Feindesland kann man eigentlich gar
nicht sagen, weil wir uns da gar nicht befaßt haben mit den
Polen. Wir hatten eine schöne, gute Kameradschaft, und das
ist auch was wert.«[132] Diese Haltung ist vielleicht verständlich,
betrachtet man das privilegierte Leben der deutschen Besatzer
in Polen: Mehr als fünfzig Jahre nach Kriegsende die Zeit in
Polen immer noch auf »gute Kameradschaft« und Kaffeetrin-
ken zu reduzieren erscheint jedoch einigermaßen erstaunlich.
Auf die Frage, ob die Zeit im Krieg denn eher schön oder
schrecklich gewesen sei, antwortete die noch rüstige Frau Bettermann dann auch prompt: »Schrecklich kann man eigentlich nicht sagen – ich glaube, das würde keiner von uns
sagen.«

Dabei waren Helferinnen des DRK direkte Augenzeugin-
nen von Massenmorden. Aktenkundig ist eine solche Zeugen-

schaft im Zusammenhang mit einem Mordeinsatz des Polizeibataillons 101 am 25. August 1942 in Miedzyrzecz. An diesem Tag wurden nach einer Razzia alle Juden auf dem Marktplatz des Ortes zusammengetrieben. Man zwang sie, in der sengenden Sonne stundenlang bewegungslos dazusitzen. Wer aufstand, wurde sofort erschossen. Naturgemäß konnten viele Kinder das lange Stillsitzen nicht ertragen und ebensowenig die Gefahr begreifen. Sie wurden ohne weitere Vorwarnung von den deutschen Polizisten erschossen. Zu den Zeugen dieses Massenmordes an etwa tausend Juden gehörte auch eine Gruppe von Schwestern des Deutschen Roten Kreuzes. Nur eine Schwester beschwerte sich anschließend über diese grausame Tat; sie konnte nicht verkraften, daß auch Kinder erschossen worden waren.[133] Daß das Entsetzen sich lediglich auf die Erschießung der Kinder erstreckte, läßt tief in die Seele dieser Schwester blicken.

Sophie Bettermanns Aussage, man habe sich gar nicht mit den Polen befaßt, wird auch von polnischer Seite belegt. Obwohl das DRK gern auf die anfängliche Zusammenarbeit mit dem Polnischen Roten Kreuz verweist,[134] scheint es keinen dauernden Kontakt gegeben zu haben. Polnische Helfer berichten davon, daß die Arbeit des DRK stets nur Deutschen gegolten habe, die Polen jedoch für sich selber hätten sorgen müssen.

Es kam auch zu Völkerrechtsverletzungen deutscher Stellen gegenüber dem Polnischen Roten Kreuz. So wurde Maria Bortnowska, Leiterin des Suchdienstes des Polnischen Roten Kreuzes, Ende 1940 von der Gestapo ohne stichhaltige Begründung verhaftet. Das DRK war über diesen Vorgang offiziell informiert worden und protestierte nicht. Im Berliner Polizeigefängnis »erkrankte« Maria Bortnowska, anschließend wurde sie im KZ Ravensbrück inhaftiert. Dort blieb sie bis 1945. Ihren Glauben an die Neutralität des Deutschen Roten Kreuzes dürfte sie spätestens in dem Augenblick verloren haben, als sie erfuhr, daß DRK-Arzt Gebhardt in ebendiesem Lager Menschenversuche an polnischen Frauen durchführte. Den Truppen des Dritten Reiches rückte an allen Fronten das Deutsche Rote Kreuz nach. Mitteilung Nr. 282 des DRK-Präsidiums vom Oktober 1940 suchte beispielsweise nach geeigneten Leiterinnen und Mitarbeiterinnen für Soldatenheime in Norwegen. Für diese »dankbare Aufgabe« wurden »widerstandsfähige Menschen« von »heiterem Temperament« gesucht, die sich zudem kaufmännisch und hauswirtschaftlich eignen und möglichst etwas Norwegisch sprechen sollten. Die Landesstelle X faßte prägnant und mit einem Anflug unfreiwilligen Humors zusammen: »Die Leiterinnen müssen somit ein Universalgenie sein.«[135]

Auch in Frankreich rückten DRK-Schwestern ein, beispielsweise Fridoline Kessler,[136] die sich 1937 freiwillig als Hilfsschwester gemeldet hatte und 1942 in das Luftwaffenlazarett Clichy[137] bei Paris versetzt wurde. Dieser doch recht angenehme Posten schien ihr nicht zu gefallen: »Und dann am anderen Morgen bin ich auf Station gekommen und dann – sind Sie mal vorsichtig, ich weiß es nicht, ob ich das Ihnen alles erzählen kann[138] – ist die [Oberin] mit mir auf die Frauenstation gegangen. Ich war geschockt, kann ich Ihnen sagen! Jetzt habe ich wollen in den Osten, habe wollen Landsern helfen, jetzt komm ich auf die Frauenstation, das darf doch nicht wahr sein!« Diese Haltung zeigt exemplarisch, wie sehr die deutschen Helferinnen sich als (zumindest unterstützender) Bestandteil der kämpfenden Truppe fühlten und wie hochmotiviert im Sinne der NS-Kriegspropaganda sie waren. Aus heutiger Sicht erscheint der Wunsch, an die Ostfront verlegt zu werden, jedenfalls reichlich unverständlich.[139] Später kam Fridoline Kessler dann doch noch in den Genuß, Soldaten helfen zu dürfen, als man sie auf die Station für Kriegsgefangene versetzte. »Ich hatte da Amerikaner, Engländer, Franzosen, Polen und Neger.« Letztere hätten sich allerdings als die dankbarsten Patienten erwiesen, so daß sie selbst bald ganz im Sinne des Roten Kreuzes handelte:»Ich behandle meine Leute nach Art der Erkrankung und nicht nach Rang und Dienstgrad – und darauf bin ich stolz!« Diese weinend vorgebrachte durch und durch humane Haltung brachte ihr indessen Probleme ein, da sich DRK-Helferin Kessler zum»Aufpäppeln« der Patienten zusätzliche Lebensmittel beschaffte. Als ein Arzt dies bemerkte, meinte er, sie solle lieber einige Patienten umbringen, dann hätte sie etwas für Deutschland getan.[140]

Eine Episode am Rande zeigt, was die deutschen Militärs wirklich von den Genfer Abkommen hielten. Im Lazarett Clichy waren Kriegsgefangene grundsätzlich im obersten Stockwerk untergebracht, um sie, so die erklärte Absicht, bei alliierten Luftangriffen als menschliche Schutzschilde zu gebrauchen. Warum eine solche zusätzliche»Versicherung« trotz der Kennzeichnung mit roten Kreuzen gebraucht wurde, erklärt sich aus eigenen Verstößen gegen internationale Vereinbarungen: So wurden abgeschossene Feindflieger, aber auch Angehörige von Kommandogruppen, in Verletzung der Genfer Abkommen hingerichtet.

Hilfspersonal des Deutschen Roten Kreuzes war früher oder später in allen Ländern eingesetzt, die von deutschen Truppen besetzt wurden – von Norwegen bis nach Nordafrika, von den britischen Kanalinseln bis tief in die Sowjetunion hinein. Die Ärzte und Helfer des DRK standen dabei immer in Diensten der deutschen Wehrmacht und der ihr angeschlossenen Verbände und spielten keineswegs eine»neutrale« Rolle. Hilfe für Zivilpersonen und Angehörige anderer Streitkräfte wurde nur auf Anordnung oder zumindest mit ausdrücklicher Billigung der Besatzer geleistet; in der Regel waren die jeweiligen nationalen Hilfsgesellschaften dafür zuständig, sofern sie von den Besatzern toleriert wurden. Die französischen Arbeiter-Samariter beispielsweise wurden, wie ihre deutschen und österreichischen Kollegen, schlicht verboten.

Beteuerungen ehemaliger Angehöriger des Deutschen Roten Kreuzes, man habe auch außerhalb der obengenannten offiziellen Grenzen für die Zivilbevölkerung in den jeweiligen Gebieten »gesorgt«, halten bei näherer Prüfung kaum stand, weil derartige Hilfeleistungen oft Tauschgeschäfte und somit häufig von Eigennutz diktiert waren.

Helden ohne Waffen?

Das Image des Roten Kreuzes wird weltweit immer wieder von Beteuerungen geprägt, man sei zwar »zwischen den Waffen« tätig, trage aber selber keine Waffen – ja lehne diese sogar ab.

Wiederholt hat das Internationale Rote Kreuz Initiativen gegen besonders perfide Waffensysteme unterstützt und mitgetragen. In den letzten Jahren erregte vor allem die Kampagne gegen Landminen viel Aufmerksamkeit, aber auch gegen Dum-Dum- und Hochgeschwindigkeitsgeschosse, gegen Giftgas, biologische Waffen und jede Art von Massenvernichtungsmitteln bezog das Rote Kreuz dezidiert Stellung mit dem Ziel, den Krieg »humaner« zu machen.

Tatsächlich aber ist es militärischem und freiwilligem Sanitätspersonal niemals verboten gewesen, Waffen zu tragen. Bei den Sanitätern der Bundeswehr sind beispielsweise Schnellfeuergewehre und Pistolen zur Selbstverteidigung Bestandteil des Arsenals. Die Sanitätseinheiten der Nationalen Volksarmee der DDR sollen sogar regelmäßig den Umgang mit Handgranaten geübt haben. Tatsächlich ist das 1. Genfer Abkommen recht vage, was die Bewaffnung des Sanitätsdienstes angeht. Waffen sind zugelassen, solange sie der Selbstverteidigung oder der Verteidigung von Verwundeten und Kranken dienen. Nur ein allgemeiner Konsens beschränkt solche Bewaffnung gemeinhin auf leichte Handfeuerwaffen.

Was nur wenig bekannt ist: Auch »zivile« Einheiten können bewaffnet werden. In der Bundesrepublik Deutschland war es während des Kalten Krieges recht konkret im Gespräch, Einheiten des Zivilschutzes mit Handfeuerwaffen auszurüsten. Dieser Plan scheiterte schließlich aus verschiedenen Gründen – nicht zuletzt am Widerstand der Mitarbeiter.

Pro Arma Caritas –
Das Versagen des Roten Kreuzes
in der Sowjetunion

Mit dem wohlklingenden Titel »Inter Arma Caritas« setzte sich das Internationale Komitee vom Roten Kreuz ein publizistisches Denkmal für seine Tätigkeit im Zweiten Weltkrieg. Auf einem Kriegsschauplatz jedoch gab es keine »Nächstenliebe zwischen den Waffen«, mußte das Rote Kreuz aus verschiedenen Gründen seine internationale Tätigkeit fast völlig einstellen: Beim Vernichtungsfeldzug der deutschen Truppen gegen die Sowjetunion war eine Beteiligung der freiwilligen Helfer von vornherein nur unter dem Motto »pro arma caritas« vorgesehen, als Nächstenliebe für die eigenen Waffen in Lazaretten und in der Etappe. Zwischen die Waffen begab man sich nicht, denn dort war man »nicht zuständig«.

Die Klärung der verworrenen Rechtslage ist auch heute noch schwierig, zumal die Legendenbildung hier über Jahre hinweg ein historisch ungenaues, zum Teil verfälschtes Bild verfestigt hat; eine Legendenbildung, an der auch das Deutsche Rote Kreuz durch schweigende Duldung oder durch nicht korrekte Angaben in der betreffenden Literatur beteiligt war.

Zunächst ist es notwendig, die juristische Grundlage des zwischenstaatlichen Rechts zu analysieren, denn zwischen den Hauptkriegsgegnern,[141] dem Deutschen Reich und der Sowjetunion, galten verschiedene völkerrechtliche Abkommen.

Wichtigstes Abkommen ist das auf der Genfer Staatenkonferenz von 1929 beschlossene »Abkommen zur Verbesserung des Loses der Verwundeten und Kranken der Heere im Felde«, das sogenannte 1. Genfer Abkommen. Es wurde von der Union der Sozialistischen Sowjetrepubliken am 25. August 1931 zur verbindlichen Rechtsgrundlage für zwischenstaatliche Konflikte erklärt. Das Deutsche Reich trat dem Abkommen am 21. Februar 1934 bei – damit galt dieses Abkommen für den Krieg von 1941 bis 1945 vorbehaltlos.

Das gleichzeitig vorbereitete »Abkommen über die Behandlung der Kriegsgefangenen« wurde von der UdSSR nicht unterzeichnet und hatte daher in einem zwischenstaatlichen Konflikt unter Beteiligung der Sowjetunion keine Rechtsgültigkeit.[142] Für das Deutsche Reich war dieses sogenannte 3. Genfer Abkommen[143] zeitgleich mit dem 1. Genfer Abkommen für rechtsverbindlich erklärt worden.

Für die Behandlung von Verwundeten und Kranken galt in jedem Fall der Grundsatz: »Die verwundeten und erkrankten Militärs sollen ohne Unterschied der Nationalität aufgenommen und verpflegt werden.«[144] Ebenso galt die Bestimmung, daß Einrichtungen des Sanitätsdienstes, soweit erkennbar[145] oder bekannt, in jedem Fall als neutral betrachtet und zumindest so lange unbehelligt gelassen werden sollten, wie dort Kranke oder Verwundete versorgt wurden.

Abseits der Genfer Abkommen und durch diese keineswegs »abgelöst« existierte jedoch noch ein weiterer wichtiger internationaler Vertrag – die sogenannte Haager Landkriegsordnung. Diese legte die »Gesetze, die Rechte und die Pflichten des Krieges« in genereller Form nieder, definierte den Status von Kriegsteilnehmern und Kriegsgefangenen und schützte sogar die Zivilbevölkerung zumindest vor Raub und Mord. In mancher Beziehung übertraf somit die Haager Landkriegsordnung die Genfer Abkommen von 1929, die zwar wesentlich detaillierter und auch verklausulierter waren, sich jedoch beispielsweise mit der Zivilbevölkerung in besetzten Gebieten gar nicht befaßten.

Die wichtigsten Bestimmungen der **Haager Landkriegsordnung** (Auszüge nach dem IV. Haager Abkommen von
1909):

Artikel 1

Die Gesetze, die Rechte und die Pflichten des Krieges gelten nicht nur für das Heer, sondern auch für die Milizen
und Freiwilligen-Korps ...

Artikel 4

Die Kriegsgefangenen unterstehen der Gewalt der feindlichen Regierung, aber nicht der Gewalt der Personen oder
der Abteilungen, die sie gefangengenommen haben.
Sie sollen mit Menschlichkeit behandelt werden.
Alles, was ihnen persönlich gehört, verbleibt ihr Eigentum mit Ausnahme von Waffen, Pferden[146] und Schriftstük-
ken militärischen Inhalts.

Artikel 5

Die Kriegsgefangenen können in Städten, Festungen, Lagern oder an anderen Orten untergebracht werden mit der
Verpflichtung, sich nicht über eine bestimmte Grenze hinaus zu entfernen; dagegen ist ihre Einschließung nur statt-
haft als unerläßliche Sicherungsmaßregel und nur während
der Dauer der diese Maßregel erforderlich machenden Umstände.

Artikel 6

Der Staat ist befugt, die Kriegsgefangenen mit Ausnahme
der Offiziere nach ihrem Dienstgrad und nach ihren Fähig-
keiten als Arbeiter zu verwenden. Diese Arbeiten dürfen
nicht übermäßig sein und in keiner Beziehung zu den
Kriegsunternehmungen stehen.
Den Kriegsgefangenen kann gestattet werden, Arbeiten

für öffentliche Verwaltungen oder für Privatpersonen oder für ihre eigene Rechnung auszuführen.

Arbeiten für den Staat werden nach den Sätzen bezahlt, die für Militärpersonen des eigenen Heeres bei Ausführung der gleichen Arbeiten gelten, oder, falls solche Sätze nicht bestehen, nach einem Satze, wie er den geleisteten Arbeiten entspricht.

Werden die Arbeiten für Rechnung anderer öffentlicher Verwaltungen oder für Privatpersonen ausgeführt, so werden die Bedingungen im Einverständnis mit der Militärbehörde festgestellt.

Der Verdienst der Kriegsgefangenen soll zur Besserung ihrer Lage verwendet und der Überschuß nach Abzug der Unterhaltskosten ihnen bei der Freilassung ausgezahlt werden.

Artikel 7

Die Regierung, in deren Gewalt sich die Kriegsgefangenen befinden, hat für ihren Unterhalt zu sorgen.

In Ermangelung einer besonderen Verständigung zwischen den Kriegführenden sind die Kriegsgefangenen in Beziehung auf Nahrung, Unterkunft und Kleidung auf demselben Fuß zu behandeln wie die Truppen der Regierung, die sie gefangengenommen hat.

Artikel 8

Die Kriegsgefangenen unterstehen den Gesetzen, Vorschriften und Befehlen, die in dem Heere des Staates gelten, in dessen Gewalt sie sich befinden. Jede Unbotmäßigkeit kann mit der erforderlichen Strenge geahndet werden.

Artikel 15

Die Hilfsgesellschaften für Kriegsgefangene, die ordnungsgemäß nach den Gesetzen ihres Landes gebildet worden sind und den Zweck verfolgen, die Vermittler der mildtätigen Nächstenhilfe zu sein, erhalten von den Kriegführenden für sich und ihre ordnungsmäßig beglaubigten Agenten jede Erleichterung innerhalb der durch die militärischen Erfordernisse und die Verwaltungsvorschriften gezogenen Grenzen, um ihre menschenfreundlichen Bestrebungen wirksam ausführen zu können.

Artikel 21
Die Pflichten der Kriegführenden in Ansehung der Behandlung von Kranken und Verwundeten bestimmen sich nach dem Genfer Abkommen.

Artikel 23
Abgesehen von den durch Sonderverträge aufgestellten Verboten ist namentlich untersagt: (...)
b) die meuchlerische Tötung oder Verwundung von Angehörigen des feindlichen Volkes oder Heeres,
c) die Tötung oder Verwundung eines die Waffen streckenden oder wehrlosen Feindes, der sich auf Gnade oder Ungnade ergeben hat ...

Artikel 46
Die Ehre und die Rechte der Familie, das Leben der Bürger und das Privateigentum sowie die religiösen Überzeugungen und gottesdienstlichen Handlungen sollen [in besetzten Gebieten] geachtet werden.

Unterzeichnet wurde dieses multilaterale Abkommen am 18. Oktober 1907 unter anderem vom deutschen Kaiser und dem russischen Zaren. Und mit der Unterschrift des Zaren entstand (aus deutscher Sicht) ein Problem: Da die Union der Sozialistischen Sowjetrepubliken als Rechtsnachfolgerin des zaristischen Rußland bis 1941 weder unter Lenin noch unter

Stalin deutlich ihren Willen erklärt hatte, die Haager Landkriegsordnung anzuerkennen, galt der Nachfolgestaat des Zarenreiches für die deutschen Entscheidungsträger nicht als Unterzeichner der dort niedergelegten Regelungen.

Die tatsächliche Lage stellte sich etwas anders dar: Bereits am 1. Juli 1941 veröffentlichte der Oberste Sowjet einen Beschluß des Rates der Volkskommissare, der die Behandlung von Kriegsgefangenen gleich welcher Nation regelte.[147] Dieser Beschluß, der eindeutig die Mißhandlung und Tötung von Kriegsgefangenen verbot, orientierte sich so eng an den Bestimmungen der Haager Landkriegsordnung, daß er als faktische Anerkennung der noch vom Zaren unterzeichneten Verträge durch die Sowjetunion gelten konnte. Zudem enthielt er dem Sinn nach die wesentlichen Bestimmungen der 3. Genfer Konvention und stellte alle in Kriegsgefangenschaft geratenden Militärs, Freischärler und begleitenden Zivilpersonen unter Schutz.

Dieser für das Völkerrecht immens wichtige Beschluß war den deutschen Militärs spätestens am 15. September 1941 bekannt. Allerdings wurde das Internationale Komitee vom Roten Kreuz in Genf schon am 8. August 1941 über den Beschluß informiert. Und noch früher, am 17. Juli 1941, hatte die Sowjetunion der Schutzmacht Schweden den Beschluß übersandt — mit der ausdrücklichen Bitte, der deutschen Reichsregierung offiziell bekanntzugeben, daß sich (auf Grundlage der Gegenseitigkeit) die Sowjetunion als an die Haager Landkriegsordnung gebunden betrachte.

Die Reichsregierung und auch die Militärs, allen voran der Chef des Oberkommandos der Wehrmacht Generalfeldmarschall Wilhelm Keitel,[148] beschlossen jedoch, dieses Angebot der Sowjetunion durch einfache Nichtbeachtung auszuschlagen. In allen weiteren Veröffentlichungen, Befehlen und offiziellen Stellungnahmen wurde von deutscher Seite im Gegenteil der Eindruck erweckt, die Sowjetunion habe ausdrücklich auf eine Anwendung des Völkerrechts verzichtet.

Mit diesem Schritt stand das Dritte Reich selbst im Kreis seiner treuesten Verbündeten und Vasallen allein da: Im Juli und August 1941 boten über das Internationale Komitee vom Roten Kreuz die souveränen Staaten Finnland, Italien, Slowakische Republik und Rumänien der UdSSR an, für die von ihnen gemachten Kriegsgefangenen die 3. Genfer Konvention als bindend anzusehen.[149]

Die wiederholte Aussage »Leider fehlten im ... Zweiten Weltkrieg zwischen dem Deutschen Reich und der Sowjetunion ... Vereinbarungen über die Behandlung der Kriegsgefangenen«[150] trifft nicht zu. Es gab diese Vereinbarungen, zumindest auf der Basis der Haager Landkriegsordnung, deren Anerkennung durch die Sowjetunion in Form der offiziellen Note an die schwedische Schutzmacht vom 17. Juli 1941 juristisch gültig war, das heißt, es gab eine gegenseitige Verpflichtung zum Schutz der Kriegsgefangenen, die auch von den Bündnispartnern Hitlers anerkannt wurde. Diese Vereinbarungen kamen jedoch nicht zur praktischen Anwendung, weil das Deutsche Reich sie gezielt ignorierte, wodurch sie juristisch entwertet wurden. Faktisch nichtig wurden sie schon kurz nach Beginn des Rußlandfeldzuges durch Handlungen auf seiten beider Armeen.

Das Deutsche Rote Kreuz hatte sich schon frühzeitig und durch geschickte Formulierungen den Standpunkt der Reichsregierung zu eigen gemacht, daß die Behandlung sowjetischer Kriegsgefangener nicht in normale Kategorien fallen könne. Bereits 1939 malte man den Schrecken des Krieges gegen den ideologischen Erzfeind deutlich an die Wand: »Nach Ausbruch der bolschewistischen Revolution 1917 gerieten manche der Schwestern in Gefangenschaft. Oberin Uexküll und Elsa Brandström entgingen nur mit knapper Not der Erschießung, Schwester Erika von Passow, die mit einigen Unteroffizieren aus einem Gefangenenlager in Turkestan vor den herannahenden Roten entflohen war, ist – wahrscheinlich auf dem Wege nach Persien – mit ihren Begleitern verschollen.«[151] Die »bolschewistischen Roten« als Buhmann der Nation wurden damit auch zu Buhmännern der Rotkreuzgemeinschaft gemacht. Wenig später hieß es: »Die Rückführung der Gefangenen aus Sibirien gelang nur unter unsäglichen Schwierigkeiten in Zusammenarbeit mit dem Internationalen Komitee in Genf, und zwar über Japan. Sie zog sich bis in das Frühjahr 1922 hin.«[152] Dem Leser dieser Zeilen wurde suggeriert, daß Kriegsgefangene für die »Bolschewisten« schon immer Menschen zweiter Klasse gewesen und daß sogar edle Schwestern wie Elsa Brandström, der »Engel von Sibirien«, nur knapp der Füsilierung durch die »Roten« entgangen seien.

An anderer Stelle erfährt der Leser folgendes: »Das Abkommen über die Behandlung von Kriegsgefangenen trägt dasselbe Datum wie das Abkommen über das Rote Kreuz. Es faßt die in der Haager Landkriegsordnung und in anderen völkerrechtlichen Akten enthaltenen Bestimmungen zusammen und erweitert sie auf Grund der Erfahrungen des Weltkrieges auf 97 Artikel. In dem Teil VI über die Hilfs- und Nachrichtenstellen für die Kriegsgefangenen ist auch die Mitwirkung des Roten Kreuzes vorgesehen.«[153]

An keiner Stelle wird die Ratifizierung dieses Abkommens durch die deutsche Reichsregierung erwähnt, mit dem entsprechenden Datum jedoch die Ratifizierung des 1. Genfer Abkommens. Impliziert wird dadurch, daß dieses Kriegsgefangenenabkommen in einer Art rechtsfreiem Raum schwebt. Seine Existenz wird zwar anerkannt, seine Rechtsposition jedoch nicht erwähnt und gewissermaßen totgeschwiegen. Gleichzeitig erweckt der Autor den Eindruck, daß das Kriegsgefangenenabkommen die Haager Landkriegsordnung ablöste und daß es zudem kein Abkommen über das Rote Kreuz sei. Zudem wird nur von einer »Mitwirkung« gesprochen, während das 1. Genfer Abkommen zum »Abkommen über das

Rote Kreuz« gemacht wird.[154] Deutlich wird hier zwischen einem (fiktiven) Rotkreuzabkommen und dem Kriegsgefangenenabkommen getrennt, was beim Leser den wohl auch gewünschten Erfolg hat, daß er die Sorge für Kriegsgefangene nur noch mittelbar mit der Tätigkeit des Deutschen Roten Kreuzes verbindet.

Viel geschickter hätte das Deutsche Rote Kreuz seine Position und die internationale Rechtslage gar nicht verschleiern und propagandistisch bearbeiten können, ohne direkt zu lügen. Es entzog sich damit selbst der Verantwortung für die Kriegsgefangenen. Den Begriff »Kriegsgefangene« ließ man in einem scheinbar rechtsfreien Raum, als seien diese Passagen bereits vom Propagandaministerium im Hinblick auf den »Endkampf im Osten« formuliert worden. Wie um die Propaganda abzurunden, beschwört man das einseitige Bild vom bösen Bolschewisten als Verfolger von Rotem Kreuz und Kriegsgefangenen.[155] Übrigens ein Bild, das sich in den Köpfen der Deutschen lange gehalten hat.[156]

Tatsächlich hatte wohl kein Beobachter erwartet, daß sich die Sowjetunion und das Dritte Reich in allen Punkten an die internationalen Vereinbarungen halten würden. Von deutscher Seite wurde der Vernichtungskrieg in seiner ganzen Ausdehnung konsequent und durch eine Befehlskette abgesichert, während Verletzungen der internationalen Verträge durch die Sowjetunion spontaner, wenn auch von höherer Stelle geduldet, erfolgten. Es gab auf sowjetischer Seite keine gezielten Tötungsbefehle, während von den deutschen Stellen Politkommissare der Armee (nach dem berüchtigten »Kommissarbefehl«), Intelligenzler, Juden oder ganz pauschal »Aufwiegler und fanatische Kommunisten«[157] gesucht und getötet wurden.

Veröffentlichungen des DRK nach Kriegsende, insbesondere zum Suchdienst, erwähnten immer wieder die hohe Zahl der vermißten oder verstorbenen Kriegsgefangenen in sowjetischen Lagern. Gleichzeitig beklagten sich die jeweiligen Verfasser über die ungenügende Registrierung durch die Sowjetbehörden. Tatsächlich war die Registrierung in deutschen Lagern ebenso ungenügend, die Zahl der Überlebenden wesentlich geringer. Die Publikationen des Deutschen Roten Kreuzes lenken aber geschickt und gezielt vom eigenen Versagen ab, denn ein Engagement für die sowjetischen Kriegsgefangenen hat es von dieser Seite nicht gegeben. Tatsächlich ließ sich, wie noch zu zeigen sein wird, aus dem Thema »Kriegsgefangene« nach dem Krieg enormes Kapital schlagen.

Für die vom Deutschen Roten Kreuz niemals thematisierte organisierte Tötung in deutschen Lagern im Gegensatz zur »geduldeten« Sterblichkeit in sowjetischen Lagern sprechen auch folgende Zahlen:

Von den 3 155 000 deutschen Kriegsgefangenen in der Sowjetunion sollen zwischen 35 und 37 Prozent in der Gefangenschaft verstorben sein, die meisten an Krankheiten oder totaler Erschöpfung. Tausende dürften auf den Märschen in die Gefangenenlager verhungert oder erfroren sein.

Die Wehrmacht dagegen machte aus den Reihen der Sowjetarmee etwa 5 700 000 Gefangene, von denen etwa eine Million als »Hilfswillige« oder als Freiwillige für Sondereinheiten unter deutschem Oberbefehl wieder entlassen wurden. Eine halbe Million konnte entfliehen oder wurde im Laufe des Krieges durch die eigenen Soldaten befreit. Lediglich 930 287 Sowjetsoldaten befanden sich bei Kriegsende noch in deutschem Gewahrsam, was einer Sterblichkeitsquote von 57 Prozent entspricht – wobei die sich den Deutschen freiwillig stellenden Gefangenen, aus denen sich zum Beispiel ein Großteil der Wlassow-Armee rekrutierte, aus diesen Zahlen herauszurechnen sind. Dann läge der Anteil der in Kriegsgefangenschaft verstorbenen sowjetischen Soldaten bei noch unglaublicheren 70 Prozent. Allein von Kriegsbeginn bis Frühjahr 1942 starben zwei Millionen Sowjetsoldaten in deutschem Gewahrsam.[158]

In der Rückschau manch beteiligter DRK-Helfer nahm der Vernichtungskrieg gegen die Sowjetunion allerdings ganz andere Formen an. So schildert Hilfsschwester Meta Altemeier 55 Jahre nach den Ereignissen[159] fröhlich die Umstände der ersten unter ihrer Beteiligung durchgeführten Operation 1941, bei der der Arzt im Schein einer Petroleumlampe mit einem Fuchsschwanz eine Amputation durchführte. Sie betont, daß es Kontakte zur Bevölkerung in den besetzten Gebieten gegeben habe: »Zu den Russen hatten wir eine sehr gute Verbindung, wir hatten auch russische Mitarbeiter – und die Russen haben uns mal ein Huhn gebracht oder unsere Wäsche gewaschen.« Wahrscheinlich handelte es sich hier um Russen, die sich zur Kollaboration mit den Besatzern entschlossen hatten, denn nur zu diesen gab es tatsächlich Kontakte.

Während die zur Zusammenarbeit mit den deutschen Besatzern bereiten und nach Ansicht der örtlichen Ideologen auch »würdigen« Russen also Frondienste für das Deutsche Rote Kreuz leisten durften, schloß man an anderer Stelle schnell und fest die Augen.

Nach der zweiten Besetzung der Stadt Charkow etwa fiel den deutschen Truppen das sogenannte 1. Armeeaussonderungskrankenhaus mit etwa siebenhundert russischen und einer Handvoll tschechischen[160] Verwundeten samt Pflegepersonal in die Hände. Am 13. März 1943 nahm sich die SS-Division »Adolf Hitler« dieses durch die Genfer Konvention geschützten Gebäudes[161] und seiner Insassen an. Dem sowjetischen Klinikpersonal wurde durch einen Offizier namens Schulz[162] mitgeteilt, die Einrichtung werde als Lazarett für russische Kriegsgefangene weitergenutzt werden und die Ärzte und Schwestern hätten ihren Dienst weiterzuführen. Dann ordnete Schulz an, die noch in den Kellern untergebrachten Verwundeten in den Bau 8 zu bringen, ebenso die Patienten einer klinischen Siedlung (Krankenhaus Nr. 3 – wahrscheinlich eine psychiatrische Einrichtung, die ebenfalls als Lazarett der Sowjetarmee genutzt wurde). Binnen kurzer Zeit hatte man so etwa dreihundert Verwundete in Bau 8 untergebracht, wo der Klinikbetrieb relativ normal weiterlief. Was dem sowjetischen Personal nicht bewußt war: Sein Status im Sinne des Völkerrechts hatte sich dramatisch verändert. Hatten die Deutschen am 13. März noch eine Sanitätseinrichtung der Sowjetarmee vorgefunden, wurde diese durch die Mitteilung des Offiziers Schulz zu einer Einrichtung der deutschen Truppen für sowjetische Kriegsgefangene. Damit entfiel der bestehende Schutz der Genfer Konvention, impliziert wurde jedoch ein Schutz zumindest durch die Haager Landkriegsordnung. Die Ärzte und Pflegerinnen des Krankenhauses wurden somit hinsichtlich ihrer Sicherheit beruhigt, während gleichzeitig die Mühlen der deutschen Bürokratie zu mahlen begannen. Da nach deutscher Ansicht Bestimmungen für die Behandlung von Kriegsgefangenen zwischen dem Deutschen Reich und der Sowjetunion keine Gültigkeit besaßen, wurde das gesamte 1. Armeeaussonderungskrankenhaus durch seine »Umwidmung« formaljuristisch in einen rechtsfreien Zustand versetzt.

Noch am selben Tag änderte sich daher auch die Situation in Bau 8 drastisch. So sagte der Chirurg Dschintschwiladse Georgij Sacharowitsch später vor einer sowjetischen Untersuchungskommission aus:»Ich befand mich im Operationszimmer in der zweiten Etage dieses Gebäudes und bereitete mich auf die Operation Verwundeter vor. Etwa gegen 15 Uhr hörte ich ein dumpfes Krachen in der ersten Etage und lief hinaus auf den Korridor, um festzustellen, was geschehen sei. Die Krankenschwestern berichteten mir, daß die Deutschen das Haus angezündet und die Eingangstüren zugenagelt hatten. Ich versuchte, die Krankenschwestern und die Verwundeten, die gehen konnten und sich um mich versammelt hatten, durch die Tür an der Nordseite des Gebäudes hinauszuführen, aber auch sie erwies sich als versperrt. Ich befahl allen, in die zweite Etage hinaufzusteigen und auf der Treppe und in der Toilette zu bleiben. Bald fing auch schon die zweite Etage an zu brennen, und die Treppe war von Rauch eingehüllt. Die Flammen näherten sich uns. Plötzlich hörten wir die Schüsse von der Straße her aufhören, und durchs Fenster sahen wir, daß die Deutschen sich in ihre Wagen setzten und vom Krankenhaus abfuhren. Durch ein Fenster der zweiten Etage sprangen wir aus dem brennenden Gebäude. Nach einigen Minuten stürzten die Decken in dem brennenden Gebäude ein, die sich noch im Gebäude befindenden Verwundeten verbrannten. Neben dem Haus lagen etwa dreißig Verwundete, die aus dem Fenster gesprungen und von den Deutschen erschossen worden waren.«

Wohl aufgrund der strengen Abschirmung des Krankenhauses durch deutsche Truppen wurde dieses unmenschliche Massaker nicht in der Umgebung bekannt. Auch wurde eine Flucht der verbliebenen Verwundeten verhindert. Deren nahm sich die SS in den nächsten Tagen an. Vom 14. bis zum 17. März wurden die restlichen vierhundert Verwundeten in den Sälen des Krankenhauses erschossen.

All dies geschah unbemerkt von der Bevölkerung, wie die Aussage von Koslowa Marija Aleksandrowna belegt: »Am 15. März 1943 brachte ich meinem Mann etwas ins Krankenhaus. Im Saal 1 des 4. Gebäudes erblickte ich seine Leiche. Mein Mann war in seinem Bett erschossen worden, durch das rechte Auge. Die übrigen zehn Verwundeten, die sich mit ihm in einem Saal befanden, waren auch erschossen worden. Ihre Leichen lagen in den Betten.«

Am Abend des 17. März 1943 war das »Lazarett für Kriegsgefangene« in Charkow von der SS-Division »Adolf Hitler« somit »aufgelöst« worden. Lediglich Ärzte und pflegerisches Personal hatten den Massenmord überlebt.[163]

Für die deutschen Truppen waren solche Aktionen kein Neuland, wie ein Fall aus den ersten Monaten des Krieges gegen die Sowjetunion beweist. Am 20. Dezember 1941 schrieb das Generalkommando des 23. Armeekorps an das Armeeoberkommando 18 über ein Invalidenhaus in Makarjewo, in dem »Geisteskranke, des weiteren auch Syphiliskranke, Epileptiker usw.« untergebracht waren: »Der Arzt der 2. SS-Infanterie-Brigade, SS-Sturmbannführer Dr. Blies, hält ein sofortiges Einschreiten unter folgender Begründung für erforderlich: Die Kranken bilden nicht nur eine Gefahr für die Zivilbevölkerung, sondern vor allem für die deutschen Soldaten. Wenn die letzten Vorräte aufgebraucht sind, werden die Kranken ausbrechen. Bei Kranken dieser Art ist es nicht ausgeschlossen, daß sie auch Menschen anfallen. Darüber hinaus übertragen sie möglicherweise noch zusätzlich ausbrechende Krankheiten wie Fleckfieber usw. auf andere Personen ... Es kommt dazu, daß die Insassen der Anstalt auch im Sinne deutscher Auffassung Objekte nicht mehr lebenswerten Lebens darstellen ... Für die Durchführung der erforderlichen Maßnahmen hat sich das SD-Kommando Hubig in Tossno bereit erklärt.«

Aus vorgeblich präventiven Gründen – ein bevorstehender Massenausbruch und Aggressionen der Patienten gegen andere Menschen werden heraufbeschworen – soll die Einsatzgruppe des Wirtschaftsjuristen und SS-Offiziers Dr. Hermann Hubig Zivilpersonen wie Besatzer schützen, aber nicht etwa durch Sicherung und Versorgung des Invalidenhauses, sondern durch gezielte Vernichtung der Patienten. Etwaige Bedenken löscht der unterzeichnende Generalstabschef schnell aus, denn hier seien lediglich »Objekte nicht mehr lebenswerten Lebens« aufzufinden. Den Patienten in Markajewo spricht man schlicht ihre Menschlichkeit ab, ebenso ihr Recht auf Leben. Kurz nach dem Jahreswechsel konnte man auf deutscher Seite dann auch vermerken: »Die Angelegenheit ist bereinigt.« Die 230 bis 240 Patienten des Invalidenhauses waren ermordet worden – ein Verstoß gegen Artikel 46 der Haager Landkriegsordnung, die zu jener Zeit

den einzig gültigen Schutz für die Zivilbevölkerung darstellte.[164]

Die Aktion war keineswegs ein Einzelfall. Immer wieder
wurden geistig und körperlich behinderte Sowjetbürger Opfer
solcher Aktionen; wiederholt wurden ganze Krankenhäuser
und Sanatorien »bereinigt«.

In vorderster Entscheidungsfront standen dabei die Ärzte,
die sich mit den deutschen Truppen durch die Sowjetunion
bewegten. Sie gaben letztlich die Gutachten ab, nach denen
»Objekte nicht mehr lebenswerten Lebens« den »erforderlichen Maßnahmen« zugeführt wurden. Die Durchführung dieser Maßnahmen, also die tatsächliche Ermordung auch von
Kleinstkindern, überließen die Mediziner dann den Einsatzgruppen des Sicherheitsdienstes und der Sicherheitspolizei.

Immerhin aber sorgte man sich an höchster Stelle schon
frühzeitig um das Wohl der eigenen Soldaten, wie die sogenannte Ereignismeldung UdSSR Nr. 132 vom 12. November
1941 beweist: »Die Zahl der durch das Einsatzkommando 5
Exekutierten betrug am 20. 10. 1941 insgesamt 15 110. Eine besonders starke seelische Belastung der mit der Durchführung
beauftragten Männer des Einsatzkommandos 5 stellte die am
18. 10. 1941 vorgenommene Liquidation von 300 geisteskran-
ken Juden der Kiewer Irrenanstalt dar.«[165]

Da während des Krieges mehr als 7000 Ärzte des Deutschen
Roten Kreuzes der kämpfenden Truppe als Unterstützungs-
personal zugeteilt waren, erscheint es denkbar, daß auch diese
Ärzte in solche Kriegsverbrechen verwickelt waren oder zumindest Kenntnis von ihnen hatten.

Wie fanatisch oder hingebungsvoll die Krankenschwestern
des Deutschen Roten Kreuzes in der Endphase des Dritten
Reiches sein konnten, läßt eine Passage aus einem Bericht eines Wehrmachtsarztes über den Krieg gegen die Sowjetunion
erahnen.[166] Man glaubte schließlich auch noch an Wunderwaf-
fen: »Unsere Krankenschwestern waren unermüdlich, aber

wir mußten sie abgeben. Sie weigerten sich, uns zu verlassen. Schwester Ottilie erklärte, sie werden sich die Haare abschneiden und eine Soldatenuniform anziehen. Aber der Befehl mußte ausgeführt werden. Die Schwestern wurden im Flugzeug zu ihrem Mutterhaus nach Halle gebracht.« Jeder Leser mag sich selbst eine Meinung bilden, ob diese Schwestern angesichts des Zusammenbruchs und der herannahenden Sowjetarmee aus humanitären oder aus ideologischen Gründen so irrational handelten.

Daß das Deutsche Rote Kreuz gegenüber den Sowjetsoldaten versagt habe, vor allem gegenüber den Kriegsgefangenen, relativiert dagegen mit tränenerstickter Stimme die 1996 noch aktive DRK-Helferin Altemeier: »Es sind ja auch welche [gemeint sind Helfer des DRK] in russische Gefangenschaft gekommen, die zum Teil nicht wiedergekommen sind – ganze Züge hat man ja vernichtet!«[167] Das stimmt – zahlreiche Angehörige des Deutschen Roten Kreuzes sind, zusammen mit den geschlagenen Resten der Wehrmacht, von der Sowjetunion interniert worden. Ebenso ließen zahlreiche DRK-Helfer an der »Ostfront« ihr Leben. »Vernichtet» aber wurden die Züge durch einen Krieg, den Hitler zumindest mit Billigung der Deutschen begonnen hatte. Alle Kriegsverbrechen, die von Sowjetsoldaten begangen wurden, waren letztlich auch eine Reaktion auf die deutsche Aggression.[168]

Die Vernichtung der deutschen Streitkräfte war tatsächlich vollkommen – von den auf Hitlers Befehl nach Osten marschierenden Soldaten kamen nur die wenigsten an Körper und Seele unversehrt zurück. So erinnert sich Elfriede Bartkoviak, die unter anderem bei Stalingrad für das DRK eingesetzt war, an ihre Zeit in Rußland. Sie spricht von »schlimmen Bildern«[169] und kann die ersten Tage nicht aus ihrem Gedächtnis verbannen. Ohne die leutselige Fröhlichkeit ihrer Kollegin Altemeier angesichts von Operationen bei Schummerlicht berichtet sie davon, daß »man sich das als junger Mensch nicht

so schlimm vorgestellt hatte«. In einem Lazarett an der Ostfront sah sie zum ersten Mal in ihrem Leben Leichen, Dutzende von gefallenen deutschen Soldaten, einige fast noch
Kinder. Nach zwei Stunden erlitt die Helferin einen Nerven-
zusammenbruch und versteckte sich im Keller des Lazaretts.
Erst später trat sie aus Pflichtbewußtsein ihren Dienst wieder
an, konnte aber lange Zeit nicht schlafen, weil die schrecklichen Bilder sie wieder einholten. Sie fühlte sich verpflichtet,
angesichts der Not zu helfen:»Mich hat die Arbeit im Krieg
sehr befriedigt – an der Ostfront, da wurde das Rote Kreuz
wirklich bis zum Letzten eingesetzt.« Trotzdem sieht sie den
Einsatz zwiespältig, wozu auch ihre reichliche Briefsammlung
beigetragen haben mochte. Mehr als 1500 ehemalige Patienten
korrespondierten nach ihrer Entlassung aus dem Lazarett mit
Elfriede Bartkoviak. Die Briefe wurden jedoch immer spärli-
cher, denn das Kriegsende erlebten nur zwei dieser Patienten.
Von den schönfärberischen Bildern eines 1940 unter dem fast
satirisch wirkenden Titel»Frohe Stunden für unsere Verwundeten« herausgebrachten Propagandafilms des Deutschen
Roten Kreuzes war diese Realität weit entfernt.

Das Deutsche Rote Kreuz hat zu keinem Zeitpunkt zwischen
1941 und 1945 bei der Reichsregierung die Einhaltung des
3. Genfer Abkommens oder auch nur der Haager Landkriegsordnung gegenüber den sowjetischen Kriegsgefangenen oder
der Zivilbevölkerung angemahnt.[170] Tatsächlich stellte man
sich auch nach Kriegsende weiterhin auf den Standpunkt,
diese Verträge hätten keine Gültigkeit gehabt.
Dennoch schaffte es das Deutsche Rote Kreuz nch 1945, aus
dem Thema»Kriegsgefangene«, vor allem im Hinblick auf
den Krieg gegen die Sowjetunion, enormen Profit zu ziehen.
In Umkehrung der während des Krieges vertretenen Position

ernannte sich die Organisation schnell, in Ansätzen noch vor Kriegsende, zum alleinigen Anwalt der Kriegsgefangenen und Vermißten.[171] Vor allem die ungeheure Arbeit, die der Suchdienst des Deutschen Roten Kreuzes mit Blick auf Millionen im Osten Europas (und zum Teil in Asien)»verschwundener« Deutscher – neben Soldaten der Wehrmacht und SS auch Mitglieder der Verwaltung und Zivilbevölkerung – leistete, machte das DRK zu einem Synonym für»Kriegsgefangenenfürsorge«. Das Versagen des DRK zwischen 1941 und 1945 geriet hierüber fast vollkommen in Vergessenheit.

Die Arbeit des Deutschen Roten Kreuzes, obwohl international vernetzt, diente vor allem den deutschen Kriegsgefangenen und Vermißten. Die aus der Sowjetunion stammenden Insassen deutscher Lager waren zu diesem Zeitpunkt bereits repatriiert.

Insgesamt»fehlten« 1950 noch Informationen über 1 320 966 deutsche Soldaten,[172] von denen 1 176 455 als»Ostvermißte« galten, das heißt in Staaten oder Regionen wie Albanien, Polen, der Sowjetischen Besatzungszone oder der UdSSR ein letztes Lebenszeichen von sich gegeben hatten. Etwa die Hälfte aller Vermißten war zuletzt in der UdSSR oder auf dem Gebiet der gerade entstandenen Deutschen Demokratischen Republik aktenkundig geworden – rund 660 000 Menschen, um die sich das DRK jetzt vor allem mit seinem Suchdienst kümmerte.

Zum Vergleich: Eine Liste der sowjetischen Behörden über (verschollene wie noch lebende) nichtdeutsche Kriegsgefangene von 1955,[173] für die sich das DRK aus verschiedenen Gründen auch zuständig fühlte, umfaßte 5091 Personen, darunter fast 3000 Österreicher.[174] In deutschem Gewahrsam befanden sich unmittelbar nach der Kapitulation keine Kriegsgefangenen mehr. Die Arbeit des Deutschen Roten Kreuzes diente also in erster Linie deutschen und österreichischen Vermißten, sie machten 99,85 Prozent aller bearbeiteten Fälle aus. Von einer internationalen Tätigkeit für Kriegsgefangene und -vermißte kann bei diesen Zahlen keine Rede sein; das Deutsche Rote Kreuz handelte fast ausschließlich im nationalen Auftrag und Interesse.[175] Ohne die Arbeit des DRK-Suchdienstes zu schmälern – die Mitarbeiter haben vor allem im Hinblick auf die Klärung von Vermißtenschicksalen immense Arbeit geleistet –, bleibt jedoch Tatsache, daß die effektive Arbeit des Deutschen Roten Kreuzes für die im Krieg gegen die Sowjetunion gefangengenommenen und vermißten deutschen Soldaten erst nach dem Ende der Kampfhandlungen begann. Dennoch wurde diese Leistung immer wieder so geschickt popularisiert, daß die Jahre davor in Vergessenheit gerieten. Eine Kontinuität der Arbeit war nicht gegeben, und obwohl das DRK mit der für vermißte Kriegsgefangene zuständigen Wehrmachtsauskunftsstelle in Kontakt war, forschten Waffen-SS, Polizei, SD, Reichsarbeitsdienst, Organisation Todt, Reichsbahn, Reichspost und andere Dienststellen unabhängig nach ihren Verschollenen.

Zu keiner Zeit engagierte sich das Deutsche Rote Kreuz in ähnlich umfassender Form für Sowjetsoldaten, die in deutschen Lagern interniert waren.

Vorprogrammiertes Versagen – Katyn und Treblinka: Beispiele für die Grenzen der Rotkreuzarbeit

Zwei Episoden aus der Geschichte des Dritten Reiches zeigen deutlich, daß das Rote Kreuz in manchen Fällen schlichtweg versagen muß, weil es sich selbst enge Grenzen zieht oder weil es von seinen internationalen Ansprechpartnern fast nach Belieben »geführt« werden kann.

Das Massaker an polnischen Offizieren bei Katyn war ein sowjetisches Kriegsverbrechen. Die Behandlung der Morde von Katyn im internationalen Rahmen fiel 1943 unter die Zuständigkeit des DRK, und die Hilfsorganisation machte die Aufklärung des Verbrechens schnell zur »Chefsache«, um damit der antisowjetischen Propaganda zu nutzen und einen Versuch zu unternehmen, die Alliierten politisch und moralisch zu spalten. Damit stellte sich das vorgeblich aus Gründen der Humanität und neutral handelnde Deutsche Rote Kreuz einmal mehr in den Dienst nationalsozialistischer Politik, wohl in dem Wissen, daß seine Tätigkeit keine Basis auf Grundlage der Genfer Konventionen hätte und nur der Propaganda dienen konnte.

Als der Berliner Rundfunk am 13. April 1943 meldete, man habe bei Smolensk die Gräber von schätzungsweise 10 000 polnischen Offizieren entdeckt, lieferte die deutsche Propaganda den Schuldigen gleich mit: »Diese Offiziere hatten sich vorher in Kozielsk bei Orel befunden, von wo sie im Februar und März 1940 nach Smolensk und von dort in Lastwagen nach

129

Kosji Gory transportiert wurden, wo sie alle miteinander durch die Bolschewiken umgebracht wurden.« Diese Aussage war keine pure Erfindung, sondern stützte sich, ebenso wie die Angaben über die Zahl der Opfer, auf Zeugenaussagen aus der örtlichen Bevölkerung. Die Absicht der Meldung jedoch war eindeutig: einen Keil zwischen die Alliierten zu treiben. Polnische Truppen befanden sich zu jener Zeit hauptsächlich in Großbritannien. Sie sollten zusammen mit britischen Verbänden bei der Befreiung ihres Vaterlandes eingesetzt werden, letztlich also Schulter an Schulter mit den sowjetischen Truppen gegen die Deutschen kämpfen – mit ebenjenen Soldaten, die im Einvernehmen mit den Nationalsozialisten 1939 Polen zerschlagen und besetzt hatten. Plötzlich schien es, als könne die ohnehin fragile Allianz Großbritannien–Polen–Sowjetunion sich nicht halten, wenn das Massaker von Katyn bekannt würde.

Der britische Premierminister Winston Churchill reagierte sofort. Als die Meldung über den deutschen Rundfunk kam, saß er pikanterweise mit dem Chef der polnischen Exilregierung, Wladislaw Sikorski, beim Essen. Letzterer monierte gegenüber Churchill wiederholt das Verhalten der Sowjetunion gegenüber Polen und erwies sich immer wieder als Störfaktor bei den trilateralen Beziehungen. So verwundert es nicht, daß Churchill Sikorski postwendend versicherte, es handele sich nur um deutsche Propaganda, und die britische Presse per Zensur zu Stillschweigen verpflichtete.

Diese Stille durchbrach ausgerechnet die sowjetische Nachrichtenagentur TASS, die kurz nach der deutschen Meldung in London Bulletin Nr. 541 veröffentlichte: »Die fraglichen Gefangenen waren in der Umgebung von Smolensk in besonderen Lagern untergebracht und beim Straßenbau beschäftigt. Da ihre Evakuierung zur Zeit des Herannahens der deutschen Truppen unmöglich war, fielen sie in deren Hände. Wenn sie also nun ermordet aufgefunden worden sind, so hat das zu bedeuten, daß sie von den Deutschen ermordet wurden, die nunmehr aus provokatorischen Gründen behaupten, das Verbrechen sei von sowjetischer Seite verübt worden.«

Die Propagandamaschine der deutschen Seite lief jedoch schon vorher auf Hochtouren. Der *Völkische Beobachter* übte sich in Entrüstung über die Morde von Katyn und machte die Täter genauestens bekannt: »jüdische Schlächter«. Wörtlich hieß es auf einem Flugblatt: »Niemand wird über die Tatsache erstaunt sein, die durch Zeugenaussagen über jeden Zweifel erhaben ist, daß sämtliche Mörder ohne Ausnahme Juden waren.«[176] Hier wird einmal mehr die nationalsozialistische Gleichung Sowjetsoldaten = Bolschewisten = Juden präsentiert, was dem erwünschten Eindruck im Ausland nicht gerade dienlich gewesen sein dürfte.

Ganz andere Töne schlug man dagegen parallel mit einer Initiative an, die die deutsche Neutralität in Sachen Katyn unterstreichen sollte. Nicht etwa staatliche Stellen handelten hier, sondern das Deutsche Rote Kreuz in seiner Eigenschaft als vorgeblich neutrale Hilfsorganisation. Am 15. April schickte dessen Geschäftsführender Präsident Ernst Robert Grawitz ein Telegramm an das Internationale Komitee vom Roten Kreuz in Genf, in dem er namens seiner Organisation um eine Untersuchung der Leichenfunde durch eine Kommission des IKRK bat, wozu sich das IKRK schon am nächsten Tag durch seinen Präsidenten Max Huber bereit erklärte – allerdings unter Berücksichtigung der Grundsätze für die Untersuchung vermeintlicher Verstöße gegen die Genfer Konventionen, die man am 12. September 1939 allen derzeit kriegführenden Parteien mitgeteilt hatte.

Diese Grundsätze waren Grawitz wohlbekannt, so daß Hubers grundsätzlich positive, aber ausweichende Antwort keine Überraschung gewesen sein kann. De facto teilte der IKRK-Präsident dem DRK nämlich mit, daß man zwar guten Willens, aber praktisch zu der gewünschten Untersuchung nicht in der Lage sei. Zunächst müßten nämlich die Ersuchen *aller* beteiligten Parteien beim Internationalen Komitee eingehen, also neben dem Grawitz-Telegramm auch ein ähnliches Ersuchen seitens der polnischen Exilregierung und eine Bitte der sowjetischen Führung.

Da sich Grawitz ziemlich sicher sein konnte, daß es sich um ein Kriegsverbrechen der Sowjetunion[177] handelte, wäre es äußerst optimistisch gewesen, darauf zu hoffen, daß ausgerechnet der Schuldige eine neutrale Untersuchung befürworten würde. In Wahrheit dürften sich Grawitz und seine Hintermänner aus dem Propagandaministerium gar keine Illusionen darüber gemacht haben, daß eine Untersuchung durch das IKRK jemals stattfände. Das IKRK wurde hier in einer Angelegenheit bemüht, die letztlich das 3. Genfer Abkommen, das Kriegsgefangenenabkommen, berührte und die Sowjetunion involvierte, also ausgerechnet jene zwei Faktoren, die nach Ansicht des Dritten Reiches im deutsch-sowjetischen Krieg gar nichts miteinander zu tun hatten.

Allerdings schloß die Reichsregierung über das Deutsche Rote Kreuz und das IKRK die Möglichkeit aus, daß der Fall Katyn von den Alliierten stillschweigend zu den Akten gelegt werden konnte. Man hatte gewissermaßen offiziell und noch dazu an neutraler Stelle ein Verbrechen angezeigt und damit die Exilregierung Polens, die Briten und deren Verbündete in Moskau unter dem Deckmantel der Genfer Konventionen unter Druck gesetzt.

Druck, der schnell zu spüren war: Der polnische General Anders telegraphierte noch am 15. April aus dem Nahen Osten an die Exilregierung, alles zu tun, um die Sowjetunion zu einer Stellungnahme zu bewegen. Die Moral seiner Soldaten sei bedroht, man habe auch Angst um die polnischen Soldaten in sowjetischen Diensten.

Am nächsten Tag fand sich die Exilregierung Polens zu einer geheimen Sitzung zusammen, in der Katyn die Tagesordnung dominierte. Obwohl die Briten als Gastgeber die sowjetische Version unterstützten, entschloß man sich von polnischer Seite zu einem mutigen und nicht mit den Alliierten abgestimmten Schritt: Man wollte das IKRK zu einer neutralen Untersuchung auffordern und so den vom Kriegsgegner Deutschland ins Rollen gebrachten Stein nochmals anschubsen. In einem offiziellen Papier sollte dieser Schritt gleichzeitig so begründet werden, daß sich weder Briten noch Sowjets angegriffen fühlen konnten. Zudem wollte man den sowjetischen Botschafter in London bitten, seinerseits eine Aufklärung (und implizierte Richtigstellung) der deutschen Vorwürfe zu gewährleisten. Alles zusammen kam einem diplomatischen Drahtseilakt gleich.

Der polnische Plan mißlang jedoch, denn noch bevor die Exilregierung offiziell tätig wurde, konnte ein Reporter des *Daily Telegraph* die Nachricht von der polnischerseits unterstützten Einschaltung des IKRK über die Nachrichtenagentur Reuters bekanntmachen – eine Nachricht, die auch nach Deutschland durchdrang.

Durch den deutschen Geheimdienst über die Haltung der polnischen Exilregierung informiert, nahm Hitler persönlich sich der Sache an. Der »Führer« wies das Deutsche Rote Kreuz an, das IKRK noch einmal nach Katyn einzuladen, eigentlich ein sinnloser Schritt.

Plötzlich unterzeichnete jedoch nicht mehr SS-Führer Grawitz das Telegramm nach Genf, sondern DRK-Präsident Carl-Eduard persönlich. Auch hier zeigt sich das perfekte Zusammenspiel der DRK-Führung mit der Propaganda des Dritten Reiches. Der schon durch seine Position in der SS im Ausland eher suspekte Grawitz trat ins zweite Glied zurück und überließ seinem Chef die nochmalige Initiative, einem Mann, der, als Enkel der britischen Königin Victoria, in Großbritannien erzogen wurde und damit eher über den Verdacht erhaben gewesen sein dürfte, gegen die Briten zu agieren. Das politische

Kalkül ist bemerkenswert und zeigt, wie flexibel die Spitzen des Deutschen Roten Kreuzes von den Nationalsozialisten eingesetzt werden konnten.

Noch immer allerdings war die Stoßrichtung des Dritten Reiches, vertreten durch das DRK, klar: Man wollte die Alliierten spalten, vor allem Großbritannien und die Sowjetunion auseinandertreiben. Der eigentlich sinnlose Einsatz des DRK-Präsidenten in Form eines zweiten Telegramms an das IKRK verfolgte nur einen einzigen Zweck, nämlich Großbritannien zu bewegen, die polnische Forderung zu unterstützen. Eine Unterstützung, die die Sowjetunion allerdings keineswegs veranlaßt haben dürfte, ihrerseits an der IKRK heranzutreten.

Als die Forderung der Polen nach einer neutralen Untersuchung am nächsten Tag auch offiziell bestätigt wurde, sprach man hier noch von »geheuchelter tiefer Entrüstung der deutschen Propaganda«. Einen Schulterschluß mit den Nationalsozialisten wollten sich die polnischen Exilpolitiker nicht nachsagen lassen. Verteidigungsminister Marian Kukiel verdammte in einer gleichzeitigen Erklärung zwar auch die Deutschen, schloß aber die Beteiligung der Sowjets am Katyn-Massaker keineswegs vollkommen aus. Er sprach nur von der Tat, ohne die Täter sogleich auf deutscher Seite zu vermuten. Ohne Briten und Sowjets zu düpieren, übte Kukiel Druck auf beide aus, indem auch er eine Untersuchung durch das Internationale Komitee forderte.

Noch am selben Tag wurde der Vertreter des Polnischen Roten Kreuzes beim IKRK vorstellig. Fürst Stanislaw Radziwill überreichte Hubers Assistenten Paul Rüegger seinerseits eine Forderung nach einer Untersuchung und mußte erstaunt vernehmen, daß die Deutschen das IKRK jetzt bereits zweimal nach Katyn eingeladen hatten. Rüegger mußte Radziwill allerdings dieselbe Mitteilung machen, die schon dem Deutschen Roten Kreuz zugesandt worden war: Man sei von seiten des IKRK bereit zu einer Untersuchung, wenn alle betroffenen Parteien sie verlangten. Vorsorglich habe man allerdings schon Sachverständige aus neutralen Staaten ausgewählt, die nach Katyn reisen sollten. Die IKRK-Delegation sollte aus schwedischen, portugiesischen und Schweizer Bürgern bestehen.

Nach den polnischen und deutschen Aufforderungen schob das Internationale Komitee vom Roten Kreuz also erwartungsgemäß weiter der Sowjetunion den Schwarzen Peter zu.

Und das in einer heiklen Lage, denn gerade versuchte das IKRK über dezente diplomatische Sondierungen in Teheran und Ankara, mit den Sowjets ein Übereinkommen betreffend die Lage der Kriegsgefangenen zu erzielen.

Tatsächlich verfügte das IKRK über keinerlei Handlungsspielraum. Die laufenden Verhandlungen mit der Sowjetunion konnte und wollte man nicht gefährden, so daß eine offensive Möglichkeit für die Genfer nicht gegeben war. Die Alternativen wurden eindeutig abgewogen: auf der einen Seite die Untersuchung eines geschehenen Verbrechens, auf der anderen Seite die Möglichkeit einer zukünftigen Verbesserung des Loses unzähliger Kriegsgefangener.

Die Sowjets ließen die diplomatischen Muskeln spielen und setzten das Internationale Komitee indirekt, aber unmißverständlich darüber in Kenntnis, daß man einer Untersuchung in Katyn keineswegs positiv gegenüberstünde.[178]

Diese Zwangslage mitsamt ihren Implikationen und die langjährigen Grundsätze des IKRK dürften sowohl Grawitz als auch Carl-Eduard von Coburg-Gotha bewußt gewesen sein. Am 23. April wurde das Resultat offiziell bekanntgegeben: »Gemäß dem Geiste des Memorandums vom 12. September 1939 kann das Internationale Komitee vom Roten Kreuz prinzipiell die Beteiligung an einem technischen Verfahren der Leichenidentifizierung durch seine eigenen Sachverständigen nicht in Erwägung ziehen, ohne die Zustimmung aller betroffenen Parteien zu besitzen.«

Damit war der Fall erledigt, und auch die Führung des Deutschen Roten Kreuzes konnte sich wieder zurücklehnen.

Eine weitere Untersuchung der Katyn-Gräber fand dann unter der Gesamtleitung von Reichsärzteführer Conti statt, der vor allem Vertreter des Polnischen Roten Kreuzes eigenständig forschen ließ, ihnen aber auch deutsche und internationale Experten »zur Seite« stellte. Es handelte sich um eine vorgeblich neutrale Kommission, deren Mitglieder jedoch zumeist aus den mit dem Deutschen Reich verbündeten oder von deutschen Truppen besetzten Ländern stammten und in der ein einzelner Schweizer Vertreter eher eine Alibifunktion ausübte.

Diese Kommission war schon zusammengestellt worden, als das Deutsche Rote Kreuz noch heftig um eine Untersuchung durch das IKRK bemüht gewesen schien. Auftraggeber dieser Untersuchung war ganz offiziell das Propagandaministerium.

Das Deutsche Rote Kreuz hatte seine Schuldigkeit schon lange getan. Denn der Zweck der gesamten Katyn-Untersuchung war ohnehin erreicht: zwischen die Alliierten war geschickt und unter Mitwirkung der DRK-Führung ein Keil getrieben worden.[179]

Die Ausnutzung einer scheinbar neutralen Instanz im Fall Katyn war jedoch keineswegs beendet: Als sowjetische Truppen im Herbst 1943 Smolensk befreiten, ordnete Stalin postwendend eine eigene Untersuchung der Gräber an. Die rein sowjetische Kommission, zu der auch S. A. Kolessnikow, Vorsitzender des Exekutivkomitees der Sowjetischen Gesellschaften vom Roten Kreuz und Roten Halbmond, gehörte, kam weisungsgemäß zu dem Schluß, daß das Massaker von den Deutschen verübt worden sei. Ein Denkmal für die »Opfer des Faschismus« wurde errichtet und der Fall Katyn damit zu den Akten gelegt. Haarsträubende sachliche Fehler im Untersuchungsbericht wurden über Jahre hinweg von sowjetischer Seite nicht kommentiert. Ebenso geriet die groteske frühere Behauptung sowjetischer Stellen, die Deutschen hätten steinzeitliche Leichen aus einer archäologischen Fundstätte mit polnischen Uniformen versehen, schnell in Vergessenheit. Erst 1990 gab die Sowjetunion offiziell die Täterschaft zu und gestand ein, für den Mord an mehreren tausend polnischen Kriegsgefangenen und die anschließende Geschichtsfälschung verantwortlich zu sein.

Der Massenmord an polnischen Kriegsgefangenen durch Sowjettruppen in Katyn war ein Verbrechen gegen die Menschlichkeit und ein Verstoß gegen die nach den Genfer Konventionen wie der Haager Landkriegsordnung vorgesehene Behandlung von Kriegsgefangenen. Darauf mußte das Rote Kreuz, vor allem das Internationale Komitee, nach seinem eigenen Selbstverständnis hinweisen und möglichst auch reagieren. Allein die restriktiven Bestimmungen, die sich das IKRK im September 1939 selbst gegeben hatte, verhinderten eine neutrale Untersuchung der Mordopfer. Ohne das Einverständnis des mutmaßlichen (und tatsächlichen) Schuldigen konnte keine Kommission tätig werden, konnte keine Anklage erhoben werden. Eine Pervertierung jeden Rechtsverständnisses, für die das Internationale Komitee selbst verantwortlich war. Auch wenn die Sowjetunion durch die Verweigerung einer Untersuchung indirekt ein Geständnis ablegte, gab es für die Schuld keine international strittigen Beweise.

Daß Max Huber eine Untersuchung ablehnen würde, dürfte Grawitz schon bewußt gewesen sein, bevor er sein Telegramm abschickte. Diese Ablehnung, das wußten Grawitz und sein nomineller Vorgesetzter Carl-Eduard wohl auch, war letztlich durch die zu erwartende sowjetische Weigerung vorprogrammiert. Und allein mit dieser absehbaren Weigerung hatte man das eigentliche Ziel erreicht, nämlich den Propagandakrieg angeheizt und Polen und Sowjets gegeneinander aufgebracht.

Ziel des Grawitzschen Telegramms war niemals eine neutrale Untersuchung durch das IKRK gewesen, sondern die Diskreditierung der Sowjetunion in den Augen der Weltöffentlichkeit.

Tatsächlich wandelte das Deutsche Rote Kreuz mit seinen Telegrammen und der versuchten Einschaltung des Internationalen Komitees auf einem äußerst schmalen Grad der Glaubwürdigkeit – schließlich berief man sich auf die Bestimmungen der Genfer Konventionen und der Haager Landkriegsordnung zur Behandlung von Kriegsgefangenen. Diese seien durch die Sowjetunion verletzt worden, als man die polnischen Offiziere erschoß. Tatsache war jedoch, daß eben diese Bestimmungen nicht für den Vernichtungsfeldzug der deutschen Truppen gegen die Sowjetunion galten. Wie bereits dargestellt, hatten die deutschen Dienststellen den aktiven und passiven Massenmord an sowjetischen Kriegsgefangenen seit Beginn des Unternehmens »Barbarossa« stets damit gerechtfertigt, daß die Sowjetunion als Rechtsnachfolgerin des zaristischen Rußland die Haager Landkriegsordnung angeblich nicht anerkannte und die Genfer Konvention über Kriegsgefangene tatsächlich nicht ratifiziert hatte. Der Mord an sowjetischen Kriegsgefangenen wurde so scheinbar legitimiert und gleichzeitig als präventive Rachemaßnahme hingestellt.

Dieselbe Rechtslage wurde im Fall Katyn aus propagandistischen Gesichtspunkten entgegengesetzt interpretiert, um die Sowjetunion durch die Initiative des vermeintlich neutralen und vorgeblich aus rein humanitären Gründen handelnden Deutschen Roten Kreuzes vor ein durch das Internationale Komitee legitimiertes Tribunal zerren zu können. Daß ein solches Tribunal zu jenem Zeitpunkt gar nicht gewünscht war, steht außer Frage, denn schließlich hätte dabei vielleicht auch über deutsche Kriegsverbrechen geredet werden müssen. Auch dies spricht dafür, daß Grawitz' im Namen des Deutschen Roten Kreuzes an Huber gestelltes Ersuchen niemals ernst gemeint war, sondern im Bewußtsein der sicheren Ablehnung durch das IKRK initiiert wurde.

So dokumentiert Katyn deutlich die Schizophrenie im Handeln und Denken der Nationalsozialisten selbst wie auch des Deutschen Roten Kreuzes als Erfüllungsgehilfe des NS-Regimes.

Ein ganz anderes Versagen des Roten Kreuzes, das letztlich auch von den Nationalsozialisten propagandistisch verwertet wurde, steht im Zusammenhang mit dem Ghetto Theresienstadt. Hier wurde das Internationale Komitee vom Roten Kreuz nicht durch selbst auferlegte Untätigkeit in eine schwierige Situation gebracht, sondern durch seine Bemühungen um Deportierte.

Theresienstadt war eine ganz normale Stadt – jedenfalls bis zu dem Moment, als die Nationalsozialisten sie erst entvölkerten und dann flugs neu besiedelten. Danach war Theresienstadt die einzige Stadt im gesamten deutschen Herrschaftsbereich, die bis Kriegsende mehrheitlich und sogar unter dem offiziellen Schutz der Reichsregierung von Juden bewohnt wurde.

Tatsächlich war die Judenpolitik des Dritten Reiches relativ früh, noch vor Beginn des Holocaust, an eine selbstgeschaffene Grenze geraten. Niemals war es die Absicht der Nationalsozialisten gewesen, im Ausland und auch im Inland als Unmenschen dazustehen. Und niemals war man gewillt gewesen, dekorierten Soldaten des Ersten Weltkrieges zu schaden. Irgendwann aber merkten führende Köpfe in der Reichskanzlei, daß die antijüdischen Gesetze auch Kriegsveteranen trafen[180] und daß prominente deutsche Juden, die nicht ausreisewillig waren, zu einer internationalen Belastung werden konnten.

Und vor allem diese zwei Gruppen konnte man nicht einfach einsperren oder töten. Ähnliche Probleme gab es zu Beginn der Massendeportationen von Juden nach Osten. Als Begründung für das Verschwinden der Juden wurde immer wieder deren Einsatz beim Straßenbau angegeben – eine Begründung, die auf greise Mitbürger bezogen wenig stichhaltig klang.

Nun wurden alle Angehörigen dieser jüdischen Problemgruppen zusammengefaßt und nach Theresienstadt deportiert, wo sie unter eingeschränkter Selbstverwaltung relativ »bequem« leben durften. Relativ, denn die mangelnde Gesamtversorgung sowie die Übervölkerung des Ghettos und mangelhafte sanitäre Verhältnisse sorgten im Verein mit der Überalterung der Bevölkerung für eine hohe Sterblichkeitsrate. 1942 wurden 15891 Sterbefälle verzeichnet, das entsprach etwas mehr als der Hälfte der Gesamtbevölkerung. Von solchen Zahlen geschockt, ließ die deutsche Verwaltung den Aufbau eines eigenen Gesundheitsdienstes, medizinische Versorgung und sogar Schutzimpfungen zu, was die Todesrate deutlich verringerte. Ziel war es jedoch von Anfang an, die vor dem Massenmord bewahrte Gruppe der Theresienstädter Juden auf »natürlichem Wege« zu dezimieren.[181]

Als die Weltöffentlichkeit Ende 1943 auf verschiedenen Wegen immer mehr über die Schrecken des Holocaust erfuhr, wurde Theresienstadt zu einem propagandistischen Trumpf in der Hand des Dritten Reiches. Gemeinsam mit dem Deutschen Roten Kreuz lud die Reichsregierung eine Delegation des Internationalen Komitees vom Roten Kreuz zur Besichtigung der »angeblichen Todeslager« ein. Als Besuchsort wählte man nicht etwa Auschwitz, sondern das kaum repräsentative Theresienstadt.

In den Wochen vor dem Besuch der IKRK-Delegation begann in Theresienstadt ein großes Aufräumen und Renovieren: Läden wurden eingerichtet und mit Gütern ausgestattet, die man nicht einmal im Reich zu kaufen bekam, plötzlich gab es eine eigene Bank, Cafés, Schulen und Kindergärten,[182] Parks mit wunderbaren Grünanlagen. Das Ghetto Theresienstadt machte einen besseren Eindruck als das zerbombte Hamburg, aber es war ein Potemkinsches Dorf.

Die massive Überbevölkerung löste man parallel zu den Kulissenschiebereien auf bewährte Weise – Tausende, vor allem Kranke und wenig fotogene Personen, wurden in die Gaskammern von Auschwitz deportiert.

Und damit alles nach Plan ablaufen konnte, wurden wochenlang die Rundwege der zu erwartenden Delegation festgelegt, wurden »spontane« Begegnungen mit der Bevölkerung und »unbeeinflußte« Gespräche mit Repräsentanten des Roten Kreuzes bis ins letzte Detail geprobt.

Am 23. Juli 1944 öffneten sich die Tore Theresienstadts für das IKRK, für ausgewählte ausländische Gäste und für Bildreporter, die die »Wahrheit« über die »Judenlager« erfahren sollten. Wie eine gigantische Operetteninszenierung verlief der Besuch genau nach Plan. Vor den Objektiven der besten Kameramänner des Propagandaministeriums flanierten die Vertreter des Internationalen Komitees vom Roten Kreuz über saubere Straßen voll glücklicher Juden, bekamen viel Lob über die Deutschen zu hören und lächelten pflichtschuldigst vor sich hin. Vielen mag bewußt gewesen sein, daß die ganze Sache ein abgekartetes Spiel war, dennoch machten sie gute Miene dazu und gingen noch auf andere Weise in die Geschichte ein: als Statisten deutscher Propaganda in Wochenschauen und in einem abendfüllenden Film, der dann jedoch nicht mehr verwertet wurde.

Nachdem die Vertreter des internationalen Humanismus und der Weltöffentlichkeit Theresienstadt wieder verlassen hatten, waren die Propagandisten von ihrer eigenen Inszenierung so begeistert, daß sie noch eine Vorstellung geben ließen. Ergebnis war ein Film über die Illusion einer intakten »Judenstadt«. Der Titel *Der Führer schenkt den Juden eine Stadt* ist nicht verbürgt. Er zeigte das angebliche Leben der Juden unter »dem wohltätigen Schutz« der Nationalsozialisten und präsentierte eine lächelnde IKRK-Delegation.

Für die meisten »Schauspieler«, denn mehr waren die gefilmten Juden von Theresienstadt nach dem Willen ihrer »wohltätigen Beschützer« nicht, war dies der letzte Auftritt. Die Mehrzahl der in dem Film zu sehenden Kinder und die gesamte Selbstverwaltung des Ghettos wurden nach dem Ende der Dreharbeiten nach Auschwitz deportiert und dort vergast.

Das ehrliche, wenngleich späte Bemühen des IKRK, die Wahrheit über den Holocaust zu erfahren, diente letztlich nur der Propaganda des Dritten Reiches, nicht aber der Wahrheitsfindung. Auch dieses Versagen war vorprogrammiert, denn eine Delegation des IKRK mußte sich voranmelden. Eine Möglichkeit, unangemeldet zu erscheinen, gab es weder damals, noch gibt es sie heute für das Rote Kreuz.

Letztlich ist das Rote Kreuz vom IKRK abwärts bis in die kleinste örtliche Gliederung selber nur ein »Operettenstaat«, zwar mit moralischem Auftrag, aber ohne jede Macht und abhängig von der Gunst der jeweiligen Herrscher in den Ländern, in denen es tätig werden möchte.

Ernst Robert Grawitz –
Schlächter
in schwarzer Uniform

Er taucht selten in den Annalen des Deutschen Roten Kreuzes
auf, obwohl er im Dritten Reich einer der höchsten Führer,
tatsächlich sogar der zentrale Entscheidungsträger der Organisation war: Ernst Robert Grawitz, Geschäftsführender Präsident des Deutschen Roten Kreuzes von 1937 bis 1945, oberster Mediziner der SS, Vertrauter Heinrich Himmlers und
aktiver wie passiver Teilnehmer an verbrecherischen Menschenversuchen.

Am 1. Januar 1937 wurde SS-Oberführer Dr. Ernst Robert
Grawitz, Reichsarzt SS, zum Geschäftsführenden Präsidenten
des DRK bestellt, »mit dem besonderen Auftrag des Führers,
nunmehr die endgültige Gestaltung des Deutschen Roten
Kreuzes mit voller Einordnung in den Bau von Partei, Staat
und Wehrmacht zu vollziehen«.[183]

In vielen Werken über das Dritte Reich und vor allem auch
in der DRK-eigenen Literatur taucht Grawitz nur als Fußnote
auf. Will man mehr über ihn erfahren, muß man in die Tiefe
gehen und sein fast schemenhaftes Erscheinen in verschiedenen Akten und Vermerken verfolgen. Ein offizielles Porträt
von 1937 zeigt einen einfachen Mann in SS-Uniform, einen
unauffälligen Menschen, den allein einige Schmisse auszu-
zeichnen scheinen.[184] Ihm fehlt jeder Anflug von Arroganz,
auch der typische, durch offizielle Fotos bei anderen Größen
des Dritten Reiches immer wieder erweckte Eindruck von
Kampfesentschlossenheit und Herrenmenschentum ist nicht
auszumachen. Statt dessen blicken Grawitz' dunkle Augen
seitlich aus dem Bild heraus, nicht fokussiert und beinahe

Ernst Robert Grawitz (1937)

melancholisch. Fast scheint es, als habe Grawitz nicht gewußt, warum er in dieser Uniform und zu diesem Zeitpunkt überhaupt porträtiert wurde. Was er erwartete, schien Grawitz allerdings zu wissen. So bescherte ihm seine SS-Mitgliedschaft sogar eine Honorarprofessur an der Grazer Universität, ohne daß er jemals eine Habilitation vorgelegt hätte. In der »Forschung« war der Geschäftsführende Präsident gleichwohl tätig, ermöglichte er doch der Medizinerelite des Dritten Reiches in den von der SS verwalteten und von ihm selbst fachlich beaufsichtigten Konzentrationslagern Menschenversuche.

Im Mai 1941 befürwortete Grawitz gegenüber Himmler die Einrichtung eines speziellen Frauenkonzentrationslagers für nur zehn Personen, an das ein Forschungsinstitut angeschlossen werden sollte. Mit einer solchen Sondereinrichtung wollte er Professor Carl Clauberg unterstützen, der gerade an der gezielten, operationslosen Massensterilisation arbeitete, ein Projekt, das vor allem bei denjenigen Nationalsozialisten Interesse geweckt hatte, die eine »Germanisierung« des demnächst zu erobernden »Lebensraums im Osten« verfolgten und die Ausrottung der angestammten Bevölkerung auf halbwegs natürlichem Wege anstrebten. Eine Sterilisation hatte in ihren Augen den Vorteil, daß man zumindest für eine gewisse Zeit noch Arbeitssklaven zur Verfügung hätte. In diese Planung, die auf die Vernichtung ganzer Völker zielte, brachte sich der Geschäftsführende Präsident des Deutschen Roten Kreuzes an führender Stelle ein. Männer sollten (ohne deren Wissen und verdeckt) mittels hoher Dosen radioaktiver Strahlung sterilisiert, Frauen sollten sogenannte Reizflüssigkeiten eingespritzt werden. Die alternativen Pläne, mit Hilfe des Schweigrohr-Safts Sterilität zu erzeugen, mußten dagegen aufgegeben werden. Schweigrohr wächst nur in Nordamerika und läßt sich in deutschen Gewächshäusern nicht züchten; ein synthetischer Ersatz wurde nicht gefunden.

Die im September 1941 beginnende Vernichtung der europäischen Juden bescherte dann auch Grawitz wichtige Aufgaben abseits dieser kleineren Aktionen. Der Mann, der als Geschäftsführender Präsident international im Deckmantel der Humanität erschien, mußte vom Schreibtisch aus darüber befinden, wie zwischen Mord und Arbeitskraft abgewogen werden sollte. Die in den KZ inhaftierten Juden waren nach Ansicht des Reichssicherheits-Hauptamtes möglichst alle zu töten. Gleichzeitig aber waren »gesunde« Juden nach Ansicht des Wirtschaftsverwaltungs-Hauptamtes der SS durchaus als Sklavenarbeiter vor allem in der Rüstungsindustrie verwendungsfähig und noch dazu kostendämpfend einsetzbar. Reichsführer SS Heinrich Himmler jonglierte zwischen beiden Stellen und Interessen hin und her, legte sich jedoch nicht auf genaue Richtlinien fest.[185]

Die einzigen Richtlinien, die in diesem Zusammenhang erlassen wurden, stammen von Reichsarzt SS Grawitz. Es handelt sich um die Vorschriften, nach denen die Ärzte in den KZ eine Selektion zwischen »arbeitseinsatzfähigen« und anderen Juden vorzunehmen hatten. Rudolf Höß, seit 1940 Kommandant der Lager Auschwitz I und II, erinnerte sich nach Kriegsende genau: »Der Reichsarzt SS, der ja den SS-Ärzten die Richtlinien über die Aussortierung gab, war der Anschauung, daß nur wirklich voll arbeitsfähige Juden für den Arbeitseinsatz in Frage kämen, da schwächliche, ältere und nur bedingt taugliche in kurzer Zeit arbeitsunfähig würden, den ohnehin schon überlasteten allgemeinen Gesundheitszustand weiter verschlechterten, die [Kranken-]Reviere unnötig vermehrten, dadurch weiteres ärztliches Personal und Medikamente erforderlich machten und schließlich doch getötet werden müßten.« Eine menschenverachtende, an betriebswirtschaftlichen Gesichtspunkten ausgerichtete Haltung, die den für Ärzte der SS ohnehin scheinbar irrelevanten hippokratischen Eid vollkommen außer acht ließ. Faktisch verurteilte Grawitz dadurch rund 70–75 Prozent (so Höß, nach anderen Untersuchungen bis zu 80 Prozent) der in den Vernichtungslagern ankommenden Juden, vor allem Kranke, Gebrechliche, Alte und kleine Kinder zum sofortigen Tod. Die medizinische Durchführung der Selektion blieb den Ärzten im Lager vorbehalten, die der Einfachheit halber die ankommenden Gefangenentransporte gleich an der Rampe begutachteten. Höß weiter: »Die Aussortierung ging so vor sich: Die Waggons wurden nacheinander entladen. Nach Ablegung des Gepäcks mußten die Juden einzeln an einem SS-Arzt vorbeigehen, der im Vorbeimarschieren die Tauglichkeit entschied. Die Arbeitseinsatzfähigen wurden in kleineren Abteilungen sofort ins Lager abgeführt.« Über das Schicksal der nicht ins Lager Abgeführten schweigt Höß – sie wurden baldmöglichst ermordet. Der Geschäftsführende Präsident des Deutschen Roten Kreuzes, der diese vollkommen jeder medizinischen Grundlage entbehrende Selektion verwaltungstechnisch zu verantworten hatte, wurde so zum Herrn über Leben und Tod für Millionen von Juden. Niemals hat ein führendes Mitglied einer Rotkreuz-Gesellschaft seine Macht in so breitem Umfang dazu verwendet, Menschenleben mit einem Federstrich zu vernichten. Wenn in der Geschichte des Holocaust immer wieder von Personen wie Eichmann als verwaltende Vollstrecker die Rede ist, so darf darüber die Einführung der unmittelbar über Leben oder Tod entscheidenden Selektion unter Federführung von Grawitz nicht vergessen werden.

Grawitz hatte keine Bedenken, Menschen in den Tod zu schicken. Als sich der schon betagte Professor Claus Carl Schilling, Tropenmediziner und bereits seit 1936 emeritiert, hilfesuchend an den DRK-Chef wandte, stieß er auf offene Ohren. Grund war die Gefährdung deutscher Truppen durch die im März 1941 in Bulgarien und Griechenland grassierende Malaria. Himmler und Reichsgesundheitsführer Conti holten den greisen Schilling aus Italien, und im Dezember 1941 begann dieser mit der Malariaforschung im Dienste der Nationalsozialisten. Das Labor dazu richtete ihm Grawitz ein, wie dieser am 20. Januar 1942 an Himmler weitermeldete. Schilling wurde das komplette KZ Dachau zur Verfügung gestellt: »Es handelt sich jetzt darum, die Versuche auf breiter Basis am Menschen zu wiederholen.«[186] Häftlinge mußten in der sumpfigen Umgebung Mücken fangen, die zu Übertragungszwekken an ausgesuchten Versuchspersonen angesetzt wurden. Wieder andere Häftlinge erhielten Injektionen mit Sporozoiten, einer dritten Gruppe wurde das schon infizierte Blut von Malariakranken direkt eingespritzt. Die Experimente dauerten fast bis zur Befreiung des Lagers an; erst am 30. März 1945 wurden die Versuchsreihen eingestellt.

Über die Zahl der »behandelten« Häftlinge und die resultierenden Todesfälle gibt es wegen der vorsorglichen Verschleierungstaktik der SS keine verläßlichen Angaben.[187] Überlebende Zeugen schätzten, daß etwa 1100 Häftlinge auf diese Weise mißbraucht wurden. Vor einem amerikanischen Militärgericht verteidigte sich der durchführende Arzt Schilling wie folgt: »Ich gebe zu, daß bei jenen Versuchen Menschen leiden mußten, am meisten unter seelischer Depression. Aber die Interessen der Wissenschaft, Millionen vor dieser Krankheit zu bewahren und zu retten, standen viel höher.« Einer solchen Argumentation hatten die Militärrichter wenig entgegenzusetzen. Schilling, mit über siebzig Jahren der älteste Mörder in Weiß, wurde gemeinsam mit Ärzten des Deutschen Roten Kreuzes zum Tode verurteilt und am 28. Mai 1946 in Landsberg hingerichtet.

Grawitz war mit der Forschung seiner Kollegen keinesfalls nur theoretisch auf Verwaltungsebene befaßt. Der Geschäftsführende Präsident des Deutschen Roten Kreuzes war vielmehr einer der wenigen Vertreter dieser Organisationen, die sich in die KZ hineinbegaben. Allerdings tat er dies in seiner Eigenschaft als Reichsarzt SS.

Ein Beweis dafür findet sich im Tagebuch des in Auschwitz praktizierenden SS-Arztes Kremer.[188] Am 25. September 1942 notiert der akribisch genau auch Lappalien (»Verpflegung im Führerheim [des KZ Auschwitz] ausgezeichnet ... saure Entenleber für 0,40 RM«) aufzeichnende Mediziner:»Gruppenführer Grawitz im Revier und Lager. Bei der Visite will er von mir wissen, was der Arzt bei allen Infektionskrankheiten zuallererst verordnet. Darauf weiß ich ihm wirklich keine Antwort zu geben, da sich das doch in dem Sinne nicht ganz allgemein angeben läßt. Und was meinte er? Man höre und staune: Ein Abführmittel! – Als wenn der Arzt bei jedem Schnupfen, jeder Angina, Diphtherie mit Abführmitteln eingreifen würde – geschweige denn beim Abdominaltyphus! So läßt sich die Medizin nun doch nicht schematisieren, ganz abgesehen davon, daß der junge, unerfahrene Revierarzt noch einige Tage [vorher] ein frisches perforiertes Magenulkus durch das blinde Verordnen von Rizinus um die Ecke gebracht hatte.« Kremer, als Universitätsdozent lediglich in den Semesterferien ärztlich tätig, war nicht freiwillig in Auschwitz, sondern aus dem SS-Lazarett Prag dorthin abkommandiert worden. Als langjähriger Leiter des Anatomischen Instituts in Münster war er sicherlich berufen, über den Arztkollegen Grawitz ein Urteil abzugeben, ein Urteil, das angesichts der Hierarchie zwischen den beiden SS-Ärzten wohl kaum vernichtender ausfallen konnte. Man fragt sich unwillkürlich, ob Grawitz das Abführmittel ernsthaft als erste Wahl ansah oder ob er sich angesichts allgemeiner Unterernährung und grassierender Durchfallerkrankungen in den KZ ein »Scherzchen« erlaubt hatte. In ersterem Fall wäre seine fachliche Kompetenz als Mediziner anzuzweifeln gewesen, in letzterem seine moralische Integrität als Arzt.

Der Grund für die Grawitzsche Stippvisite im Krankenlager des KZ Auschwitz wird nicht genannt, wahrscheinlich ging es um eine Kontrolle der Krankheits- und Sterblichkeitsrate.

Mitte Juli 1942 war nämlich Reichsführer SS Heinrich Himmler in Auschwitz gewesen und hatte sich das gesamte Lager zeigen lassen. Dabei waren ihm vom Kommandanten Höß und den Lagerärzten auch die medizinischen und hygienischen Probleme drastisch vor Augen geführt worden. Der sonst angesichts von Problemen cholerisch reagierende Himmler hatte geschwiegen.[189] Der Auftritt von Grawitz in Auschwitz kurz darauf war eventuell seine Antwort.

Der Geschäftsführende Präsident des Deutschen Roten Kreuzes hatte auch in medizinischen Streitfällen Entscheidungen herbeizuführen. Weil Himmler als begeisterter Homöopath (aber medizinischer Laie) sich mit wesentlich berufeneren Schulmedizinern nicht über die richtige Behandlung der Sepsis einigen konnte, wurde Mitte Juni 1942, ebenfalls im KZ Dachau, eine eigene »Biochemische Versuchsstation« eröffnet. Eine Stube des Krankenreviers, das eigentlich der Heilung dienen sollte, wurde zum Experimentierfeld für Dr. Heinrich Schütz.

Über diese Versuche wurde der Reichsführer SS von Reichsarzt SS Grawitz informiert. Schon am 29. August 1942 konnte dieser vierzig Sepsisbehandlungen mit biochemischen Mitteln vorweisen, die allesamt »ad exitum« verliefen. Grawitz äußerte sich auch über einige Schwierigkeiten: »Von allen Schwerkranken [wurde] nach kurzer Zeit die Einnahme der biochemischen Tabletten energisch abgelehnt ..., weil es für sie eine Quälerei bedeutete, alle 5 Min., auch nachts, das Mittel einzunehmen.« Auch in Auschwitz, so Grawitz weiter, seien drei tödlich endende Versuche durchgeführt worden. Die Beschwerden Grawitz' über die mangelnde Kooperation der Häftlinge führten bei Himmler zu einem Wutausbruch: »Ich bin der Überzeugung, daß Sie, der Sie selbst den Titel Professor bekommen haben und ihn, wenn ich mich nicht irre, sehr gern gebrauchen, bei diesen Versuchen die Möglichkeit hätten, Ihren wissenschaftlichen Beitrag zu leisten und das Fundament für diesen Professortitel nachträglich zu legen … Der Brief soll Sie nicht veranlassen, daß Sie sich stundenlang die Frage vorlegen, ob ich Sie als Reichsarzt SS absetzen und ersetzen will. Er hat die einzige Absicht, Sie zu veranlassen, nunmehr nach Jahren Ihren Hauptfehler, Ihre Eitelkeit, abzulegen und wirklich ernsthaft und mit Zivilkurage an alle Ihre Aufgaben, auch die unangenehmsten, heranzugehen.«

Tatsächlich ging es eher um Himmlers Eitelkeit, denn er wollte schließlich den Beweis haben, daß die Homöopathie der Schulmedizin überlegen sei. Da Grawitz der Titel Professor recht lieb geworden zu sein schien und der Zorn Himmlers kaum karrieredienlich wäre, ließ er die Versuche fortsetzen. Die Häftlinge wurden durch verseuchte Spritzen weiter künstlich mit Sepsis infiziert und dann experimentell behandelt. Bevorzugt wurden inhaftierte Geistliche verwendet, die meisten aus Polen stammend.[190] Die Zahl der Toten durch diese barbarischen Versuche unter Grawitz' Beobachtung ist nicht genau feststellbar, doch es dürften etwa einhundert Häftlinge umgekommen sein.

Hauptexperimentator Schütz, später Chefarzt eines SS-Lazaretts, praktizierte ab 1947 als Internist in Essen und wurde erst 1972 angeklagt. Ein Münchner Gericht verurteilte den noch immer rüstigen Schütz 1975 trotz einer Vielzahl dubioser Zeugenaussagen, die die Verteidigung anführte, zu zehn Jahren Haft, woraufhin ihm einige ärztliche Kollegen Haftunfähigkeit attestierten.

Nach der Sepsis wandte sich die Forschung der SS-Mediziner dem Gasbrand zu, der 1942 vermehrt bei verwundeten Soldaten auftrat. Hier stimmte selbst Himmler für eine Behandlung durch die Schulmedizin, und gemeinsam mit Grawitz beschloß er, Untersuchungen in Dachau durchführen zu lassen.[191] Brutale Versuchsreihen wurden an Männern, Jugendlichen und vor allem Frauen durchgeführt. Die Gasbrandversuche wurden zur Herzensangelegenheit Himmlers, nachdem der Schlächter Reinhard Heydrich, Chef der Sicherheitspolizei und des SD, eben durch Gasbrand und noch dazu unter den Händen des DRK-Arztes Karl Gebhardt verstorben war.

Ebenfalls 1942 berichtete Grawitz Himmler über Menschenversuche zur Erforschung der »Serum-Verschiedenheiten bei den menschlichen Rassen«, eine wahrscheinlich vollkommen sinnlose, aber für die Untersuchten wenigstens nicht tödliche Arbeit. Grawitz wörtlich: »Die ersten Untersuchungen werden an 40 Zigeunern durchgeführt. Im Anschluß daran sollen die Versuche auf Juden ausgedehnt werden ... Stabsarzt Dr. Horneck konnte ... ähnliche Feststellungen an kriegsgefangenen Negern in Frankreich machen.«[192] Der Geschäftsführende Präsident des Deutschen Roten Kreuzes gab damit offiziell zu, daß, entgegen allen Vorschriften der Genfer Konventionen, auch an Kriegsgefangenen medizinische Versuchsreihen durchgeführt wurden, deren Sorge eigentlich Sache des Roten Kreuzes gewesen wäre.

Im Juni 1943 wurde Grawitz dann mit der Hepatitis konfrontiert. Dr. med. habil. Arnold Dohmen bat um die tatkräftige Mithilfe der SS und um sechs menschliche Versuchskaninchen. Obwohl Dohmen »Parteigenosse« und SA-Führer war, mußte Grawitz dessen Ansinnen noch speziell unterstützen, schließlich war Dohmen nicht in der SS. Grawitz empfahl Himmler, Dohmens Forschungsarbeiten »durch Zur-Verfügung-Stellen von Häftlingsmaterial« zu unterstützen, bevorzugt durch »8 zum Tode verurteilte Häftlinge möglichst jüngeren Alters« aus Sachsenhausen. Den Tod, so Grawitz weiter, würden die Häftlinge wohl während der Versuche erleiden. Da Himmler nun aber keine Häftlinge aus Sachsenhausen, sondern »8 zum Tode verurteilte Juden der polnischen Widerstandsbewegung«[193] genehmigte, mußte Dohmen diese eigens in Auschwitz abholen. Statt der gewünschten sechs oder der von Himmler genehmigten acht wurden ihm jedoch elf Häftlinge – jüdische Kinder und Jugendliche zwischen neun und neunzehn Jahren – übergeben. Dohmen soll, nach Zeugenaussagen ohne viel Begeisterung (fanatischere Anhänger des Nationalsozialismus unter seinen Kollegen warfen ihm gar »tierexperimentelle Lethargie« vor), diese Jugendlichen mit Bakterienkulturen infiziert und anschließend Leberpunktionen ohne jede Betäubung durchgeführt haben. Er selbst gab nach Kriegsende an, die Versuche seien nur zum Schein durchgeführt worden. Dohmens diesbezügliche Unterlagen wurden bei einem Bombenangriff oder bei gezielter Aktenreinigung im Ausweichquartier Bad Nauheim vernichtet. Er selber ließ sich nach dem Krieg im Kreis Detmold als Internist nieder.

Im Oktober 1943 hatte Himmler eine neue Aufgabe für Grawitz, diesmal ging es um Entgiftungsverfahren für Wasser, das durch Kampfstoffe verseucht war.[194] Der DRK-Chef ging in bewährter Manier ans Werk und konnte dem Hygieniker Professor Dr. phil. Ludwig Werner Haase in Munsterlager »begiftetes Wasser« zur Verfügung stellen. Unter Leitung eines Dr. Helmut Poppendick[195] wurden etwa 150 Häftlinge aus dem KZ Neuengamme mit hohen Konzentrationen Gelbkreuz vergiftet; über den Ausgang der Versuche und die effektive Todesrate ist nichts bekannt. Weitere Versuche an acht Neuengamme-Häftlingen wurden von Himmler im Februar 1945 nicht mehr genehmigt. Poppendick wurde in den Nürnberger Prozessen zu zehn Jahren Haft verurteilt, jedoch, wie die meisten Verurteilten, vorzeitig entlassen. Anschließend etablierte er sich als Internist in Oldenburg.

Wie Grawitz mit den ihm unterstellten Arztkollegen umging, läßt ein Vorgang aus dem Jahr 1944 ahnen. Damals wurde der durch menschenverachtende Kälteversuche bereits bekannte ehemalige Luftwaffenarzt Dr. Sigmund Rascher, mittlerweile SS-Hauptsturmführer, auffällig.[196] Entgegen den Dienstvorschriften veröffentlichte er Forschungsergebnisse in der *Münchner Medizinischen Wochenschrift*, ohne vorherige Druckerlaubnis durch die SS, in Verletzung von Geheimhaltungsvorschriften (er sprach offen von »Versuchspersonen« und machte so die Menschenversuche zumindest in breiten Medizinerkreisen bekannt) und unter Angabe des KZ Dachau als Adresse. Rascher war zu jener Zeit mit der Erforschung von »Polygal 10« beschäftigt, einem Wundermittel zur Blutstillung in Tablettenform. Zum Zweck der Wirkungsüberprüfung wurden unter anderem sowjetische Kommissare, also eigentlich Kriegsgefangene, unter Laborbedingungen erschossen, dann von Rascher behandelt und anschließend seziert.[197] Obwohl die SS diese Versuche für interssant hielt, wollte man an Rascher nicht festhalten; Grawitz kritisierte seine »allzu große Vielseitigkeit (entweder Genie oder Hochstapler)« und regte seinen weiteren Einsatz als einfacher KZ-Arzt oder »als Truppenarzt an der Lapplandfront« an.[198] Da Himmler von Rascher auch aus persönlichen Gründen enttäuscht war, kam es nicht dazu; im Februar 1945 wurden Rascher und seine Frau Nini in KZ-Haft genommen, und der ehemals hochangesehene und gefürchtete Arzt blieb als einfacher Häftling in Dachau. Einen Tag vor der Befreiung des KZ wurde er durch Bauch- und Genickschüsse exekutiert.[199]

Über Grawitz wandte sich am 7. Juni 1944 auch der Chef des Sanitätswesens der Luftwaffe, Professor Oskar Schröder,[200] an Himmler: »Sie gaben bereits früher der Luftwaffe die Möglichkeit, dringende ärztliche Fragen im Versuch an Menschen zu klären.« Mit großer Selbstverständlichkeit trat der oberste Luftwaffenmediziner an die SS heran, nachdem er seine Tierversuche und erste Tests mit Freiwilligen beendet hatte. Es ging dem Forscher um Meerwasserversuche, und zwar sollten die Auswirkungen des Trinkens von Salzwasser bei notgewasserten Fliegern erforscht werden. Schröder hatte schon vorher geäußert, daß in der letzten Versuchsreihe mit dauernden gesundheitlichen Schäden oder dem Tod der Versuchspersonen zu rechnen sei, konnte also kaum Freiwillige hierfür anwerben. Grawitz wollte die Bemühungen der Luftwaffe unterstützen und holte Stellungnahmen von Kollegen ein. SS-Gruppenführer Gebhardt (ebenfalls ein Funktionär des Deutschen Roten Kreuzes und Chef der DRK-Klinik Hohenlychen) wollte die Luftwaffe in jeder Weise unterstützt wissen, SS-Gruppenführer Glücks bevorzugte als Testgruppe »nach Möglichkeit Juden«, während SS-Gruppenführer Nebe anregte, »die asozialen Zigeunermischlinge im Konzentrationslager Auschwitz zu verwenden«. Reichsführer SS Himmler entschied letztlich nach Grawitz' Vorlage: »Zigeuner und zur Kontrolle 3 andere.«[201] Niemand wollte wissen, ob die Versuche notwendig seien, niemanden kümmerte der einkalkulierte Tod der Versuchspersonen, auch Grawitz nicht, der den Fliegerärzten vierzig Sinti und Roma zur Verfügung stellte, die von Buchenwald nach Dachau gebracht wurden. Sie tranken das Salzwasser und wurden zur Kontrolle ihres Zustandes mehrfach an Leber und Rückenmark punktiert; wahrscheinlich gab es vier, mindestens aber drei Tote.[202]

Im August 1944 beantragte Grawitz erneut zwei Versuchsreihen mit Häftlingen, diesmal aus dem KZ Buchenwald. Insgesamt wurden im Rahmen der Erforschung eines Gegenmittels sechzig Insassen künstlich mit Fleckfieber infiziert.

Im Oktober 1944 sollte Grawitz für die SS Krebsversuche organisieren. Dazu bemühte er sich, geeignete, also bereits erkrankte »Versuchsobjekte« in den KZ zu sammeln. Was ihm mißlang, denn Häftlinge mit Karzinomen ließen sich nicht finden. In den Lagern starben selbst kerngesunde Menschen schon nach drei Monaten.

Mehr »Erfolg« hatte Grawitz auf dem Gebiet der Tuberkuloseforschung, die der Lungenfacharzt Kurt Heißmeyer vorantrieb. In der DRK-Klinik Hohenlychen, die die SS auch als Lazarett nutzte, traf Heißmeyer bereits Anfang 1944 auf Conti und Grawitz, zwei der mächtigsten Mediziner des Reiches.

Der Lungenarzt prahlte mit seinen theoretischen Arbeiten und Tierversuchen. Allerdings, so räumte er bedauernd ein, könne man die Problematik im Tierversuch schlecht studieren. Grawitz bot sofort Menschenversuche an Häftlingen an. Assistiert von Häftlingsärzten[203] aus Polen und Frankreich, begann Heißmeyer daraufhin im KZ Neuengamme mit seiner Arbeit. Erwachsene Russen und Polen, aber auch jüdische Kinder, eigens aus Auschwitz herangeschafft, wurden mit brutalsten Methoden infiziert und dann studiert. Anschließend wurden sie hingerichtet, um keine Tuberkulose-Epidemie zu riskieren. Der erst durch Grawitz' Hilfestellung zum Henker mutierte Heißmeyer ließ seine inkriminierenden Unterlagen 1945 verschwinden, und schon 1946 eröffnete er in Magdeburg eine Praxis samt Klinik für Lungenkranke. 1963 wurde er von der Staatssicherheit der DDR festgenommen und schließlich 1966 zu lebenlanger Haft verurteilt.[204]

Am 22. November 1944 informierte Grawitz seinen Chef Himmler, ein Dr. Schwab wolle auf Weisung des »Führers« den sogenannten N-Stoff testen, eine ganz besondere Geheimwaffe. Grawitz wollte diese Forschungen unterstützen und bat Himmler daher, fünf KZ-Häftlinge »zur abschließenden Klärung der physiologischen Wirkung des N-Stoffes auf und durch die menschliche Haut«[205] bereitzustellen, ein Ersuchen, dem der Reichsführer SS gerne nachkam. Fünf zum Tode verurteilte Häftlinge aus dem KZ Sachsenhausen wurden als menschliche Versuchskaninchen bestimmt.

An ihnen wurde der N-Stoff getestet, der nach Versuchen der Marine und des Heeres bereits als unbrauchbar galt, von der SS aber noch als interessant angesehen wurde. Der Sicherheitsdienst beobachtete auch deutsche Wissenschaftler genau und wußte schon lange von der Förderung der neuen Waffe durch einen Professor Dr. Erich Schumann. Schumann war Leiter der Forschungsabteilung im Heereswaffenamt, Spezialist für Kampfgase, Inhaber zahlreicher gutdotierter Posten und Protegé von Wehrmachtschef Keitel sowie Doktorvater der Tochter Keitels. Tatsächlich war der N-Stoff der Waffen-SS erst angeboten worden, nachdem die zwei anderen Waffengattungen sich nach zahlreichen Tests und trotz des offensichtlichen Versuchs der Vetternwirtschaft schon gegen eine Verwendung entschieden hatten. Wahrscheinlich sollte letztendlich mit allen Mitteln versucht werden, das von der I. G. Farben entwickelte Produkt doch noch profitabel zu machen. Ursprünglich hatte Schumann nach Angaben von SD-Mitarbeitern auf die »Uranbombe«, eine in Entwicklung befindliche deutsche Atombombe, als ultimative Wunderwaffe gesetzt, dann aber die Schwierigkeit der Konstruktion (vor allem mangels Rohmaterialien) erkannt und flugs den N-Stoff als Alternative propagiert.

Beim N-Stoff handelte es sich um Chlortrifluorid, eine Flüssigkeit, die sich bei Kontakt mit normal sauerstoffhaltiger Luft von selbst entzündet und dann mit sehr heißer Flamme abbrennt. Man konnte mit diesem Mittel bei für Militärs sicherlich beeindruckenden Versuchen sogar Sand, Wasser und Asbest regelrecht verbrennen, ein Schutz gegen den N-Stoff war also unmöglich.

Wie die durch den Chef des Deutschen Roten Kreuzes ermöglichten Menschenversuche mit dem N-Stoff im einzelnen aussahen, ist nicht belegt. Wahrscheinlich hat man die lebenden Häftlinge zumindest teilweise schlicht mit N-Stoff übersprüht, um dann die Auswirkungen genauer zu untersuchen. Wer diese Tortur überlebte, wurde später hingerichtet.[206] Diese Versuche wurden auch von einem weiteren Offiziellen des Deutschen Roten Kreuzes, dem schon bekannten SS-Arzt Gebhardt, »selbstverständlich« befürwortet. Die Versuche in Sachsenhausen wurden vom damaligen Lagerarzt Baumkötter selbst nicht begleitet, er bemerkte lediglich das anschließende Verschütten des restlichen N-Stoffes aus einem Fenster des Operationssaales, das von einem laut knatternden Geräusch wie dem »eines Maschinengewehres«[207] begleitet wurde.

Es handelt sich um eine erschreckende Liste von Verbrechen unter dem Deckmantel der Medizin, an der der Geschäftsführende Präsident des Deutschen Roten Kreuzes direkt oder indirekt beteiligt war, Verbrechen, die stets mit seinem Wissen und seiner Genehmigung stattfanden. Vielleicht ist diese Liste sogar unvollständig, denn bis ins letzte Detail lassen sich die Vorgänge im Dritten Reich heute nicht mehr nachvollziehen, da zu viele Akten verschwunden sind.

Grawitz konnte für seine Verbrechen niemals zur Rechenschaft gezogen werden – ein Todesurteil gegen ihn wäre mit Sicherheit zu erwarten gewesen –, da er sich in der Nacht vom 22. zum 23. April 1945 durch Suizid der Verantwortung entzog. Der Geschäftsführende Präsident des Deutschen Roten Kreuzes und Reichsarzt SS setzte sich mit seiner Familie an den Abendbrottisch, zündete zwei Handgranaten und beging so zeitgleich mit seinem Selbstmord noch seine letzten Morde.

Dr. Karl Gebhardt –
Klinikleiter,
Mörder,
Präsident

Auch über Dr. Karl Gebhardt liest man in den einschlägigen Geschichtsdarstellungen aus Sicht des Deutschen Roten Kreuzes herzlich wenig; sogar in neutralen Darstellungen verkümmert der Mann schnell zur bloßen Fußnote. Dabei hatte er eine glänzende Karriere im DRK hinter sich, als ihn ein alliiertes Gericht zum Tode verurteilte. Gebhardt war vom Klinikleiter zum Präsidenten aufgestiegen und dabei über Leichen gegangen: Er hatte unter dem Schutz des Roten Kreuzes nicht nur Menschenversuche unternommen, sondern auch KZ-Häftlinge als »menschliche Ersatzteillager« für Parteigenossen benutzt.

Über Gebhardts Karriere gibt ein umfassender Lebenslauf in den Gerichtsakten des Nürnberger Ärzteprozesses Aufschluß. Die am 12. November 1946 freiwillig gemachte Aussage verschleiert die nationalsozialistische Vergangenheit des Arztes nicht. Gebhardt war kein »Trittbrettfahrer« des Regimes, sondern nach eigenen Angaben überzeugter Nationalsozialist der ersten Stunde. Vor Bekanntwerden seiner zahlreichen Verbrechen auch im Ausland eine geachtete Kapazität auf dem Gebiet der Sportmedizin, war Gebhardt nach Ansicht eines hohen nationalsozialistischen Funktionärs letztlich auch ein »politischer Arzt«.[208]

Geboren am 23. November 1897 in Haag, wurde Karl Gebhardt an bayerischen Schulen erzogen und trat noch vor Beendigung seiner Gymnasialerziehung 1916 freiwillig »in die deutsche Wehrmacht ein«.[209] Als Soldat wurde er zunächst an der Westfront eingesetzt. Der Krieg endete für Gebhardt je-

Karl Gebhardt (1944)

doch schnell, und von 1917 bis 1919 war er in einem britischen Kriegsgefangenenlager interniert.[210]

Nach seiner Entlassung zog es ihn schnell wieder zu den Waffen; als Mitglied einer rechtsgerichteten Münchner »Studentenkompanie« kämpfte er im Ruhrgebiet gegen linke Truppen. Trotzdem gelang ihm in Rekordzeit ein Medizinstudium, nachdem das Abitur ihm erlassen worden war. 1919 aufgenommen, beendete er es schon 1922 nach einer praktischen Zeit als Internist im Städtischen Krankenhaus Landshut und am Pathologisch-Anatomischen Institut München. Im Herbst 1922 trat Gebhardt eine Stelle als unbezahlter Volontärarzt an. Als Mitglied des Freikorps »Oberland« nahm Gebhardt am 9. November 1923 am nationalsozialistischen Putschversuch Hitlers in München teil.

1926 wird Gebhardt Assistent an der Chirurgischen Universitätsklinik München, zunächst kurz unter Ferdinand Sauerbruch, dann unter Leier. Ab 1932 lehrte Gebhardt als Dozent für Chirurgie an der Münchner Universität.

Die Zeichen der Zeit erkennend, entschloß Gebhardt sich am 1. Mai 1933, Mitglied der NSDAP zu werden; sein Mitgliedsbuch trägt die Nummer 1 723 317.

Im selben Jahr wechselte Gebhardt von München in die Nähe Berlins; als Chefarzt der Klinik Hohenlychen wurde er Angestellter des Deutschen Roten Kreuzes. In dieser zunächst vor allem der Versorgung von Sportverletzungen dienenden Einrichtung, die als modernstes Krankenhaus des Deutschen Roten Kreuzes bekannt war, sollte Gebhardt für den Rest seines Arbeitslebens zumindest nominell verbleiben. Seit 1933 fungierte er zudem als beratender Arzt der Reichssportführung und als Leiter des Medizinischen Instituts der Reichsakademie für Leibesübungen in Berlin.

In der Klinik Hohenlychen bemühte Gebhardt sich ganz besonders um seine Parteigenossen. Vor allem förderte er die Bemühungen seines Assistenten Ludwig Stumpfegger, wenn es darum ging, Körperteile von im KZ Ravensbrück ermordeten Häftlingen in wichtige »Volksgenossen« zu verpflanzen.

Die Klinik Hohenlychen, die immer dem Deutschen Roten Kreuz unterstand, wurde seit Kriegsbeginn offiziell auch als Lazarett der Waffen-SS genutzt.

Der Anfang 1944 mit einem Lungeninfarkt eingelieferte Albert Speer wurde ebenfalls in Hohenlychen behandelt, obwohl das dortige Klima nach Aussage anderer Ärzte seinem Gesundheitszustand keineswegs zuträglich war. Das jedoch beeindruckte Gebhardt ebensowenig wie die Diagnosen von Internisten; er behandelte Speer vor allem wegen Rheumatismus und mit gegen eine Lungenerkrankung so wirkungsvollen Mitteln wie Ameisengift, unter das zur besseren Wirkung beim Einreiben feine Glassplitter gemischt waren. Speer selbst sah Gebhardts Vorgehen nach Kriegsende in rein politischem Licht. Er vermutete, daß der SS-Arzt ihn (als Gegenspieler Himmlers im Kampf um die Wirtschaft des Dritten Reiches) auf diese Weise aus dem Weg räumen wollte. Gebhardts diesbezügliche ärztliche Berichte zeugen von einem medizinischen Dilettantismus, der keineswegs typisch für ihn war. Aussagen gegenüber Dritten lassen tatsächlich darauf schließen, daß Speer Hohenlychen auf »saubere« Art, aber zweifelsohne in einem Sarg verlassen sollte. Man wollte Speer »totbehandeln«.[211]

Auch andere Größen des Dritten Reiches wurden in Hohenlychen zur »Genesung« interniert, so der Chef der Ordnungspolizei Kurt Daluege, dem man zuvor noch ein eigenes Flugzeug mit persönlicher Lackierung und Registrierung zugestanden hatte.[212] Daluege, der einige Zimmer von Speer entfernt »behandelt« wurde, war wegen einer angeblichen Herzerkrankung nach Hohenlychen eingeliefert worden und wurde dort von Gebhardt gegen seinen erklärten Willen in »eigenem Interesse«, weil er »die Ernsthaftigkeit seines Leidens selbst gar nicht beurteilen« könne, festgehalten. Als Speer in Hohenlychen Daluege traf, sah er einen kerngesunden, sonnengebräunten und tatkräftigen Mann vor sich. Professor Dr. Friedrich Koch dazu:»Ich empfand, daß Gebhardt und die Kräfte, die hinter ihm standen, Daluege nicht leistungsfähig haben wollten.«[213] Aus Karrieregründen bemühte sich Gebhardt auch um Aufnahme in die SS. Nach eigenen Angaben trat er an»Führers Geburtstag«, am 20. April 1935, dem schwarzen Orden bei und erhielt die Matrikelnummer 263 894.[214] Als Akademiker und ehemaliger Frontkämpfer machte er schnell Karriere. Zuletzt wurde er 1945 als SS-Brigadeführer (sowie als Generalleutnant der Reserve in der Waffen-SS) geführt.

Der erwartete Karriereschub ließ nicht lange auf sich warten: Noch 1935 berief die Universität Berlin Gebhardt zum Außerordentlichen Professor, die volle Professur folgte zwei Jahre später. Zusätzlich ernannte man ihn zum Leitenden Arzt der Olympischen Spiele in Berlin. Für die Organisation Todt übernahm Gebhardt zudem die Position eines beratenden Klinikers bei den Autobahn-Bauarbeiten.

Nachdem Gebhardt die höchsten akademischen Weihen erhalten hatte, konnte er sich auf seine nationalsozialistische Karriere konzentrieren. Zumindest zeitweise fungierte er als persönlicher Arzt der Familie Himmler, 1938 gar als Begleitarzt im Führerhauptquartier.

Im Jahr 1940 wurde Gebhardt zum beratenden Chirurgen der Waffen-SS ernannt. In dieser Funktion besuchte er nach eigenen Angaben auch Frontdivisionen. Ebenfalls beaufsichtigte er die Westwallarbeiten der Organisation Todt, ein Engagement, das ihm den Posten des Leiters des Erholungsheims Kulmbach einbrachte.

Ende Mai 1942 rückte Gebhardt erneut ins Licht der Öffentlichkeit. Kurz nachdem Himmler, Grawitz und Gebhardt eine Versuchsreihe an Dachauer KZ-Häftlingen zum Thema»Gasbrand« diskutiert hatten, traf am 27. Mai 1942 die Nachricht ein, der Chef des Reichssicherheits-Hauptamtes und stellvertretender Reichsprotektor von Böhmen und Mähren Reinhard Heydrich sei in Prag bei einem Attentat tschechischer Untergrundkämpfer schwer verletzt worden. Bei einer Fahrt durch Prag wurde Heydrichs Wagen aus dem Hinterhalt überfallen, dabei detonierte eine Handgranate am rechten Hinterrad seines Mercedes. Heydrich nahm die Verfolgung der Attentäter selbst auf und brach plötzlich zusammen. Splitter der Granate hatten ihn in der Milz getroffen.

Sofort rief Himmler den Chef der DRK-Klinik Hohenlychen an. Gebhardt packte seine Koffer und reiste umgehend nach Prag, wo er den chirurgisch versorgten Heydrich in einer hermetisch abgeriegelten Klinik in stabilem Zustand vorfand. Himmlers Anraten, seinen Lehrer Sauerbruch zu konsultieren, lehnte Gebhardt ab. Auch ein Hilfsangebot von Hitlers Leibarzt Morell schlug er aus. Wieder einmal schien Gebhardt kühl zu kalkulieren: Heydrich war zwar verletzt, aber wohl außer Lebensgefahr. Den Ruhm, als Retter eines der prominentesten SS-Führer gewirkt zu haben, wollte der DRK- und SS-Arzt mit niemandem teilen. Also blieb er allein an Heydrichs Krankenlager, pflegte ihn und verabreichte Medikamente. Heydrichs Fieber sank, und sein Gesundheitszustand verbesserte sich rasch.

Plötzlich jedoch rang Heydrich mit dem Tod, litt unter Bauchfellentzündung, Sepsis, rasendem Fieber und unerträglichen Schmerzen. Gebhardt verabreichte hohe Dosen Morphium, wollte aber die offensichtlich infizierte Milz nicht entfernen, da dies Heydrichs Tod bedeuten konnte. Am 4. Juni 1942 starb Heydrich, und Gebhardts Ruhm bekam eine empfindliche Delle, hatte er doch, so wurde bei der Obduktion festgestellt, den in Heydrichs Körper ausgebrochenen Gasbrand übersehen, der durch einige Fetzen aus der Sitzbespannung hervorgerufen worden war.

Im August 1943 erfolgte dann trotz des ein Jahr zurückliegenden Heydrich-Desasters[215] die Krönung der Gebhardtschen

Karriere in der SS. Gebhardt schuf die Stelle des »Obersten Klinikers beim Reichsarzt SS« und besetzte sie selber. Nun unmittelbar unter dem Geschäftsführenden Präsidenten des Deutschen Roten Kreuzes arbeitend, hatte Gebhardt nur noch Grawitz zwischen sich und Himmler. Durch diese Position war der DRK-Klinikleiter endgültig in den inneren Zirkel der Führung von SS und Deutschem Roten Kreuz aufgestiegen. Parallel stieg Gebhardt in den inneren Zirkel der NSDAP und der Reichsregierung auf. Als persönlicher Arzt behandelte er seit Februar 1943 Albert Speer,[216] und zwar vor allem in der DRK-Klinik Hohenlychen und während eines Aufenthaltes in Italien.

Als sich der Chef des Sanitätswesens der Luftwaffe am 7. Juni 1944 an Himmler wandte, um KZ-Häftlinge für Meerwasserversuche zu bekommen, hielt man Gebhardt immerhin für wichtig genug, um eine Stellungnahme hierzu abzugeben. Der Reichsarzt SS und Geschäftsführende Präsident des Deutschen Roten Kreuzes Grawitz bat ihn um eine wohlwollende Prüfung des Ansinnens. SS-Brigadeführer Gebhardt, Leiter eines Krankenhauses des Deutschen Roten Kreuzes, wollte die Luftwaffe in jeder Weise unterstützt wissen, womit er Menschen sehenden Auges in den sicheren Tod schickte.

Die Invasion in der Normandie im Juni 1944, die den Niedergang des Dritten Reiches endgültig einläutete, brachte Gebhardt einen weiteren Karriereschub. Als Heeresgruppenarzt der Heeresgruppe Oberrhein aktivierte man ihn (wohl eher nominell) sofort, und 1945 erhielt er diese Stellung auch bei der Heeresgruppe Weichsel, Dienstbereich Front-Wehrkreis und Heimat. Ob Gebhardt jemals an der Front war, ist allerdings zweifelhaft. Zumindest war er einer der etwa 7000 Ärzte des Deutschen Roten Kreuzes, die im Gefolge der deutschen Truppen tätig waren.

Im Februar 1945 betrat Gebhardt unvermittelt wieder das internationale Parkett. Im Auftrag Himmlers arrangierte er in der DRK-Klinik Hohenlychen und ausdrücklich in seiner Funktion als Vertreter des Deutschen Roten Kreuzes ein Treffen zwischen dem Reichsführer SS und dem stellvertretenden Präsidenten des Schwedischen Roten Kreuzes, Graf Folke Bernadotte. Als Bernadotte am 19. Februar in Hohenlychen eintraf, lag Gebhardt mit einer Lungenentzündung im Krankenbett. Dennoch vermittelte er dem schwedischen Grafen persönlich einen Eindruck von Hohenlychen, das Bernadotte zunächst als »riesiges Lazarett« beeindruckte. Wohl gezielt auf das Mitgefühl des Rotkreuzvertreters hoffend, berichtete der offensichtlich kranke Gebhardt von einer Überfüllung der Klinik, von Flüchtlingen und vor allem von Kindern. Achtzig Amputationen allein bei Kindern habe man nach Schußverletzungen und Kälteschäden schon vornehmen müssen. Nicht von Ravensbrück war die Rede, auch nicht vom SS-Lazarett Hohenlychen, statt dessen versuchte Gebhardt, gewissermaßen unter Rotkreuzmännern, den Eindruck zu erwecken, daß Hohenlychen unbedingt geschützt werden müsse. Bernadotte bezeichnete die Eindrücke, die Gebhardt ihm vermittelte, erwartungsgemäß als »erschreckend«. Gebhardt spielte seine Rolle geschickt, denn vor Bernadotte erschien nur der dem Deutschen Roten Kreuz verbundene Mediziner, nicht aber der SS-Führer, ein Arzt, dem das Wohl der Flüchtlinge, vor allem von Frauen und Kindern, am Herzen lag. Bernadotte nahm diese Schmierenkomödie offensichtlich für bare Münze.[217]

Wenig später traf Bernadotte Himmler, der in der Uniform der Waffen-SS auftrat.[218] Dem Schweden erschien er wie ein »unbedeutender Beamter«, der zudem freundlich und sogar witzig gewesen sei. Einige verbale Scheingefechte später sagte Himmler zu, Vertretern des Schwedischen Roten Kreuzes zu gestatten, alle skandinavischen Häftlinge (vor allem Norweger und Dänen) in deutschen Konzentrationslagern im KZ Neuengamme zu sammeln und sie dann in das neutrale Schweden zu überführen. Auch Himmler bemühte sich auf diese Weise bei Bernadotte um ein neues Image, ein Image, das auf die tatkräftige Mithilfe des Deutschen Roten Kreuzes in Gestalt Gebhardts angewiesen war.

Knapp zwei Monate später begrüßte Gebhardt, wiederum als Arzt und DRK-Vertreter auftretend, Graf Bernadotte erneut in Hohenlychen. Wieder war auch Himmler zu Gast in der DRK-Klinik und offerierte dem Schweden zunächst nur andeutungsweise phantastische Pläne: die Teilkapitulation des Deutschen Reiches gegenüber den Westmächten, um den Krieg gegen die Sowjetunion ungestört fortsetzen zu können. Am 21. April schließlich ging Himmler beim Frühstück in Hohenlychen auf Bernadottes eigentliches Anliegen ein: Die noch immer in Neuengamme konzentrierten skandinavischen Häftlinge könne man zwar derzeit nicht freigeben, dafür dürften die Schweden im nahen KZ Ravensbrück mit eigenen Bussen die französischen Frauen abholen. Damit wollte Himmler offensichtlich Frankreichs Zustimmung für einen Separatfrieden erkaufen. Bernadotte nahm, was er kriegen konnte (inklusive einer Kapitulation auch in Skandinavien), übermittelte Himmlers Angebot nach Stockholm und dürfte wenig überrascht gewesen sein, als die USA und Großbritannien es postwendend verwarfen. Himmlers Geheimdiplomatie unter dem Deckmantel des Deutschen Roten Kreuzes war gescheitert.

Seinen Lebenslauf vor dem Nürnberger Gerichtshof schloß Gebhardt mit der lapidaren Bemerkung: »Am 23. April 1945 wurde ich Präsident des Deutschen Roten Kreuzes.« Eine Aussage, die auch heute noch in der einschlägigen Literatur als nicht bewiesen gilt. Angeblich schlug sich Gebhardt in seiner Funktion als SS-Führer an der Seite von Himmler mit einer Leibgarde von rund sechshundert SS-Männern zum Berliner Führerbunker durch und erhielt dort seine Ernennung durch Hitler.[219] Später tauchte Gebhardt in Flensburg bei der noch von Hitler testamentarisch eingesetzten Regierung des

Großadmirals Dönitz auf. Dort trat er tatsächlich als DRK-Chef in passender Uniform auf. Ob die Besetzung des Postens wirklich noch offiziell und rechtmäßig erfolgt ist, läßt sich heute nicht mehr zweifelsfrei feststellen.[220]

In einem der Standardwerke zu Hitlers letzten Tagen im Bunker[221] liest sich die fragliche Episode wie folgt: Gebhardt verläßt Hohenlychen am 22. April und erreicht gemeinsam mit Himmler am nächsten Morgen den Führerbunker.[222] Dort macht er einem verwahrlosten Hitler Meldung, daß Grawitz tot und er selbst als »sein Nachfolger im Amt des Präsidenten des Deutschen Roten Kreuzes« vorgesehen sei; er bittet Hitler um Bestätigung.

Hitler reagierte kryptisch: »Präsident des Deutschen Roten Kreuzes – ja, ja. Das interessiert mich alles nicht mehr. Belästigen Sie mich doch nicht mit diesen unwichtigen Sachen.« Aus Hitlers wenigen Worten läßt sich keine eindeutige Ernennung Gebhardts schließen, lediglich das »ja, ja« könnte darauf verweisen. Schriftliche Dokumente über eine Ernennung Gebhardts existieren nicht.

Nun konnte es nach Grawitz' Suizid bei Gebhardts Bemühungen aber gar nicht um den Posten des Präsidenten, sondern allenfalls des *Geschäftsführenden* Präsidenten gehen, Herzog Carl-Eduard von Coburg war schließlich noch unbestritten in Amt und Würden. Vakant war nur die weitaus wichtigere, in der Organisationshierarchie aber untergeordnete Stelle des »zweiten Mannes«. Ungeklärt bleibt zudem, wer Gebhardt seine angebliche Berufung in das Amt mitgeteilt haben soll. Der zuständige Mann, nämlich der Präsident selbst, hat es nicht getan.

Vielleicht hatte Himmler seinem Paladin im Gespräch irgendwann zugeworfen, er möge doch Grawitz' Posten übernehmen. Mangels Entscheidungsbefugnissen konnte Himmler Gebhardt aber gar nicht für ein Amt im Deutschen Roten Kreuz vorschlagen, so daß in diesem Fall der Posten des

Reichsarztes SS gemeint gewesen sein dürfte.[223] Das muß auch Gebhardt klar gewesen sein.

Tatsächlich ist Gebhardt in Nachfolge von Grawitz wohl de facto für kurze Zeit Geschäftsführender Präsident des Deutschen Roten Kreuzes gewesen. Eine unterbliebene Richtigstellung sowohl durch das Deutsche Rote Kreuz als auch durch die Regierung Dönitz untermauert seinen Status auch rechtlich, so daß man ihn zumindest als *kommissarisch tätigen* Geschäftsführenden Präsidenten ansehen muß. Die angebliche und zudem leider ungenaue Berufung durch Hitler, vor allem aber die faktische Anerkennung seiner Rolle durch Dönitz in Flensburg lassen keinen anderen Schluß zu. Das galt wohl auch für zeitgenössische DRK-Helfer, wie ein fast verstecktes Indiz in einer DRK-Chronik von 1969 zu beweisen scheint: »Die Gruppe wandte sich zunächst an das mit der letzten Reichsregierung nach Flensburg gekommene Restpräsidium des Deutschen Roten Kreuzes und an die Flensburger Kreisstelle des DRK.«[224] Da zu jener Zeit (Ende April/Anfang Mai 1945) als einziger höherer DRK-Chef lediglich Gebhardts Anwesenheit bei der Dönitz-Regierung in Flensburg vermerkt ist, muß er mit dem Begriff »Restpräsidium« gemeint, zumindest aber mit eingeschlossen gewesen sein. Was wiederum bedeutet, daß seine Rolle als Geschäftsführender Präsident des Deutschen Roten Kreuzes (zumindest vor Ort) auch durch das DRK und noch 1969, wenn auch verdeckt und ohne Namensnennung, durch das DRK in Schleswig-Holstein anerkannt worden ist.

Zu dieser Zeit versuchte Gebhardt verzweifelt, wieder mit dem Internationalen Roten Kreuz Kontakt aufzunehmen. Aus Flensburg wandte sich Gebhardt, der jetzt für das gesamte Deutsche Rote Kreuz zuständig zu sein vorgab, über den schwedischen Konsul noch einmal an seinen schwedischen Kontaktmann Graf Bernadotte. Am Tag der deutschen Kapitulation zückte er seine letzte Trumpfkarte in Gestalt einer Polin, die er aus dem KZ Ravensbrück mitgebracht hatte. Diese Frau benötige unbedingt den Schutz des Schwedischen Roten Kreuzes, schrieb Gebhardt an den Grafen. Ohne weitere Begründung und faktisch auch ohne Sinn, denn der Krieg war beendet. Tatsächlich dürfte Gebhardt gehofft haben, sich zusammen mit dieser Frau einen Weg in schwedisches Asyl erkaufen zu können. Als eine Antwort zu lange ausblieb, packte Gebhardt seine Sachen und versuchte, zunächst in voller DRK-Montur, dann in einer derangierten Wehrmachtsuniform, sich mit unbekanntem Ziel nach Süden durchzuschlagen.

Zwischen Bremervörde und Barnstedt wurde der vermeintliche DRK-Chef am 22. Mai 1945 in Begleitung eines gewissen Feldwebel Heinrich Hitzinger von britischen Truppen aufgegriffen und festgenommen. »Hitzinger« war Himmler, der, als man ihn in Gefangenschaft erkannte und keineswegs bevorzugt behandelte, Gift nahm und etwa zehn Minuten später trotz sofortiger Hilfe durch einen Militärarzt starb.

Ob Gebhardt nun für einige Wochen rechtmäßig Geschäftsführender Präsident war oder nicht, an der Gesamteinschätzung des DRK im Dritten Reich kann dies nichts ändern, da zum einen seine Amtszeit zu kurz war, er zum anderen als SS-Arzt, Himmlers Leibarzt und nicht zuletzt als aktiv Beteiligter an Menschenversuchen wohl kaum eine Verbesserung oder Verschlechterung gegenüber Grawitz darstellte.

Tatsache ist, daß Gebhardt in einer Phase, in der das Dritte Reich objektiv am Ende war, alles tat, um seinen persönlichen Status aufzubessern. Anstatt wie Himmler oder Grawitz in den Freitod zu gehen oder sich klammheimlich abzusetzen, wirkte dieser nicht zuletzt durch seine Rolle als Arzt bei den Olympischen Spielen und bei den Verhandlungen mit dem Schwedischen Roten Kreuz als Vertreter des Deutschen Roten Kreuzes international bekannt gewordene Mann an exponierter Stelle.

170

Allerdings nicht als SS-Arzt, sondern in seiner Rolle als Heeresgruppenarzt und, was noch wichtiger ist, als hoher Funktionär des Deutschen Roten Kreuzes. Gebhardt legte die ihm bislang so wichtige Uniform der SS ab und schlüpfte in die Uniform des Deutschen Roten Kreuzes, womit er sich gewissermaßen eine Tarnkappe der Humanität überstülpte. Zudem war er sich nach seiner Ankunft in Flensburg stets sicher, irgendwann von den Briten interniert zu werden. Und zwischen Briten und Deutschen galten nach wie vor sowohl das 1. wie auch das 3. Genfer Abkommen.

Die Vermutung liegt nahe, daß Gebhardt in jedem Fall damit rechnete, gleich zweimal unter den Schutz des Roten Kreuzes gestellt zu werden – zum einen nach dem 1. Genfer Abkommen als in Kriegsgefangenschaft geratener Angehöriger des Heeressanitätsdienstes, zum anderen als höchster Repräsentant des Deutschen Roten Kreuzes. Es waren die beiden Strohhalme, an die Gebhardt sich geklammert haben mag, als eine Verhandlung vor einem alliierten Gericht bedrückend nahe gerückt war, und mit ihm klammerten sich auch andere daran: Gebhardt versuchte unter anderem, die Familie von Rudolf Höß nach Dänemark zu bringen. Auch war Gebhardt persönlich anwesend, als Himmler Höß den Befehl gab, unter falscher Identität als Heeresunteroffizier unterzutauchen, und er gab die Information preis, daß Himmler in Schweden untertauchen wolle.[225]

Doch die Strohhalme erwiesen sich als wertlos. Karl Gebhardt, ehemaliger Leiter der DRK-Klinik Hohenlychen, ehemals international angesehener Sportmediziner, ehemaliger Leibarzt Heinrich Himmlers, ehemaliger Oberster Kliniker der SS und ehemaliger Geschäftsführender Präsident des Deutschen Roten Kreuzes, wurde am 20. August 1947 wegen zahlreicher Verbrechen zum Tode verurteilt. In seiner Verteidigung hatte Gebhardt wiederholt versucht, seine Verstrickung in die medizinischen Verbrechen der SS zu leugnen, und hatte nachweislich mehrmals gelogen. Er erinnerte sich lieber an seine »glückliche« Zeit im Dritten Reich vor Ausbruch des Krieges, betonte seine Rolle im Deutschen Roten Kreuz und griff die Ankläger wegen der Internierung der SS-Ärzte an.

Der letzte DRK-Chef von Hitlers Gnaden endete am 20. August 1947 im Zuchthaus Landsberg am Galgen.

Ludwig Stumpfegger –
Vom DRK-Arzt
zu Hitlers persönlichem Mediziner

Ludwig Stumpfegger taucht in den gängigen historischen Darstellungen meist nur auf dem Höhepunkt seiner Karriere auf: als Arzt, der Adolf Hitler persönlich in seinen letzten Tagen mit Rat und Tat zur Seite stand. Kaum bekannt ist jedoch, daß der letzte »Begleitarzt des Führers« vor allem auch im Dienste des Deutschen Roten Kreuzes Karriere machte. Als angestellter Arzt wirkte er unter Gebhardt in der DRK-Klinik Hohenlychen, wo er in gewissenloser Weise den hippokratischen Eid zugunsten politischer Überlegungen verletzte: Stumpfegger ließ morden, um heilen zu können.

Stumpfeggers nationalsozialistische Karriere begann in Hohenlychen. Bei Kriegsbeginn Frontarzt, wurde er dank SS-Mitgliedschaft und Herkunft aus Landshut (von wo auch Gebhardt und Himmler stammen) Assistent Gebhardts. Dieser gab ihm wichtige Arbeiten und einen wichtigen Posten: 1941 wurde Stumpfegger als Nachfolger Gebhardts Begleitarzt des Reichsführers SS, blieb aber in Hohenlychen beschäftigt.

Mitten im Krieg lieferte man in Gebhardts Klinik Hohenlychen einen Privatpatienten namens Ladisch ein, Sohn eines persönlichen Freundes von Gebhardt, dessen Allgemeinzustand keine günstige Prognose zuließ: Der Mann war an Krebs im fortgeschrittenen Stadium erkrankt. Zwar war sein Leben anscheinend nicht akut bedroht, doch sein körperlicher Zustand war besorgniserregend. Der Krebs hatte die Knochen des Mannes befallen, sein Schulterblatt war zerfressen, und nach Ansicht der begutachtenden Ärzte, darunter

Gebhardt und Stumpfegger, war Ladisch nicht zu retten. Also entschloß man sich zu einer verzweifelten Maßnahme.

Der Hohenlychener Arzt Dr. Fritz Fischer fuhr zum nahe gelegenen KZ Ravensbrück, dessen Mediziner er kannte. Wahrscheinlich mit Hilfe des dortigen Lagerarztes wurde eine psychisch kranke Insassin ausgewählt, einem »deutschen Volksgenossen« das Leben zu retten. In einer schnellen Operation entnahm Fischer ihr das Schulterblatt. Danach ließ man sie wahrscheinlich sterben.

Mit dem frischen Schulterblatt im Gepäck eilte Fischer zurück nach Hohenlychen, wo der Privatpatient schon auf dem OP-Tisch lag. Fischer, Gebhardt, Stumpfegger und ein Dr. Richard Schulze machten sich gemeinsam ans Werk und setzten dem krebskranken Ladisch das Schulterblatt ein, eine Operation, über deren letztlichen Erfolg nichts bekannt ist. Nach Aussage Fischers soll der Krebs trotz Transplantation weitergewuchert haben.

Stumpfegger galt in Hohenlychen als Fachmann für Knochen; seine Forschungen betrieb er im KZ Ravensbrück, wie die KZ-Ärztin Hertha Oberheuser[226] in einer Aussage vor dem Nürnberger Militärgericht beschrieb: »Der 2. Versuch war die sogenannte Knochenneubildung, dies unterstand der speziellen Behandlung von Dr. Stumpfegger. Von den gesunden Unterschenkelknochen wurden Knochenspäne entnommen und wieder an derselben oder einer anderen Stelle eingesetzt. Mir war die Therapie und die Betreuung der sogenannten Kaninchen in Revier 1 überlassen.«[227]

Ab Frühherbst 1942 führte Stumpfegger reihenweise an Polinnen Versuche zur Verpflanzung von Knochen und Gewebsteilen durch, unter anderem, um Himmlers plötzlich erwachtes Interesse an der plastischen Chirurgie zu befriedigen. An etwa zwanzig Frauen, die wie ihre Leidensgenossinnen »Kaninchen« genannt wurden, nahm der Chirurg Stumpfegger 51 Operationen vor. Die Versuche endeten nicht tödlich, zerstörten aber die Beine der Opfer unwiederbringlich. Was bei Oberheuser wie eine Lappalie klingt, gehört in ein Schrekkenskabinett der medizinischen Forschung: Verpflanzung von Knochenstücken; Bruch und anschließende Klammerung von Schienbeinen; Entfernung von Knochenhaut, Muskeln und Nerven; Zerstörung der Wadenbeine. Die »Kaninchen« wurden körperlich gesund in Stumpfeggers OP gebracht, den sie in hüfthohen Gipsverbänden wieder verließen.

Insgesamt sollen 75 Frauen aus dem KZ Ravensbrück an Stumpfeggers Versuchen oder deren Folgen gestorben sein. Seiner Karriere schadete dies nicht: 1944 wurde er zu Hitlers Begleitarzt ernannt. In dieser Funktion entwickelte er für Hitler eine spezielle Therapie. Hitler war unter ärztlicher Aufsicht, seine diversen Krankheiten aber waren – insbesondere nach dem Attentat vom 20. Juli 1944 – medizinisch nicht mehr kontrollierbar. Dennoch führten die behandelnden Ärzte die Medikation zumindest auf dem Papier weiterhin durch. Stumpfegger verabreichte ihm nun täglich einen Pillencocktail, der einen Elefanten umgehauen hätte, bei Hitler allerdings dank des reichlich enthaltenen Kokains (»gegen Kopfschmerzen«) eine vermeintlich stabilisierende Wirkung hatte.

Der bereits erwähnte Dr. Richard Schulze verschwand spurlos und dürfte mittlerweile tot sein. Dr. Herta Oberheuser wechselte später von Ravensbrück nach Hohenlychen und hatte nach ihrer Verhaftung enorme »Gedächtnislücken«; in den Nürnberger Ärzteprozessen war sie die einzige Frau auf der Anklagebank. Sie wurde zu zwanzig Jahren Haft verurteilt, 1954 entlassen und als »Spätheimkehrerin« mit 10 000 DM aus der Staatskasse versorgt. Mit diesem Geld und ihrer noch gültigen Approbation eröffnete sie eine Praxis in Schleswig-Holstein. Dr. Fritz Fischer wurde im Sommer 1943 aus Hohenlychen an die Front versetzt, verlor ein Jahr später nach einer schweren Verwundung den rechten Arm und stand mit Gebhardt in Nürnberg vor Gericht. Das Urteil lautete auf »lebenslänglich«, 1951 wurde Fischer zu fünfzehn Jahren begnadigt und im März 1954 aus der Haft entlassen. Von Gewissensbissen gequält, gab er seine Approbation zurück und arbeitete fortan in untergeordneter Position, wobei er sich selbst stets als Schuldigen bezeichnete.

Stumpfeggers Verbleib nach dem »Heldentod« seines letzten Patienten war lange ungeklärt. Kurz nach Hitlers Selbstmord wurde er zum letzten Mal gesehen; gemeinsam mit dem »Sekretär des Führers« Martin Bormann bereitete er sich auf einen Ausbruchsversuch vor. Erst Jahrzehnte später legten Arbeiter in Berlin zwei Skelette frei, die den Polizeibehörden zunächst Rätsel aufgaben. Nach und nach stellte sich jedoch heraus, daß es sich um Bormann und Stumpfegger handeln mußte; die zweifelsfreie Identifikation erfolgte durch medizinische Untersuchungen und die Abgleichung der Ergebnisse mit Zeugenaussagen. Glaspartikel im Mundbereich ließen den Schluß zu, daß beide sich angesichts unmöglicher Flucht aus der Verantwortung gestohlen und mit Giftkapseln Selbstmord begangen hatten.

Walter Schultze –
Ein ganz normaler Verbrecher
im DRK

Kaum jemand kennt den Namen Walter Schultze. Und so banal, wie sein Name klingt, so banal verlief Schultzes Karriere in Staat, Partei und Deutschem Roten Kreuz. Insoweit ist er geradezu beispielhaft für die Gruppe der Täter, die nicht aus der Masse herausragte und daher gern vergessen wird.

Schultze, Facharzt für Chirurgie, war kein Mann, der zögerte: Bereits 1919 war er in eine Vorläuferorganisation der NSDAP eingetreten, engagierte sich seit Gründung der Partei in der SA und wurde von der Partei mit dem »Blutorden« und dem Goldenen Parteiabzeichen für langjährige Treue belohnt. Schultze war der Prototyp des Nationalsozialisten der ersten Stunde.

Mit dem Titel eines Medizinaldirektors wurde Schultze am 1. August 1933 die Leitung der Gesundheitsabteilung im Bayerischen Innenministerium übertragen. 1934 ernannte man den »alten Kämpfer« zum Honorarprofessor für Medizin an der Münchner Universität. Als Schultze 1935 der SS beitrat, bekleidete er sofort den Rang eines Brigadeführers. Fast zeitgleich ernannte man ihn zum Reichsdozentenführer des Nationalsozialistischen Dozentenbundes, und im Nationalsozialistischen Lehrerbund wurde er Fachschaftsleiter. Schließlich engagierte er sich ehrenamtlich als Landesgruppenführer VII beim Deutschen Roten Kreuz in Bayern.

Das hinderte Schultze allerdings nicht daran, Henri Dunants Ruf »tutti fratelli« im Sinne der Nationalsozialisten neu zu interpretieren – für ihn waren nicht alle Menschen Brüder, nicht alle gleich lebenswert. Denn Schultze war an der Eutha-

Walter Schultze (1933)

nasie beteiligt, die er als »ethisch hochstehende Handlung«[228] begriff, mit deren Krankenverlegungen und Berliner Leitung er jedoch nicht einverstanden war. Tatsächlich gab Schultze nach Kriegsende an, daß er »die Möglichkeit hatte, [sich] gegen immer unerträglicher werdende Übergriffe Berlins im Interesse unserer bayerischen Bevölkerung zu wehren«. Was er wenig erfolgreich tat, denn in der von ihm eingerichteten Euthanasiestation wurden Kinder mit Luminal zu Tode gespritzt. An der Auswahl der Kinder, ihrer Behandlung und Tötung soll Schultze nicht aktiv beteiligt gewesen sein. In Bayern wurde nicht nur per Injektion getötet. So wurden Kinder ab 1942 mit einem genau berechneten, zur Lebenserhaltung nicht ausreichenden »Diätplan« systematisch zu Tode gehungert. Die Durchführung dieses grausamen Mordplans hatte Schultze persönlich angeordnet, ein Todesfall aufgrund dieser Anordnung konnte ihm jedoch nicht nachgewiesen werden.[229]

Der im Ersten Weltkrieg verwundete Schultze, der 1948 wegen »Beihilfe zum Totschlag« vor Gericht stand und zu drei Jahren Haft verurteilt wurde, war nach Ansicht des Gerichts eigentlich ein guter Mensch: »Zugunsten des Angeklagten sprach dagegen seine bisherige einwandfreie Vergangenheit und seine offene, ehrliche und männliche Verteidigung ... ebenso die Tatsache seiner erheblichen Kriegsbeschädigung.«

Der ehemalige bayerische DRK-Chef fand dieses Urteil ungerecht und legte sofort Revision ein. Revision legte auch die Staatsanwaltschaft ein, allerdings mit gänzlich anderem Ziel.

Zwölf Jahre später fiel das erneute Urteil. Diesmal befand man Schultze der Mittäterschaft auch bei der Kinder-Euthanasie für schuldig und verurteilte ihn zu vier Jahren Haft.

DRK-Landesgruppenführer Schultze war kein Mensch, der, wie Gebhardt und Grawitz, direkt an Morden beteiligt war, er genehmigte keine Menschenversuche und operierte auch nicht persönlich. Er war ein Schreibtischtäter wie viele andere – ein Schreibtischtäter, der Euthanasiestationen für Kinder einrichtete, Hungerkuren bis zum Tode für sie anordnete und vom Luminal wußte, es aber selbst nicht spritzte. Ein ganz normaler Verbrecher mit »einwandfreier Vergangenheit«.

Humanität ohne Grenzen –
Wie das Rote Kreuz
nach dem Krieg
Verbrechern bei ihrer Flucht half

Als die Schrecken der nationalsozialistischen Herrschaft nach Kriegsende erstmals in vollem Umfang bekannt wurden, machten sich die Siegermächte daran, die noch lebenden Schuldigen zu ermitteln und vor Gericht zu stellen. In den Nürnberger Prozessen wurden vor allem hohe Repräsentanten aus Politik, Wirtschaft und Gesellschaft verhört, abgeurteilt und zum Teil mit dem Tode bestraft. In vielen kleineren Prozessen richtete man über all diejenigen, die nicht direkt zu dieser selbsternannten Elite gehörten, deren Befehle aber unter Mißachtung allgemein als gültig angesehener Rechts- und Moralgrundsätze ausgeführt hatten.[230]

So mancher Prozeß scheiterte allerdings an der Tatsache, daß es zahlreichen steckbrieflich gesuchten Deutschen und ihren Kollaborateuren gelungen war, sich abzusetzen und sich so dem Geltungsbereich der jeweiligen Rechtsprechung zu entziehen.[231] Dabei konnten die Verfolgten vor allem auf die tatkräftige Unterstützung zweier Institutionen vertrauen, die bis dahin als moralisch unangreifbar erschienen waren – den Vatikan und das Rote Kreuz. Denn die Helfer mit dem Rückhalt der Genfer Konventionen, die bei der Rettung von Juden und Kriegsgefangenen in den Jahren zuvor schmählich versagt hatten, waren bei der Rettung der Henker ungleich erfolgreicher. Auf der sogenannten *ratline* gelang es ihnen sogar, bekannte Männer wie Josef Mengele, Adolf Eichmann und Klaus Barbie in Sicherheit zu bringen.

Dabei war die Funktionsweise der *ratline* in ihrer genialen Einfachheit den Alliierten, zumindest den Amerikanern, durchaus bekannt: Wer immer meinte, unschuldig verfolgt zu sein, wandte sich vertrauensvoll an namentlich bekannte Kirchenleute, die getreu dem Motto »Ich bin Priester, kein Polizist«[232] immer ein offenes Ohr für die Bedrängten hatten. Da die Verfolgten nie irgendwelche Papiere bei sich hatten, mußten die Kirchenmänner sich um Abhilfe bemühen. Für diese Abhilfe sorgte in der Regel das Internationale Rote Kreuz mit einer seiner Gliederungen. Man stellte den Flüchtenden schlicht ein offizielles, aber keineswegs amtliches Dokument des Roten Kreuzes aus, das letztlich nicht mehr besagte, als daß der Inhaber keine Papiere besaß. Diese in der Umgangssprache schnell als »Rotkreuzpässe« bekannten Papiere einer privaten Hilfsorganisation enthielten einen Namen und erweckten den gewünschten offiziellen Eindruck eines amtlichen Dokuments. Und mit diesem rein privaten, aber vielerorts (versehentlich oder mit Absicht) als amtlich erkannten »Paß« gelang dann die Ausreise in ein Land der Wahl. Ohne jede Prüfung der tatsächlichen Identität eines Hilfesuchenden fabrizierten kirchliche Stellen gemeinsam mit dem Roten Kreuz Scheindokumente, deren Mißbrauch alle Türen geöffnet waren. Mit der Organisation dieses massenhaften Betrugs befaßten sich nicht nur die ausführenden Organe, sondern auch bekannte Spezialisten des untergegangenen Dritten Reiches, darunter der legendäre SS-Kommandoführer Otto Skorzeny.[233]

Von kirchlicher Seite engagierte sich vor allem Bischof Alois Hudal für die deutschen Flüchtlinge. Hudal hatte schon 1937 als Verfasser des Buches *Die Grundlagen des Nationalsozialismus* eindeutig für Hitler Stellung bezogen und galt als Oberhaupt der deutschen Kirchengemeinde in Rom. Sein Handeln wurde von Papst Pius XII. zumindest geduldet[234] und von ihm selbst so gerechtfertigt: »Es war meine Christenpflicht, jedem Flüchtling vor dem Kommunismus zu helfen.« Rund 50000 Menschen, darunter ranghohe Nationalsozialisten und gesuchte Verbrecher, soll Hudal in Kooperation mit dem Roten Kreuz zur Flucht »vor dem Kommunismus« verholfen haben. Wer profitierte von der Hilfe des Roten Kreuzes? Die folgenden Namen stellen nur die Spitze eines (auch heute noch weitgehend unerforschten) Eisberges dar:

Adolf Eichmann, der Organisator der »Endlösung« und einer der meistgesuchten Männer der SS-Hierarchie, verschwand nach Kriegsende zunächst spurlos und galt als vermißt. Später nahm eine Einheit der US-Militärpolizei einen SS-Untersturmführer »Otto Eckmann« fest, der interniert wurde und mit fremder Hilfe noch unter diesem Namen aus dem Lager Cham fliehen konnte. Den Amerikanern wurde erst im nachhinein klar, wer ihnen da entwischt war, und sie suchten verzweifelt nach »Eckmann«-Eichmann. 1949 meinte man, eine Spur zu haben, die sich jedoch als falsch erwies. Tatsächlich setzte sich der Massenmörder 1950 mit dem Rotkreuzpaß nach Südamerika ab. Unter dem Namen »Ricardo Clement« reiste Eichmann per Schiff nach Argentinien und wurde Vorarbeiter bei Mercedes-Benz. Im Mai 1960 kidnappte der israelische Geheimdienst Mossad »Eckmann«-»Clement«-Eichmann und brachte ihn in das Land seiner erklärten Todfeinde, wo er nach einem Schauprozeß am 1. Juni 1962 hingerichtet wurde.[235]

Josef Mengele, vor allem als Arzt im KZ Auschwitz bekannt, war wegen der dort von ihm betriebenen äußerst grausamen »Zwillingsforschung« zum Synonym für die Menschenverachtung des Nationalsozialismus geworden. Aufgrund eines Rotkreuzpasses konnte er bei Kriegsende ebenfalls nicht aufgefunden werden. Mengele war indessen längst nach Chile unterwegs und verstarb (wahrscheinlich) im südamerikanischen Exil. Bei einem 1985 in Brasilien exhumierten Leichnam soll es sich um den 1979 verstorbenen Mengele gehandelt haben.

Klaus Barbie, hoher SS-Offizier und als »Schlächter von Lyon« berüchtigter Massenmörder in Uniform, blieb 1945 sehr zur Enttäuschung vor allem der französischen Behörden unauffindbar. Unter dem Namen »Klaus Altmann« und mit einem Paß des Roten Kreuzes versehen hatte er sich als einfacher Mechaniker nach Bolivien abgesetzt. Erst mehr als vierzig Jahre nach Kriegsende konnte er vor ein französisches Gericht gestellt werden.

Alois Brunner, ein alter Kollege Eichmanns, wählte mit seinem Paß vom Roten Kreuz nicht den Weg über den Atlantik, sondern reiste über das Mittelmeer in den Nahen Osten, nach Syrien. Dort lebte der im Dritten Reich vor allem für die Organisation der Judendeportationen zuständige Brunner unbehelligt unter dem Namen »Fischer«. Unbekannt war er nicht, er gab der deutschen Presse Interviews und konnte im Juli 1980 auch ein Päckchen des »Vereins der Freunde der Heilkräuter« empfangen, das beim Öffnen in seiner Hand explodierte und ihn schwer verletzte.[236] Für die syrischen Behörden galt »Fischer«-Brunner dennoch als unauffindbar. Zuletzt hörte man 1982 von ihm – immer noch aus Syrien.

Franz Stangl, Kommandant des KZ Treblinka und wegen 700 000- bis 800 000fachen Mordes gesucht, floh zunächst 1948 unerkannt aus dem Linzer Gefängnis und machte sich Richtung Italien auf. Dort erhielt auch er einen Rotkreuzpaß, reiste ebenfalls nach Syrien und von dort aus nach Brasilien.[237] 1967 verhaftet, erfolgte im selben Jahr seine Auslieferung an die Bundesrepublik Deutschland. Kurz vor seinem Tod gab Stangl zu Protokoll: »Ich floh am 30. Mai 1948 aus dem Linzer Untersuchungsgefängnis. Dann hörte ich, daß ein Bischof Hudal beim Vatikan katholischen SS-Offizieren half, und so fuhr ich nach Rom. Von Hudal habe ich nach einer Wartezeit einen Rote-Kreuz-Paß und Reisegeld bekommen.«[238] Nicht nur das: Im Collegium Germanicum verschaffte der Bischof dem KZ-Kommandanten einen Nebenjob, damit er sich bis zur Abreise noch etwas Geld verdienen konnte. 1970 zu lebenslanger Haft verurteilt, starb Stangl ein Jahr später.

Josef Schwammberger wurde zunächst in Innsbruck verhaftet, konnte aber dann mit Hilfe alter Kameraden aus einem französischen Lager und später im Schutz von Vatikan und Rotem Kreuz flüchten. Schon Anfang der siebziger Jahre spürte Simon Wiesenthal ihn in Argentinien auf, aber erst am 5. Mai 1990 betrat er als Gefangener wieder deutschen Boden. Schwammberger war wegen Magen- und Darmproblemen nicht für einen Kriegseinsatz tauglich gewesen und hatte in den besetzten Ostgebieten bei der SS Karriere gemacht. Persönlich soll er mehrere hundert Häftlinge getötet haben, in Hunderten weiterer Fälle ist seine Mittäterschaft bezeugt. Als Schwammberger 1945 zum ersten Mal verhaftet wurde, hatte er dilettantisch gefälschte Papiere,[239] geraubten Schmuck, Eheringe und Zahngold im Wert von 50000 Reichsmark bei sich.

Walter Rauff, seines Zeichens maßgeblich an Einführung und Einsatz der Gaswagen beteiligt, wurde der Mord an 180000 Menschen zur Last gelegt. Mit einem Paß des Roten Kreuzes schaffte er es, sich nach Chile abzusetzen. Dort starb er 1984.

Adolf Galland, General der Jagdflieger und trotz seiner Bestseller-Autobiographie und des Mythos vom »ritterlichen Helden der Lüfte« keineswegs unumstrittener Repräsentant des Dritten Reiches, lebte nach Kriegsende unbehelligt zunächst in Südamerika.[240] Auch er hatte wahrscheinlich die *ratline* genutzt, zusammen mit dem höchstdekorierten Soldaten der Wehrmacht, Hans-Ulrich Rudel.[241] Ein Foto von Eichmann auf dem Auswandererschiff mit Kurs Südamerika zeigt wahrscheinlich Rudel an seiner Seite.

Ante Pavelic war von den nicht aus dem Deutschen Reich stammenden Nutznießern der *ratline* der prominenteste; er bekam auf seinen Rotkreuzpaß ein Visum für Argentinien.

Pavelic war Präsident des Marionettenstaates Kroatien und Führer der faschistischen Ustascha gewesen. Obwohl er letztlich von Hitlers und Mussolinis Gnaden regierte, entwickelte sein Regime eine einmalige Eigeninitiative. Mehr als 400000 Menschen, vor allem Serben und Juden, wurden in kroatischen Konzentrationslagern oder unter kroatischer Beteiligung ermordet. Die von Pavelic und seinen Helfern entworfenen Richtlinien zum Begriff des »Juden« übertrafen in ihrer Reichweite noch die Bestimmungen des Dritten Reiches. In Argentinien errichtete der unverbesserliche Kroate 1949 eine Ustascha-Exilregierung; 1959 verstarb er in Madrid.

1946 schafften es Rotes Kreuz und Vatikan, eine gesamte ukrainische Division der Waffen-SS nach Nordamerika in Sicherheit zu bringen. 11000 Männer und eine unbekannte Anzahl von Familienangehörigen fanden mit Hilfe von Rotkreuzpässen Zuflucht in Kanada und den USA, darunter Angehörige von Einsatzgruppen und Wachmannschaften aus den KZ Treblinka, Sobibor und Bergen-Belsen.[242]

Die Tätigkeit der Fluchthelfer in Vatikan und Rotem Kreuz war im übrigen längst international bekannt, als sich beispielsweise Eichmann absetzte. Der Anwalt Vincent La Vista, vom US-State Department mit der Beobachtung von Fluchtbewegungen in Europa beauftragt, hatte Mitte Mai 1947 gemeldet:»Es gibt große Gruppen von Nazi-Deutschen, die einzig nach Italien kommen, fiktive Identifikationsdokumente zu bekommen ... Das Internationale Rote Kreuz [ist] von den Deutschen durchsetzt, die sich mit den vom Roten Kreuz erhaltenen Pässen verstecken.«[243]

Die Tätigkeit der Fluchthelfer auf der *ratline* endete wahrscheinlich Mitte der fünfziger Jahre; bis dahin hatte sie ihre Schuldigkeit getan.

Für das Deutsche Rote Kreuz jedoch war die karitative Fürsorge für die Massenmörder noch bis in die späten sechziger

Jahre nicht beendet. Schließlich lebten in der Bundesrepublik Deutschland immer noch unbehelligt Männer, denen das Ausland nicht wohlgesinnt war. Nationalsozialistische Verbrecher, die von ausländischen Gerichten zu teils drakonischen Strafen verurteilt waren, diese Strafen aber niemals angetreten und deshalb immer noch mit ihrer Verhaftung zu rechnen hatten. Und nachdem der Fall Eichmann deutlich gemacht hatte, daß das Strafverfolgungsbedürfnis anderer Staaten keineswegs so gering war wie das der Bundesrepublik Deutschland, nahm sich das Deutsche Rote Kreuz selber dieser »Verfolgten« an.

Die Rechtssituation hierbei war durchaus kurios; Männer wie die SS-Leute Hagen, Heinrichson, Lischka und Röthe, die von französischen Gerichten in Abwesenheit teils zu Zwangsarbeit, teils zum Tode verurteilt worden waren, konnten in den fünfziger und sechziger Jahren in Deutschland frei herumlaufen. Die französischen Justizbehörden hatten sie verurteilt und legten den deutschen Behörden mit der Begründung kein Auslieferungsersuchen vor, weil der Prozeß abgeschlossen sei. Die deutschen Justizbehörden wiederum konnten (oder wollten – die Staatsanwaltschaft bemühte sich nämlich vergeblich und wurde vom Bundesgerichtshof gestoppt) diese Männer nicht anklagen, da man sie nicht ein zweites Mal vor Gericht stellen konnte. Letztlich scheiterte die Bestrafung der Täter also daran, daß ihr Prozeß in Abwesenheit geführt worden war. Für die rechtskräftig Verurteilten bedeutete dies lediglich, daß sie nicht nach Frankreich reisen konnten.

An dieser Stelle schaltete sich das Deutsche Rote Kreuz ein, indem es eine Liste mit den Namen von Personen veröffentlichte, denen beim Verlassen der Bundesrepublik Deutschland Strafverbüßung drohte.

Publik wurde die Sache, als Simon Wiesenthal informiert wurde, daß in einem österreichischen Kameradschaftsblatt zehn Namen erschienen seien, mit der Warnung an ihre Träger, nicht nach Frankreich zu reisen.[244] Der bereits erwähnte Alois Brunner befand sich ebenfalls auf dieser Liste. Die Überschrift lautete:»Warnung des Österreichischen Roten Kreuzes«.

Hans Sefcik, Direktor des ÖRK, wurde von Wiesenthal sofort zur Rede gestellt und gab ihm folgende Erklärung:»Während eines Kongresses der Rotkreuz-Gesellschaft in Holland kam der Leiter des Deutschen Roten Kreuzes in einer Beratungspause auf mich zu, steckte mir einen Umschlag in meine Rocktasche und sagte dabei, das müsse unbedingt erledigt werden. Er erklärte mir nicht, warum diese Leute nicht nach Frankreich fahren dürfen, und mir sagten diese Namen nichts.« Sefcik schien sich keine weiteren Gedanken darüber gemacht zu haben, warum ihm sein deutscher Kollege auf neutralem Boden konspirativ etwas zugesteckt hatte. Und er scheint die Liste gar nicht gelesen zu haben, denn neben den Namen fanden sich Geburtsdatum, SS-Dienstgrad, Zugehörigkeit zum SD und das Datum der gerichtlichen Verurteilung.

Über die Zentralstelle zur Verfolgung von NS-Verbrechen in Ludwigsburg konnte dann durch Wiesenthal recherchiert werden, daß die fragliche Liste nur Teil einer viel größeren Liste war, die vom Auswärtigen Amt in Bonn erstellt wurde, nämlich eine nahezu komplette Auflistung der Personen, denen Verbrechen in den vom Dritten Reich besetzten Ländern zur Last gelegt wurden. Eine solche Liste war ursprünglich Mitte der sechziger Jahre vom Justizministerium gefordert worden, um die drohende Verjährung solcher Taten stoppen zu können. Die Rechtsschutzstelle des Auswärtigen Amtes hatte diese Liste an das DRK weitergegeben, das wiederum Teile an das ÖRK übergab.

Simon Wiesenthal erstattete in Hamburg Strafanzeige gegen das Deutsche Rote Kreuz wegen des Verdachts der Begünstigung von Kriminellen. Als die Geschichte international publik wurde, kriselte es im Internationalen Roten Kreuz: Das niederländische Parlament mußte sich mit einer Anfrage befassen, ob Kontakte des eigenen Roten Kreuzes mit dem DRK noch wünschenswert erschienen; in amerikanischen Zeitungen forderten empörte Bürger, so lange nicht mehr für das Nationale Amerikanische Rote Kreuz zu spenden, wie es Beziehungen zum DRK unterhielte.

Das Rote Kreuz bemühte sich, Schadensbegrenzung zu betreiben. In den USA wurde eine vom dortigen Roten Kreuz verfaßte Stellungnahme nach Kontakt mit dem DRK veröffentlicht: »Die französischen Behörden erkannten, daß die betreffenden Deutschen nicht wußten, daß sie verurteilt waren, und gaben daraufhin der Regierung der Bundesrepublik Deutschland eine Liste mit den Namen der Verurteilten. Die deutsche Regierung hatte nun die Verpflichtung, die betreffenden Personen davon zu unterrichten, daß sie bereits verurteilt waren. Es standen auf der Liste keine Adressen, höchstens Adressen, die noch vor dem Krieg bekannt waren. Zu diesem Punkt bezog die deutsche Regierung, so wie es üblich war, den Suchdienst des Deutschen Roten Kreuzes in den Vorgang ein. Die Liste der verurteilten Deutschen enthielt 733 Namen. Der Suchdienst des Deutschen Roten Kreuzes stellte fest, daß 105 davon gestorben waren, 311 nicht gefunden werden konnten und 294 schon ausfindig gemacht werden konnten. Diese Aktion wurde auf Bitte der deutschen Regierung durchgeführt.«

Eine skurrile Stellungnahme. Von 733 namentlich bekannten Verbrechern beschäftigte sich das DRK anscheinend nur mit 710, für 23 fehlt jede Angabe. Die amerikanische Öffentlichkeit wußte vielleicht nicht, daß es in der Bundesrepublik Deutschland die Einrichtung der Einwohnermeldeämter gibt. Hier konnten doch wohl zumindest die 294 »ausfindig gemachten« gefunden werden, die deutsche Bürger waren. Der Suchdienst hätte damit im Auftrag der *Rechtsschutzstelle* allenfalls für jene tätig werden müssen, die im Ausland lebten oder als verschwunden beziehungsweise tot galten.

Leiter der Rechtsschutzstelle war seinerzeit Johannes Gawlik, der als Anwalt in den Nürnberger Prozessen die Verteidigung auf seiten der SS vertreten hatte. Leiter des Suchdienstes beim DRK war Kurt Wagner, der Wiesenthal mitteilte, daß er bei den Warnlisten ein »gutes Rotkreuzgewissen« gehabt habe. Simon Wiesenthals Strafanzeige gegen das Deutsche Rote Kreuz hatte keinen Erfolg. Eine Begünstigung von Kriminellen sei nicht gegeben gewesen, da von deutschen Behörden keine Verfahren gegen die gewarnten Personen eingeleitet gewesen seien. Eine Hausdurchsuchung wurde mit den Worten abgelehnt: »Warum nicht gleich beim Erzbischof?« Letztlich habe zudem das Deutsche Rote Kreuz die Aktion nicht als Warnung, sondern als »notwendige Maßnahme im Rahmen seines Suchdienstes« angesehen. Das Verfahren wurde am 1. Januar 1969 offiziell eingestellt. Im Standardwerk *Gesucht wird* ... in der aktualisierten Ausgabe von 1970 fehlt ein Hinweis auf die Ereignisse von 1968. Statt dessen findet sich dort der Satz: »Immer noch Suchdienst? Wir antworten: Ja, immer noch, denn immer noch gibt es ungelöste Aufgaben, die der Zweite Weltkrieg hinterlassen hat. Sie müssen gelöst werden.«[245]

Gedächtnislücken –
Wie das Deutsche Rote Kreuz
seine Geschichte schrieb

Nach traumatischen Erlebnissen erfolgt die Aufarbeitung, nach historischen Ereignissen die Aufzeichnung – so ist es jedenfalls allgemein üblich und anerkannt. Nicht jedoch beim Deutschen Roten Kreuz, denn die traumatische historische Epoche zwischen 1933 und 1945 erfuhr keine Aufarbeitung, manchmal nicht einmal eine Aufzeichnung. Mehr als fünf Jahrzehnte nach dem Ende des Zweiten Weltkrieges laufen die Vereinschronisten immer noch mit Scheuklappen herum und versuchen, die belastenden Ereignisse und Personen durch Nichterwähnung der Vergessenheit anheimzugeben. So erfährt der Leser von DRK-Publikationen bis heute nichts über die Verstrickung der Organisation in Politik und Verbrechen des Nationalsozialismus.

Nur selten finden sich Sätze wie der folgende: »Das DRK verlor seine Unabhängigkeit und wurde den damaligen Machthabern direkt unterstellt.«[246] Allerdings handelt es sich hier um eine fast beiläufige Feststellung aus der Feder einer örtlichen Chronistin des Roten Kreuzes und nicht um eine Stellungnahme in einem der offiziellen Werke der Organisation.

Beispielhaft für die gefällige Interpretation historischer Ereignisse ist dagegen die Geschichte des Präsidenten von Hitlers Gnaden, des Herzogs Carl-Eduard von Sachsen-Coburg und Gotha, die Anton Schlögel in einer von Walter Gruber DRK-intern herausgegebenen Festschrift präsentierte. Schlögel war bemüht, ein Porträt zu schaffen, lieferte aber bestenfalls eine Skizze. Knapp zweieinhalb Seiten widmete er dem

Mann, der fast während des gesamten Dritten Reiches an der Spitze des Deutschen Roten Kreuzes stand; etwas weniger als eine Seite blieb der für das DRK eigentlich relevanten Zeit zwischen November 1933 und Mai 1945 vorbehalten.

In Schlögels Darstellung fehlt nicht nur jeder offene oder zumindest relativierende Hinweis auf Carl-Eduards im Grunde repräsentative Funktion und die Ausübung der eigentlichen Macht durch die aus SA und SS rekrutierten Geschäftsführenden Präsidenten Hocheisen, Grawitz und Gebhardt, sondern auch auf die nationalsozialistische Schreckensherrschaft über weite Teile Europas zwischen 1933 und 1945. Im gesamten Text findet sich nur einmal das Wort Nationalsozialismus, Hitler wird gar nicht erwähnt, der Zweite Weltkrieg ebensowenig.

Zur Amtsübernahme Carl-Eduards schreibt Schlögel:»Die zweite Tragik liegt in dem Werk seiner Mannesjahre: Herzog Carl-Eduard rückte unvermittelt mit dem Vordringen des Nationalsozialismus in eine Vielzahl verantwortlicher Stellen.« Abgesehen davon, daß die Tragik unter duldender Mitwirkung des Herzogs herbeigeführt wurde, bleibt zu fragen, warum das Ämterkonvolut dieses Mannes angeblich»unvermittelt« zustande kam. Tatsache ist, daß Carl-Eduard bereitwillig (Schlögel:»geradezu widerspruchslos«) mitspielte, sich niemals gegen Ehrenämter sträubte und sich in deren Glanz sonnte.»Verantwortliche Stellen« mag er dabei auch bekleidet haben, im Deutschen Roten Kreuz aber war er nur Galionsfigur, das respektable Aushängeschild der Nationalsozialisten. Entscheidungen traf er, wenn überhaupt, nur mit Duldung Hitlers, der ihn jederzeit absetzen konnte.

Das Resultat der Erhöhung des Herzogs durch die Nationalsozialisten faßt Schlögel wie folgt zusammen:»So wurde der Name des Herzogs zwangsläufig mit vielen Ereignissen in Verbindung gebracht, die anfechtbar sind. Es zeigt sich hier die Tragik der Geschichte, die darin liegt, wenn sich Persönlichkeiten in der großen Flut alles überwältigender Gescheh-

»Herzog Carl-Eduard rückte unvermittelt mit dem Vordringen des Natio-
nalsozialismus in eine Vielzahl verantwortlicher Stellen.«
1937: Der Präsident des DRK, Herzog Carl-Eduard von Coburg (l.),
mit seinem Stellvertreter Grawitz.

nisse um einzelne Aufgaben bemühen und es kaum mehr unterscheidbar ist, wie groß ihr Verdienst daran ist, bestimmte Entwicklungen verhütet zu haben, oder umgekehrt es ihre Schuld ist, sie durch den Glanz ihres Namens gefördert zu haben.«

Die Formulierung »Ereignisse, die anfechtbar sind« ist eine Verbrämung der Schrecken der nationalsozialistischen Herrschaft, Schrecken, die auch das Deutsche Rote Kreuz berührten und für die es zum Teil die Mitverantwortung trägt. Der Ausschluß der Juden aus dem DRK, die bedingungslose Hinwendung zum Nationalsozialismus, das fast völlige Versagen als humanitäre Organisation – all dies sind für Schlögel keine Fehler, sondern »anfechtbare Ereignisse«.

Darüber hinaus ist Schlögels Text durchwirkt mit hohlem Pathos: »Tragik der Geschichte«; »große Flut alles überwältigender Geschehnisse«; »Glanz ihres Namens«, allesamt Worthülsen, die auf das fatalistische Geschichtsverständnis des Autors hinweisen und den organisierten Massenmord, den Vernichtungskrieg des NS-Regimes und den nationalsozialistischen Personenkult verschleiern. Beim Leser entsteht der Eindruck, daß Carl-Eduard ein Opfer unausweichlicher Ereignisse war, von denen er mitgerissen wurde, obwohl er sich nur um »einzelne Aufgaben« bemühte.[247] Gleichzeitig wird ihm ein »großes Verdienst« unterstellt, etwaige Schuld aber auf »Förderung durch Glanz des Namens« reduziert.

Worin das »große Verdienst« Carl-Eduards liegt, daran läßt Schlögel im folgenden keinen Zweifel: »Er war es nämlich, der verhindert hat, daß das Deutsche Rote Kreuz trotz der neuen Satzung [von 1937] und trotz vielfältiger sonstiger Beeinträchtigungen völlig gleichgeschaltet wurde.« Der Nationalsozialist Carl-Eduard, der zu jener Zeit und durch die Satzung neben Reichsarzt SS Grawitz nur noch eine Marionette von Hitlers Gnaden war, der ein in den Führungspositionen von Parteigenossen und höheren SS-Führern geleitetes Deutsches Rotes

Kreuz repräsentierte, verhinderte Schlögel zufolge also die Gleichschaltung der Organisation – ein höchst zweifelhaftes Fazit.

Faktisch war das Deutsche Rote Kreuz nach 1933 gleichgeschaltet, glich (auch nach seiner bis 1945 gültigen Selbsteinschätzung) einer Gliederung der NSDAP und wurde von Nationalsozialisten dominiert. Es ist richtig, daß das DRK niemals formell, also auch rechtlich, eine Gliederung der NSDAP wurde. Daß dies auch gar nicht notwendig war, wurde bereits ausgeführt. Abschließend nennt Schlögel Carl-Eduard einen Mann von »Noblesse«. Für ihn ist der Herzog ein bemitleidenswerter, einäugiger Krüppel, dessen Gesundheitszustand sich infolge der nicht kommentierten, achtzehnmonatigen Internierung durch die Alliierten noch verschlechterte, ein Märtyrer.

Über die Geschichte des Deutschen Roten Kreuzes im Dritten Reich, über Schuld oder Unschuld Carl-Eduards, über seine willige Zusammenarbeit mit den Nationalsozialisten erfährt der Leser nichts. Schlögel macht aus ihm eine düster-romantische, tragische Figur im Stil der »gothic tales« – aber diese Erzählungen waren niemals historisch akkurat.

Ein anderer Chronist in Diensten des DRK, Walter Gruber, erhob die selektive Wahrnehmung zur neuen Kunstform. So handelte er im Zusammenhang mit der Geschichte des Roten Kreuzes in Baden-Württemberg das Dritte Reich unter der Überschrift »Die braunen Jahre um 1938« ab und vermeidet Schlüsseljahre wie 1933, 1939 oder 1945.[248] Ohne weitere Einleitung beginnt er mit dem Gesetz über das DRK von 1937, das er jedoch nicht erläutert, sondern mit der Bemerkung abtut »Wer anderen eine Grube gräbt, fällt selbst hinein«: »Das braune Gesetz wurde zu einer Mauer, die das Rote Kreuz vor der Eingliederung in die NSDAP bewahrte. Das Rote Kreuz war jetzt weitgehend der Wehrmacht unterstellt. Auch wurden die neu eingerichteten Kreisstellen zu Kristallisationspunkten für diejenigen praktizierenden Humanisten, die sich ins DRK zurückgezogen hatten, da sie zwangsläufig einer Organisation angehören mußten. Obwohl das NS-Regime Spitzenpositionen des Roten Kreuzes mit Parteigenossen besetzte, zeigten diese in ihrer Rotkreuzarbeit eine Distanz zum NS-Staat, der ihnen auch den Respekt Andersgesinnter einbrachte.«[249] So lautet Grubers Fazit der Zeit von 1933 bis 1945.

Das »braune Gesetz« war keinesfalls eine Mauer, sondern formulierte die Aufgabe des Deutschen Roten Kreuzes als nationale Hilfsgesellschaft im Sinne der Genfer Konventionen, welche das NS-Regime nicht aufs Spiel setzen konnte und wollte, gerade im Hinblick auf die Kriegsvorbereitungen. Das DRK brauchte zudem juristisch keine Gliederung der NSDAP zu werden, da dieser Schritt durch seine ausschließlich von der Partei bestimmte innere Führung und den Eid auf Hitler faktisch längst vollzogen worden war. Mit Rücksicht auf das Ausland sah man von einer Einordnung des DRK in die NSDAP ab.

Am Verhältnis zur Partei änderte auch die, so Gruber, »weitgehende Unterstellung« unter die Wehrmacht nichts, zumal diese »Unterstellung« lediglich darin bestand, daß das DRK im Sanitätsdienst der Wehrmacht mitwirkte. Ansonsten unterstand es direkt Hitler.

Ob die »praktizierenden Humanisten« sich tatsächlich um die Kreisgeschäftsstellen scharten, wird von Gruber nicht belegt; doch müssen die DRK-Humanisten in aller Stille gewirkt haben, denn über ihre Tätigkeit ist nichts bekannt. Oder sollte Gruber das Heer der DRK-Helfer allgemein im Auge gehabt haben? Der Text schweigt sich darüber aus, vermittelt aber vom DRK geschickt den Eindruck einer Insel der Humanität in der wogenden See des Nationalsozialismus.

Übrigens ist Gruber im Irrtum, wenn er behauptet, jeder Deutsche habe zwangsläufig einer Organisation angehören müssen; Zwang waren allein Arbeitsdienst und Wehrdienst. Die allgemeine Ausrede der nationalsozialistisch vorbelasteten Deutschen, die Gruber hier aufgreift, lautete nach dem Krieg:»Man wurde ja zum Mitmachen gezwungen!« Durch direkte oder indirekte Androhung von Repressalien gezwungen wurden die Deutschen jedoch nur zur stillschweigenden Duldung. Jede Aktivität außerhalb von Arbeitsdienst und Wehrmacht[250] war freiwillig und allein von den persönlichen Entscheidungen des einzelnen abhängig. Auch der Dienst im DRK war freiwillig und keineswegs ein Zwangsdienst oder auch nur Ersatz für einen Zwangsdienst.

Woher Gruber die Erkenntnis hat, die Parteigenossen in den DRK-Spitzenpositionen zeigten Distanz zum Nationalsozialismus, bleibt im dunkeln. Diese pauschale Behauptung ist schlicht eine Lüge, schließt sie doch sogar die Massenmörder Grawitz und Gebhardt ein.

Interessant ist in diesem Zusammenhang Grubers Zahlenspiel:»So gehörten von 53 DRK-Hauptführerinnen, 63 Oberwachtführerinnen und 151 Wachtführerinnen, also 287 Persönlichkeiten der Rotkreuzführung, insgesamt nur 45 der NSDAP an.« Rechnet man die Zahlen in Prozente um, erhält man für das DRK in dieser Gruppe tatsächlich aber fast genau den Wert, der dem Anteil von Parteigenossen unter den wahlberechtigten Deutschen jener Zeit entspricht.[251] Damit ist das DRK also als »normal« einzustufen; keineswegs kann diese Zahl als Entlastung gelten, eine Schlußfolgerung, die Gruber durch das Wörtchen»nur« nahelegt. Zudem handelt es sich hier um eine kleine Gruppe von Frauen innerhalb des DRK, während die Parteimitgliedschaft in der allgemeinen Bevölkerung Frauen und Männer zählte. Da Frauen nicht genau die Hälfte der Parteigenossen ausmachten, sondern eindeutig in der Minderheit waren, dürfte der Anteil von Parteimitgliedern unter der weiblichen Bevölkerung deutlich niedriger gewesen sein als der Prozentsatz von NSDAP-Mitgliedern unter den DRK-Frauen.

Zumal Gruber ein Rechenfehler unterläuft, denn er listet insgesamt nicht 287, sondern nur 267 DRK-Führerinnen auf, unter denen dann sogar mehr Parteimitglieder zu finden wären, als es in der allgemeinen Bevölkerung jemals der Fall war.[252] Gruber begründet nicht, warum er sich ausgerechnet auf diese kleine Gruppe, die nur 1,67 Prozent des ihm vorliegenden Datenmaterials ausmacht, bezieht. Die Vermutung liegt nahe, daß diese Gruppe einen besonders günstigen NS-Quotienten ergab.

Auch ansonsten sind Grubers historische Daten sehr sorgfältig ausgewählt – der württembergische Innenminister Jonathan Schmidt[253] war DRK-Generalhauptführer und ab 1940 Chef der Verwaltung im besetzten Teil Frankreichs, konnte aber durch seine Leitungsposition wohl nicht verschwiegen werden, zumal er nach Grubers Darstellung eigentlich ein guter Mensch war und »niemals denunzieren« wollte. Auf diese Aussage reduziert sich die Erwähnung Schmidts letztlich, wodurch ihm eine spektakuläre Volte gelingt: Gruber bringt das DRK im Dritten Reich über Schmidts Referenten Bargatzky mit dem Widerstand in Verbindung und zieht hierzu die Entwicklung des DRK nach der deutschen Kapitulation von 1945 als impliziertes Beweismittel heran. Eine wahrhaft abenteuerliche Kette von Verknüpfungen, die bei flüchtiger Lektüre aber durchaus den gewünschten Eindruck hinterlassen dürfte. Die Beteiligung des Innenministers an der Deportation württembergischer Juden und der Durchsetzung der nationalsozialistischen Alleinherrschaft findet keine Erwähnung. Verschwiegen wird auch, daß DRK-Generalhauptführer Schmidt in Frankreich wissentlich an der Deportation von 75000 Juden nach Auschwitz beteiligt war und erst zahmen Protest einlegte, als noch vor dem Kriegseintritt der USA auch Juden mit US-Paß behelligt wurden.[254]

Auf ähnliche Weise zaubert Gruber mit Friedrich Schlotter-beck[255] einen Vorzeige-KZ-Häftling aus den historischen Daten hervor und bringt über diesen eine weitere humanitäre Tat des DRK zur Sprache: die angebliche Bewahrung ehemaliger ASB-Mitglieder vor politischer Verfolgung. Gruber behauptete, die Mitglieder des ASB hätten »im DRK Unterschlupf vor Verfolgung gefunden«. Allerdings wurden ehemalige ASB-Mitglieder selbst nach Verweigerung des Übertritts in das DRK nicht allein deswegen verfolgt. Daß das DRK sich zudem mit Hilfe der Nationalsozialisten die Besitztümer des ASB sicherte, erwähnt Gruber mit keinem Wort.

Bei seinem Parforceritt durch die baden-württembergische DRK-Geschichte tut Gruber die braune Vergangenheit der Organisation durch das »braune Gesetz« ab und begnügt sich ansonsten mit einer positivistischen Sichtweise. So gab es im DRK nur praktizierende Humanisten, betont wenige Parteigenossen (allerdings mit Distanz zum nationalsozialistischen Staat!), Widerstandskämpfer und tapfere Helfer, die hauptsächlich Bombenopfern, KZ-Häftlingen und verfolgten Arbeiter-Samaritern beistanden.

An anderer Stelle begründet Gruber seine Auswahl von Daten und Fakten: »Wie die sprichwörtliche ›Jungfrau zum Kind‹ ist der Verfasser zu dieser historischen Studie gekommen. Er hat sich mit Liebe der Sache des Roten Kreuzes, insbesondere seiner Geschichte hingegeben. Dabei hat er keine bislang unbekannten Quellen erschlossen oder umwerfende Perspektiven entworfen. Vielmehr war er bestrebt, aus soliden früheren Veröffentlichungen das heute noch Wesentliche zu ergründen und im zeitlichen Ablauf lesbar darzustellen, auf daß Freunden und Förderern erspart bleibe, was ihm selbst mühselige Sucharbeit bereitete.«[256] Wer die Entscheidung über die Relevanz von Daten traf, bleibt offen. Ebenso gesteht Gruber ein, daß er auf Fußnoten und Anmerkungen zugunsten von Illustrationen verzichtete. Seine Zitate sind also nicht nachprüfbar, die Bezeichnung seines Buches als »historische Studie« damit in höchstem Grade zweifelhaft.

Über die Zeit zwischen 1933 und 1945 schreibt Gruber in *Das Rote Kreuz in Deutschland*: »Zu Unrecht wurden die Jahre 1933 bis 1945 in der Deutschen Rotkreuzgeschichte bisher meist mit lobenswerten Einzelbeispielen bedacht, aber allzuoft nur mit generalisierenden Worten erwähnt oder einfach übergangen. Die Vorgänge sind jedoch heute im Zusammenhang nicht nur klar einzusehen, sondern auch in vielen Nachwirkungen spürbar. Wir können und müssen uns mit ihnen befassen.«[257] Es folgt die unklare,[258] aber in ihrer Tendenz eindeutige Überschrift: »Das DRK wurde keine NS-Organisation«. Gruber nennt dann vor allem den Artikel 10 des 1. Genfer Abkommens als »hilfreiches Hindernis für eine Wandlung zur NS-Organisation«[259] – ein Artikel, der nichts über das Rote Kreuz, geschweige denn über dessen Neutralität im innenpolitischen Sinne aussagt. Artikel 10 bestimmte in der Fassung von 1929 nur, daß das »Personal der von ihrer Regierung in gehöriger Form anerkannten und ermächtigten freiwilligen Hilfsgesellschaften« dem Sanitätspersonal des Heeres und den Feldgeistlichen rechtlich gleichgestellt werden sollte.

Eklatanter Quellenfälschung durch selektives Zitieren macht Gruber sich unter der Zwischenüberschrift »Lohn der Freiwilligkeit« schuldig. Zunächst verweist er auf die Freiwilligkeit, die das Gesetz über das Deutsche Rote Kreuz in bezug auf die Mitgliedschaft vorschrieb, und erklärt: »Damit war jede Zwangsverpflichtung hinfällig«,[260] obwohl solche Zwangsverpflichtungen gegen Kriegsende stattgefunden haben.[261] Sodann zitiert Gruber (ohne Quellenangabe und daher schwer überprüfbar) Grüneisen, der im Dritten Reich in der schon zitierten, nationalsozialistisch gefärbten Chronik des DRK angeblich einräumte:

»Das DRK konnte weder eine Gliederung der Partei noch
ein unmittelbarer Bestandteil der Wehrmacht werden.
Diese Sonderstellung ist dem Deutschen Roten Kreuz eigentümlich und bestimmt seine Haltung, die überall zu
wahren ist.«[262]

Tatsächlich hatte Grüneisen geschrieben (bei Gruber fehlende
Abschnitte sind kursiv gedruckt):

Das Deutsche Rote Kreuz, *das als freie nationale Hilfsgesell-*
schaft des Genfer Abkommens der Aufsicht des Reiches untersteht,
konnte weder eine Gliederung der Partei noch ein unmittelbarer Bestandteil der Wehrmacht werden. *Es ist so eng mit*
Reich, Partei und Wehrmacht verbunden, daß es keinem von ih-
nen ausschließlich angehören kann. Diese Sonderstellung ist
dem Deutschen Roten Kreuz eigentümlich und bestimmt
seine Haltung, die überall zu wahren ist.«[263]

Durch Fortlassung wesentlicher Teile wurde somit eine eindeutig pronationalsozialistische Aussage regimekritisch um-
gebogen.

Einen konkreten Beweis für Grubers Behauptung »Das
DRK wurde keine NS-Organisation« sucht der Leser vergeblich. Dem »Freund und Förderer« mögen die von Gruber ge-
schilderten Streitereien im Zusammenhang mit der Auflösung
der Vaterländischen Frauenvereine, gekoppelt mit dem ver-
stümmelten Grüneisen-Zitat, genügt haben, was wohl auch in
der Absicht Grubers lag.

In seiner an herausragenden historischen Ereignissen ori-
entierten Darstellung verweist Gruber darauf, daß sich bei den
Olympischen Spielen 1936 »die aktiven Dienste des Roten
Kreuzes auszeichnen konnten«.[264] Die auch von den Nationalsozialisten propagandistisch als wichtig erachteten Olympischen Spiele und damit auch das DRK standen unter der ärzt-

lichen Leitung von Karl Gebhardt, dem 1948 hingerichteten sogenannten Obersten Kliniker der SS, den Gruber scheinbar nicht kennt.

»Scheinbar unberührt ließen hingegen die Kriege in Abessinien (1935/36) und Spanien (1936/39) das Deutsche Rote Kreuz«,[265] schreibt Gruber weiter, ohne auf den von Grüneisen erwähnten Einsatz des DRK an der Seite der »Legion Condor« einzugehen. Das Kriegsjahr 1941 brachte, so Gruber,»unvorhergesehene Probleme«. Ohne den deutschen Überfall auf die Sowjetunion zu erwähnen, erläutert er:»Nie hatte es vorher ausgebrannte Großstädte gegeben. Der Krieg fand plötzlich im eigenen Lande, oft über dem eigenen Hause statt. Man mußte mit wildfremden Menschen, die oft nicht einmal gleicher Nation waren, in Luftschutzkellern stundenlang zusammenhokken.«[266] So furchtbar jene Zeit des alliierten Bombenkrieges sicherlich war, vergißt Gruber die Schrecken von Guernica, Coventry und Rotterdam. Ebenso ist ihm die Verletzung der Genfer Abkommen durch die Hinrichtung abgeschossener alliierter Piloten keine Erwähnung wert.

Über die Konzentrationslager schreibt Gruber:»Von den Verhältnissen in den Konzentrationslagern wußten die meisten Deutschen nicht viel, und auch das DRK war im wahrsten Sinne des Wortes ›völlig ausgeschlossen‹.«[267] Daß DRK-Chef Grawitz die Selektion plante, die Lagerärzte beaufsichtigte und absurdeste tödliche Menschenversuche an KZ-Häftlingen genehmigte, selbst mindestens einmal in Auschwitz war, um die Massentötung von Juden zu begutachten, verschweigt Gruber. DRK-Arzt Gebhardt unterstützte Menschenversuche, wo er nur konnte; später verschacherte er KZ-Häftlinge an das Schwedische Rote Kreuz, um seinen eigenen und Himmlers Hals zu retten. DRK-Arzt Stumpfegger operierte in der DRK-Klinik Hohenlychen hohe Nationalsozialisten, denen Körperteile eigens zu diesem Zweck getöteter Häftlinge aus dem nahen KZ Ravensbrück eingesetzt wurden. Kein Wort von alledem findet sich bei Gruber.

Walter Gruber, einer der aktivsten Chronisten des Deutschen Roten Kreuzes und immer wieder von höchsten Stellen in der Vereinshierarchie gefördert und gelobt, litt bislang bei all seinen Veröffentlichungen unter selektiver Wahrnehmung. Er schaffte es immer wieder, der Tätigkeit des Deutschen Roten Kreuzes im Dritten Reich einen Anschein von Integrität und Respektabilität, vor allem aber von Distanz zum Nationalsozialismus zu geben.

Das Eingeständnis eigener Fehler findet sich in den Chroniken des Deutschen Roten Kreuzes äußerst selten. Eine Ausnahme bildet ansatzweise Walter Erdmann in *Ohne Befehl*. Zwar verschweigt er Grawitz und beläßt lieber Hocheisen stillschweigend im Amt des »stellvertretenden Präsidenten«, gibt aber die Gleichschaltung unumwunden zu, wenngleich er sie als »verordnete Revolution des organischen Gefüges« bezeichnet, und nennt sogar Hitler als Schirmherrn.[268]

Bemerkenswert ist aber vor allem ein Satz auf Seite 134: »Diese Verstrickung in das politische und kriegerische Geschehen der Zeit vermag jedoch den opfervollen Einsatz der Männer und Frauen nicht zu verdunkeln ...« Es ist eine der wenigen Stellen in der DRK-eigenen Literatur, in der eine Verstrickung in die Politik und die Eroberungsfeldzüge des Dritten Reiches unumwunden zugegeben wird.

In einer späteren Festschrift zum dreißigjährigen Jubiläum des DRK Schleswig-Holstein, die Erdmann redaktionell mitbetreute, fehlen dann solche Töne des Schuldeingeständnisses.[269] Das mag auch an den veränderten Verhältnissen im Landesverband gelegen haben – Präsident war inzwischen Hartwig Schlegelberger geworden. Der Jurist und ehemalige

Landesinnenminister beteuerte bis an sein Lebensende, daß seine Mitwirkung an Todesurteilen im Dritten Reich zwar bedauerlich sei, aber kein Verbrechen, ja nicht einmal eine Schuld darstelle. Schlegelbergers Karriere im Deutschen Roten Kreuz endete erst 1995; damals amtierte er als Präsident des Landesverbandes Berlin. DRK-Mitglieder gruben einmal mehr seine Verstrickung in die Justizmorde aus, die schon seit den sechziger Jahren auch innerhalb der Hilfsorganisation mehr oder minder bekannt war. Diese Mitglieder allerdings gingen weiter, als man es jemals zuvor getan hatte, und forderten, Schlegelberger aus dem DRK zu entfernen. Was nicht geschah, denn der Vorstand des Landesverbandes gab ihm Rückendeckung und nahm erst seinen mit angemessenem zeitlichen Abstand und nach dem Austritt vieler DRK-Mitglieder erfolgten Rücktritt aus »gesundheitlichen Gründen« bedauernd entgegen.

Schlegelberger war nicht der einzige Nachkriegsfunktionär des Deutschen Roten Kreuzes, der stets ein Auge auf seine Vergangenheit und deren öffentliche Darstellung haben mußte.

Bei der Neugründung des Deutschen Roten Kreuzes im Jahr 1950 wurde der Freiburger Professor Josef Kapfhammer, Delegierter des Badischen Roten Kreuzes, in das neue DRK-Präsidium gewählt. Der Biochemiker hatte noch wenige Jahre zuvor die Doktorarbeit des Buchenwalder Lagerarztes Waldemar Hoven wohlwollend begutachtet, eine Arbeit, die von KZ-Häftlingen getippt, eventuell sogar teilweise verfaßt worden war, der zahlreiche Bilder von Menschenversuchen beilagen und in der der Tod von Häftlingen bei den Versuchen nicht einmal ansatzweise verhüllt wurde.[270] Kapfhammer promovierte den pathologischen Sadisten Hoven 1943 für diese Arbeit, das Nürnberger Militärgericht verhängte dagegen 1948 die Todesstrafe. Es war nicht der einzige Kontakt, den der spätere badische DRK-Chef mit der nationalsozialistischen Experimentalmedizin hatte: 1942 bereits nahm er in Nürnberg an einer Ärztetagung zu Unterkühlungsproblemen teil, bei der unter anderem die schon erwähnten tödlichen Menschenversuche Siegmund Raschers ganz offen referiert wurden. Kapfhammer selbst kam nach dem Dritten Reich ungeschoren davon, behielt seinen Lehrstuhl und wurde sogar in den Entnazifizierungsausschuß berufen.

Neben Kapfhammer nahm auch der Chirurg Erwin Gohrbrandt an der oben erwähnten Nürnberger Ärztetagung teil. Er publizierte die Tagungsergebnisse sogar in einem Fachblatt. Gohrbrandt war exponierter Mediziner und Wissenschaftler: Generalarzt, Kommandeur der Ärztlichen Akademie der Luftwaffe und in dieser Funktion auch wichtiger Teilnehmer an Tagungen der Militärärztlichen Akademie (auf denen unter anderem Gebhardt über Menschenversuche referierte). Wie Kapfhammer war auch Gohrbrandt ein Arzt, dem die Menschenversuche seiner Kollegen zumindest bekannt waren und der nicht dagegen protestierte. Nach Kriegsende könnten sich beider Wege wieder gekreuzt haben: Gohrbrandt wurde hauptberuflich Ärztlicher Direktor des Krankenhauses Moabit und nebenberuflich praktizierender Humanist: Im Landesverband Berlin des Deutschen Roten Kreuzes stieg er zum Vizepräsidenten auf.[271]

Nicht allein –
Die anderen Hilfsorganisationen
im Dritten Reich

Das Deutsche Rote Kreuz war nicht die einzige Hilfsorganisation, die im Dritten Reich aktiv war, stellte aber die größte geschlossene Organisation dar. Es wäre ein leichtes, nur dem DRK eine Verstrickung in die Politik und die Verbrechen des Nationalsozialismus vorzuwerfen – was auch in der Literatur wiederholt geschieht. Der Wahrheit entspricht dies jedoch nicht, denn keine der anderen Hilfsorganisationen war letztlich unbeteiligt, jede hatte zumindest über Personalverstrikkungen Anteil an den schrecklichen Vorgängen.

Wenn an dieser Stelle in geraffter Form auch auf Vorgänge außerhalb des DRK eingegangen wird, dann nicht, um die Mitschuld des DRK zu relativieren, sondern im Interesse einer möglichst neutralen Dokumentation. Neben dem Deutschen Roten Kreuz waren der Arbeiter-Samariter-Bund (ASB), die Deutsche Gesellschaft zur Rettung Schiffbrüchiger (DGzRS), die Deutsche Lebens-Rettungs-Gesellschaft (DLRG), die Feuerwehren und die Technische Nothilfe (TN) im Dritten Reich aktiv und sollen hier Erwähnung finden.

Die kurze Geschichte des **Arbeiter-Samariter-Bundes** (ASB) im Dritten Reich ist bereits weiter oben beschrieben worden. Trotz seiner seit 1930 bestehenden ausgesprochen antinationalsozialistischen Haltung und der aktenkundigen Kooperation mit einer jüdisch-zionistischen Hilfsorganisation[272] gab sich der ASB zunächst der trügerischen Hoffnung hin, auch im nationalsozialistischen Staat überleben zu können. Dabei war der Arbeiter-Samariter-Bund durchaus auf Zivilschutzeinsätze vorbereitet und hätte den braunen Machthabern möglicherweise von Nutzen sein können. Spätestens ab 1930 hatte sich der Arbeiter-Samariter-Bund auf breiter Basis an »Gasschutz«-Übungen beteiligt, was man offiziell zu verharmlosen suchte, als sich aus dem linken politischen Lager heftiger Widerspruch gegen den »Gasschutz« regte. Tatsache ist, daß der ASB an den Anfang der dreißiger Jahre gebildeten Luftschutzorganisationen mitwirkte, während man an der Spitze (recht unglaubwürdig) propagierte, daß dies nur erfolge, um Arbeitern bei Chemieunfällen Hilfe leisten zu können.

Das Verhalten des ASB im Dritten Reich zu bewerten ist nicht möglich, da es nach vorsichtigen Annäherungsversuchen kein Überleben gab. Die Chronik des ASB vermerkt Jahrzehnte später lapidar:»Viele Mitglieder, die sich nicht einschüchtern lassen, werden verfolgt, viele eingesperrt.«[273] Die Aussage wird weder quantifiziert noch mit Daten und Fakten untermauert.

Tatsache ist, daß viele Sozialdemokraten, Gewerkschafter, Sozialisten und Kommunisten (ein wesentlicher Teil der Mitglieder des ASB zählte zu diesen Gruppierungen) im Dritten Reich verfolgt, eingesperrt und ermordet wurden und daß sich nach dem Gesetz der großen Zahl auch ehemalige Mitglieder des ASB darunter befunden haben müssen. Allerdings gibt es keinen dokumentierten Fall, in dem Arbeiter-Samariter als solche Widerstand geleistet oder sich dem System zumindest verweigert hätten. So ist kein Fall bekannt, in dem etwa eine Kolonne sich geschlossen geweigert hätte, dem Roten Kreuz beizutreten. In den Werken über Opposition und Widerstand im Dritten Reich ist der ASB nicht zu finden.[274] Der Arbeiter-Samariter-Bund wurde in das System des nationalsozialistischen Staates einbezogen und durch komplette

Überführung in das Deutsche Rote Kreuz für den Staat vereinnahmt. Märtyrer hat es keine gegeben.

In vielen gängigen Darstellungen der **Deutschen Gesellschaft zur Rettung Schiffbrüchiger** (DGzRS) wird die Zeit zwischen 1933 und 1945 zwar selten ausgespart, bildet aber auch keinen besonderen Schwerpunkt. Wert wird fast immer auf den humanitären Einsatz der Seenotretter gelegt, der auch in der Zeit des Dritten Reiches unermüdlich und zum Teil unter schwersten Bedingungen geleistet worden sei. Mancher Autor geht sogar noch weiter und bezeichnet die Gesellschaft als »unangetastete Insel«[275] der Normalität während dieser Periode.

Von einer unangetasteten Insel konnte jedoch keine Rede sein, eher von einer sich flexibel anpassenden, wenngleich nicht schamlos gleichgeschalteten und willig sich fügenden Organisation wie dem DRK. Diese Feststellung traf schon Christian Ostersehlte, ein ehemaliger Archivar der DGzRS,[276] und sie kann als Leitsatz der folgenden Chronik der DGzRS im Dritten Reich vorangehen.

Die Gesellschaft war von Anfang an ein bürgerliches, sich an den Traditionen der Seefahrt und auch der Hanse orientierendes Hilfswerk, stets auf rein freiwilliger Basis arbeitend und ohne alle ausgeprägte Vereinsmeierei. Sie stellte sich jedem zur Verfügung, der in deutschen Gewässern in Seenot geriet, war also durch die starke ausländische Schiffahrt in diesen Gewässern immer auch international geprägt. So verwundert es kaum, daß Hitlers »Machtergreifung« nahezu spurlos an der DGzRS vorbeiging; das bestehende und weiterhin benötigte Hilfswerk wurde nicht eigens in die Planung des Dritten Reiches einbezogen. Nur einige übereifrige Nationalsozialisten in subalterner Position wollten dies durch Ränkespiele ändern.

Als erstes betrat ein gewisser Otto Schwarz die politische Bühne. Er formulierte einen Aufruf und kündigte darin die Bildung einer »Schiffahrts- und Hafenpropaganda-Abteilung« an. Schwarz dachte daran, mit dieser Abteilung die national-sozialistischen Aktivitäten im Wassersport auch auf die Seeschiffahrt im allgemeinen auszudehnen, weiter sollte für das Werk der DGzRS geworben werden. Schwarz' tatsächliche Absicht zeigte sich schnell, denn bei der Werbung für die Seenotretter beließ man es nicht. Der Nationalsozialistische Wassersport-Verband wollte Einfluß nehmen, vor allem auf die Personalangelegenheiten der DGzRS, und zwar zumeist in der Reichshauptstadt Berlin. Am 12. Mai 1933 forderten die NS-Wassersportler vom Berliner Bezirksverband der DGzRS,[277] gleich vier den Nationalsozialisten zumindest nicht nahestehende Vorstandsmitglieder durch Parteigenossen zu ersetzen, unter anderem Friedrich Nebelthau, Bruder des 1924 verstorbenen ehemaligen DGzRS-Vorsitzenden August Georg Nebelthau. Zwar ein verdientes Mitglied der DGzRS, war Nebelthau aber auch Mitglied der Deutschen Demokratischen Partei (DDP) und bekannter Kritiker der Nationalsozialisten. Wie letztere ihren Auftrag verstanden, deutete Schwarz am Ende seines Briefes an, mit dem unter anderem Nebelthaus Ablösung gefordert wurde: »Wir bitten, unserer Aufforderung bis zum 20. 5. 1933 nachzukommen.« Ein kleiner Funktionär eines kleinen NS-Verbandes stellte der DGzRS ein Ultimatum.

Die Seenotretter reagierten mit hanseatischer Gelassenheit und ließen die gesetzte Frist erst einmal verstreichen. Allein diese Haltung zeigt, wie wenig willfährig man den neuen Machthabern begegnete. Der stellvertretende DGzRs-Vorsitzende Firle ging am 23. Mai noch einen Schritt weiter und wies die Forderung von Schwarz schlichtweg zurück. Schwarz, wahrscheinlich von Parteistellen gemaßregelt, trat noch am selben Tag von seinem Amt zurück. Der Intrigant verschwand jedoch nicht klammheimlich von der Bühne, sondern bäumte sich noch einmal auf. Am 31. Mai schrieb er dem Bremer Bürgermeister einen Brief, in dem er die Vorfälle um Nebelthau und den Berliner Vorstand bedauerte. Gleichzeitig stellte er die infame Frage, was denn Juden in der christlichen Seefahrt zu suchen hätten. Doch der Brief verfehlte seine Wirkung. Der Bremer Senat und das inzwischen informierte Reichsverkehrsministerium (als Aufsichtsbehörde der Schiffahrt) einigten sich darauf, den ganzen Vorgang nicht zu bearbeiten, sondern der Vergessenheit anheimfallen zu lassen.

Es war eine Entscheidung, die weniger mit Widerstand als mit parteiinternen Zuständigkeitsfragen zu tun hatte. Schwarz war ein kleinerer Funktionär und ohnehin schon in Ungnade gefallen, wie sein Rücktritt wenige Tage zuvor beweist. Er hatte sich bei seinen Intrigen gegen die personelle Spitze der DGzRS auch keine Rückendeckung von Partei oder Staat gesichert, so daß Ostersehltes Urteil (»stümperhafte Durchführung«) zutrifft. Für einen unwichtigen Parteigenossen war im Mai 1933 noch nicht die Zeit gekommen, sich zum nationalsozialistischen Siegelbewahrer von eigenen Gnaden aufzuschwingen. Über das Motiv für diesen Alleingang kann man nur spekulieren; sicherlich standen bei Schwarz vor allem persönliche Karrieregründe im Vordergrund, vielleicht hatte er sogar gehofft, sich selber mit Hilfe der Intrige und seiner NSDAP-Mitgliedschaft einen Posten in der DGzRS zu sichern. Offen ausgesprochen wurde dies in seinen Briefen nicht, schließlich lautete die offizielle Linie: »Gemeinnutz geht vor Eigennutz.«

Schwarz' Hauptfehler war neben seiner Eigenmächtigkeit eine Verkennung der Tatsachen und vorgesehenen Handlungssphären. Die maritime Propaganda des Dritten Reiches sollte nämlich in der Hand des Reichsbundes deutscher Seegeltung liegen, der von dem pensionierten Vizeadmiral Adolf von Trotha geleitet wurde. Trotha war eine der schillerndsten

Figuren der deutschen Marinegeschichte unter dem Einfluß des Nationalsozialismus und bekannt als treuer Gefolgsmann Hitlers. Im Jahr 1900 war er an der blutigen Niederschlagung des Boxeraufstandes in China beteiligt gewesen. Nachdem Trotha 1920 seinen Abschied aus der Reichsmarine genommen hatte, betätigte er sich als Leiter des Großdeutschen Jugendbundes. Diese nationalistisch bis militaristisch ausgerichtete Bewegung war 1918 von Studenten gegründet worden, stand den rechten Freikorps nahe, litt aber unter inneren Richtungskämpfen und vereinte sowohl demokratisch wie sozialistisch orientierte Mitglieder. 1933 ging der Großdeutsche Jugendbund in den Großdeutschen Bund über, der unter Trotha zum konservativen Sammelbecken wurde, aber bald verboten wurde und sich widerstandslos in die Hitler-Jugend überführen ließ. Der alte Vizeadmiral widmete sich darauf neuen Aufgaben und machte sich im Auftrag Hitlers an die Gründung des Reichsbundes deutscher Seegeltung. Der an der NSDAP orientierte Reichsbund sollte vor allem in Hinblick auf Schiffahrt, Seehandel, Kolonien, Auslands- und Volksdeutschtum und letztlich für die Kriegsmarine Propagandaarbeit leisten. 1934 gegründet, hatte der Reichsbund keine Einzelmitglieder, denn per Erlaß gehörten ihm alle mit der See in irgendeiner Verbindung stehenden Kräfte an.[278]

Doch die aus persönlichen Karrieregründen angezettelten Intrigen gegen die DGzRS gingen weiter. Ende 1933 wurde von der Zentrale in Bremen eine Inspektorenstelle ausgeschrieben, die ein Techniker übernehmen sollte. Einer der Bewerber, ein fünfzig Jahre alter Kapitän, der nautische Erfahrung in Deutsch-Ostafrika und kaufmännisches Wissen vorweisen konnte, aber nur unzureichende technische Kenntnisse hatte, wurde von der DGzRS abgelehnt, woraufhin er sich seines 1931 ausgestellten NSDAP-Parteibuches erinnerte und sich direkt an den bremischen Innensenator Laue wandte:»Sie, lieber Pg. Laue, immer wieder mit meinen Privatangelegenheiten behelligen zu müssen ist nicht schön, aber ich habe den Mut, Ihre Langmut in Anspruch zu nehmen. Heil Hitler!«[279] Laue, durch mehrfache Schreiben des Kapitäns wohl mürbe gemacht, sprach in dessen Sinne Anfang November 1933 mit der DGzRS-Leitung und bat um wohlwollende Berücksichtigung des Kandidaten. Gleichzeitig nahm sich Laue die Gehaltsverhältnisse des langjährigen DGzRS-Generalsekretärs Johannes Rösing vor, der (wie Nebelthau) allein schon als Mitglied der DDP verdächtig erschien. Im Dezember des Jahres schlug der bremische Innensenator vor, eben diesen Rösing durch einen »arbeitslosen Volksgenossen«[280] zu ersetzen. Auch gegen diese zwei Ansinnen, Anstellung des Kapitäns und Ersatz Rösings, verwahrte sich der Vorstand der DGzRS mit Erfolg, und Mitte Januar teilte man dem Innensenator offiziell die Ablehnung seiner Ansinnen mit.

Diese Episoden wären für sich betrachtet ein Hinweis darauf, daß die DGzRS sich in den ersten Monaten des »Tausendjährigen Reiches« erfolgreich gegen einige Handlanger des Regimes stellte. Im Zusammenhang mit anderen Ereignissen relativiert sich ihre Bedeutung jedoch schnell. Bereits im Sommer 1933 hatte man nämlich von Bremen aus Kontakt zu den Machthabern in Berlin gesucht, und zwar zunächst über den Bremer Bürgermeister Markert. DGzRS-Vorstandsvorsitzender Adalbert Oskar Ernst Korff durfte denn auch zwei Tage nach einer ersten offiziellen Unterredung am »Tag der Seefahrt« eine Rundfunkrede halten, ein selten gewährtes Privileg. Korff machte vor den Hörern offiziell seinen Kniefall vor den Nationalsozialisten und stellte die alte Reichsflagge Schwarz-Weiß-Rot, die Hakenkreuzfahne und die Fahne der DGzRS auf eine Stufe. Damit war der Boden bereitet für weitere Kontakte.

Schon im August wandte sich die DGzRS erstmals direkt an Hitler – mit einer besonderen Morgengabe, denn das für die Station Horumersiel (Ostfriesland) bestimmte neue Motorrettungsboot sollte auf den Namen »Adolf Hitler« getauft werden. Gleichzeitig wollte man den »Führer« zum Ehrenpräsidenten der DGzRS ernennen. Hitler lehnte solche Ehrungen jedoch prinzipiell ab und verbot im selben Monat, das Boot nach ihm zu benennen.[281] Die Reaktion ließ Korff nicht ruhen, und er wandte sich mit Bitte um Vermittlung an den NSDAP-Gauleiter Weser-Ems, Carl Röver. Was Korffs Unkenntnis der inneren Streitigkeiten erkennen läßt, denn Röver und Markert waren sich nicht grün, die Beteiligung beider Parteibonzen an diesem Vorgang würde also eher schaden als nutzen. Dennoch gelang es auf diesem Weg, später noch einmal zu Hitler vorzudringen.

Eine bemerkenswerte personelle Veränderung des Jahres 1933 war die Ablösung des stellvertretenden Vorsitzenden Johannes Daniel Volkmann, der tatsächlich aus gesundheitlichen Gründen ausschied. Der vakante Posten wurde fortan durch Rudolph Firle bekleidet, der bereits im Vorstand des Norddeutschen Lloyd saß und als Stellvertreter des Reeders John T. Essberger in der »Spitzenvertretung der Deutschen Seeschiffahrt« fungierte. Diese auf Anweisung des Reichsverkehrsministers gebildete regimetreue Kammer stellte sozusagen die Selbstverwaltung der Seefahrer und -händler im Dritten Reich dar. Ob Firle als Aufpasser innerhalb des Vorstands agieren sollte und ob überhaupt harmonische Zusammenarbeit herrschte, läßt sich mangels vorhandener Hinweise nicht mehr feststellen.[282]

Jedenfalls fiel die DGzRS schnell in Lobeshymnen auf das neue Regime ein. Im Jahrbuch für 1932, das erst erschien, als die Nationalsozialisten das Ruder des Reiches fest in Händen hielten, heißt es zeittypisch: »Unser Bericht steht unter dem glückhaften Stern der nationalen Wiedergeburt Deutschlands. Ist zwar das Jahr, dessen Ergebnisse für unsere Gesellschaft wir aufzuzeichnen haben, noch eine Zeit schweren Ringens gewesen, so hat das neue Jahr schon kurz nach seinem Beginn den siegreichen Durchbruch der in gewaltigem Anschwellen das deutsche Volk durchflutenden nationalsozialistischen Bewegung gebracht, als am 30. Januar unser ehrwürdiger Reichspräsident den willensstarken Führer dieser Bewegung an die Spitze der Reichsregierung berief.« Die nationalsozialistische Diktion ist eindeutig und die Haltung dem Regime gegenüber positiv, obwohl das erwähnte Ereignis auf die DGzRS bislang keinen positiven Einfluß hatte. Zudem handelte es sich um das Berichtsjahr 1932, die Gesellschaft wollte wohl den Anschluß nicht verpassen und außerhalb ihrer eigenen Chronologie vorab grundsätzliche Solidarität mit dem Dritten Reich bekunden. Erstmals seit Beginn des Ersten Weltkrieges 1914 hatte man dem Jahresbericht eine politische Färbung gegeben.[283] Dennoch stellte die DGzRS gleichzeitig fest, daß sie sich zwar annähern, aber ihre wichtigsten Prinzipien nicht aufgeben wolle:»Es gilt, unser Werk im Geiste des neuen Reiches, unter dem Schutz der Regierung, aber auf freiwilliger Grundlage weiterzuführen.« Das heißt, man wollte die Gesellschaft weiterhin als eigenständigen, freiwilligen Verband ansehen und nicht als staatlich gelenkte Organisation.

Politisch pikant erscheint eine Episode aus dem Jahr 1933, als die DGzRS von einem Artikel über ihre Arbeit in dem Heft *Die weiße Feder* erfuhr. Von einem jüdischen Emigranten im holländischen Haarlem herausgegeben, stieß die teils in Deutsch und teils in Esperanto abgefaßte Zeitschrift im Dritten Reich sicher nicht auf Wohlgefallen. Ohne den Artikel zu kennen, machte sich die Gesellschaft daher Sorgen um die Wirkung dieses Berichts.[284]

Eine Angleichung an das Dritte Reich war jedoch auch von unten gewünscht worden, wie man aus einem Rundschreiben an die DGzRS-Bezirksverwaltungen vom 15. März 1934 schließen kann:»Von einigen unserer Mitglieder sind wir gefragt worden, ob Nichtarier als Mitglied unserer Gesellschaft aufgenommen werden oder verbleiben können.«In vorauseilendem Gehorsam und unter dem Eindruck des salonfähig gewordenen Antisemitismus muß also bei untergeordneten Stellen zumindest Konfusion, wenn nicht sogar vermeintlicher Handlungszwang geherrscht haben. Doch dieser Haltung trat die DGzRS entgegen, wie auch die Spitzenvertretung der Deutschen Seeschiffahrt, mit der die Antworten auf diesbezügliche Schreiben koordiniert wurden:»Hierzu sind uns auf Rückfragen bejahende Erklärungen gegeben [worden]...« Das Rundschreiben bezog sich sogar ausdrücklich auf die»Konfession«, reduzierte also den Begriff»Nichtarier« auf die Frage, ob jemand jüdischen Glaubens sei. Dies in einer Zeit zu tun, in der Juden ideologisch als»Rasse«, nicht aber als Angehörige eines Glaubensbekenntnisses (ab)gewertet wurden, zeugt von bemerkenswerter Klarheit des Denkens.

Die Gleichschaltung der DGzRS vollzog sich eher indirekt über Personalverflechtungen zur »Spitzenvertretung der Deutschen Seeschiffahrt«. Über diese Spitzenvertretung wurde dann auch das Führerprinzip der Berufung statt einer Wahl eingeführt. Die neue DGzRS-Satzung vom 1. Juni 1935 setzte diese undemokratische Verfahrensweise um und benannte gleichzeitig die Vertreterschaften in»Ortsgruppen« um. Ebenfalls im Jahr 1935 bekannte sich die DGzRS indirekt wie direkt erneut zum»Führer«; ein Spendenplakat aus demselben Jahr zeigt die Hakenkreuzfahne über der Bootsflagge der Seenotretter. Auch wurde Hitler im März dieses Jahres nach monatelangen Bemühungen der Gesellschaft, die mit der fehlgeschlagenen Benennung eines Bootes nach ihm begonnen hatten, Ehrenpräsident der DGzRS. Eine Delegation der Gesellschaft durfte den neuen Ehrenpräsidenten im November 1935 besuchen, dabei zeigte sich der»Führer« von der DGzRS so angetan, daß er die Stiftung eines Bootes zusagte.[285] Weitere Kontakte mit dem»Führer« waren eher sporadischer Natur, so 1938, als Hitler und der ungarische Reichsverweser Horthy

Helgoland besuchten und statt von Börtebooten von drei Motorrettungsbooten als Reedefahrzeuge auf die Insel gebracht wurden.

Gelegentlich aber konnte man den Einfluß ahnen, den die nationalsozialistisch geprägte Gesellschaft auch auf die Seenotretter nahm. Vor allem in der Selbstdarstellung wurde dies immer wieder offenkundig. Die Feierlichkeiten zum siebzigjährigen Bestehen der DGzRS im Frühjahr 1935 wurden eigens verschoben, um eine Kollision mit den nationalistischen Skagerrakfeiern[286] zu vermeiden und die geladenen Gäste nicht in Terminnöte zu bringen. Diese fanden dann eine Veranstaltung vor, wie sie zeittypischer kaum sein konnte: Der SA-Marinesturm marschierte auf, man brachte ein gemeinsames »Sieg Heil!« aus und sang in treuer Eintracht das Horst-Wessel-Lied. In der von der DGzRS verlegten Festschrift fand man ein ganzseitiges Bild von Hitler in Parteiuniform nebst Geleitworten von Führerstellvertreter Rudolf Heß, Hermann Göring, Reichsverkehrsminister von Eltz-Rübenach, John T. Essberger, Großadmiral Erich Raeder[287], Admiral a. D. von Trotha und dem neuen Bremer Bürgermeister Otto Heider.

In ihrer praktischen Arbeit blieb die DGzRS naturgemäß von einer Zusammenarbeit mit den nationalsozialistisch dominierten Behörden, vor allem mit dem Reichsverkehrsministerium nicht verschont. Auch Berührungspunkte zur Kriegsmarine gab es, hier vor allem in der Aufbauphase des Seenotmeldedienstes; diese Kontakte waren jedoch kooperativer und von seiten der Kriegsmarine nicht »einnehmender« Art.

Wie sah es im Innern der DGzRS aus? Über die politischen Sympathien der einzelnen Führungskräfte kann man heute kaum noch gesicherte Aussagen machen, Indizien lassen sich höchstens aus erhaltenen Akten gewinnen. So heißt es in der *Bremischen Biographie*, die auch Ostersehlte heranzieht, daß der um 1925 noch vom Nationalsozialismus begeisterte Korff zehn Jahre später anders dachte. Sein Nachfolger im Vorsitz, Hermann Helms jr., versicherte nach Kriegsende eidesstattlich, nie Mitglied der NSDAP oder einer ihrer Organisationen gewesen zu sein, was Sympathie nicht ausschließt. Oberinspektor Benno Mentz war dafür bekannt, daß er sich mehrfach weigerte, Parteigenosse zu werden; sein Bekannter de Booy, Sekretär der niederländischen Seenotrettungsgesellschaft, berichtete nach dem Krieg sogar, Mentz habe deswegen Schwierigkeiten gehabt. Vorstandsmitglied Hermann Apelt, immerhin von 1917 bis 1933 bremischer Senator für Häfen, Schiffahrt und Verkehr, war Mitglied der Deutschen Volkspartei (DVP), einer liberalen Vereinigung. Er weigerte sich, in einem »gleichgeschalteten« Bremer Senat dieses Amt weiter zu bekleiden, obwohl die NSDAP ihn gern in der Position gehalten hätte.[288] Apelt zog sich aus der Politik zurück und arbeitete als Rechtsanwalt und Rechtsberater der DGzRS; verfolgt wurde er von den neuen Machthabern nicht.[289] Die DGzRS-Führungsspitzen bekannten sich also keinesfalls in einem erdrutschartigen Rechtsruck treu zum NS-Regime, und auch eine Ablösung aus politischen Gründen fand nicht statt.

In den nächsten Jahren allerdings machte man noch weitere Verbeugungen vor dem Reich und seiner politischen Führung, zumindest verbal. Im Jahrbuch für 1935 stellte die DGzRS-Leitung fest, daß man sich als »Hilfswerk der deutschen Seeschiffahrt mit der deutschen Seegeltung eng verflochten« sehe. Die Annäherung an das Regime über den schon erwähnten Reichsbund deutscher Seegeltung war damit aktenkundig. In anderen Jahrbüchern begrüßte die DGzRS den Anschluß Österreichs ausdrücklich und äußerte zum deutschen Überfall auf Polen:»Haßerfüllte und unverantwortliche Kriegstreiber haben Deutschland einen Kampf aufgezwungen und Europa in den Krieg gestürzt. Das deutsche Volk steht in unerschütterlichem Vertrauen zu seinem Führer und wird diesen Kampf siegreich bestehen.« Belohnt wurde

die DGzRS auch mit Geldmitteln: 10–20 Prozent der Spenden-
einnahmen kamen seit Beginn der Schirmherrschaft Hitlers
aus den Reihen von Funktionären in Staat und Partei.[290] So ist
auch die prominente Plazierung eines Bildes im Jahresbericht
von 1941 erklärbar, das Adolf Hitler beim Abschreiten einer
Kriegsmarine-Ehrenformation zeigt. Die einzige Verbindung
zur DGzRS und ihrem Seenotrettungswerk bestand in der
Person ihres Schirmherrn. Zu einem letzten persönlichen Kontakt mit Hitler sollte es
am 15. Juni 1939 kommen. Korff und die Vorleute der DGzRS
wurden in die Berliner Reichskanzlei eingeladen. Aber Hitlers
voller Terminkalender verhinderte dann doch eine persönliche Begegnung. Statt dessen empfing Admiral a. D. Trotha die
Seenotretter. Fünf Monate später, kurz nach Bekanntwerden
des Attentats auf Hitler im Münchner Bürgerbräukeller,
wurde die DGzRS-Führung, vertreten durch Korff, erneut aktiv. Korff schickte ein Telegramm:»Mein Führer! In tiefer
Dankbarkeit gegen eine gütige Vorsehung grüßen ihren aus
schwerer Gefahr geretteten, verehrten und geliebten Schirmherrn die Mannschaften und Mitarbeiter der Deutschen Gesellschaft zur Rettung Schiffbrüchiger. Korff, Vorsitzender.«
Offenbar war sich selbst ein gegenüber den Nationalsozialisten so distanzierter Mensch wie Korff nicht zu schade, dem
»Führer« mit solchen Worten zum Überleben zu gratulieren,
ohne dazu gezwungen gewesen zu sein.

Der Einmarsch deutscher Truppen in Polen und die faktische Annexion des westlichen Landesteils im September 1939
vergrößerten den vom Deutschen Reich genutzten Küsten-
abschnitt der Ostsee. Vier ehemalige Stationen, die durch die
neuen Grenzziehungen nach dem Ersten Weltkrieg aus der
Obhut der DGzRS herausgefallen waren, wurden besichtigt
und als stark reparaturbedürftig eingestuft. Im gleichen Monat noch wurde die Gesellschaft für den Bereich ihrer aktiven
Tätigkeit im Seenotrettungsdienst dem Reichsluftfahrtmini-

sterium und dem Oberkommando der Kriegsmarine unterstellt, da der Einsatz für diese beiden Stellen als vordringlich zu gelten hatte. Allerdings blieb es bei einer Aufsichtsfunktion der offiziellen Stellen; der eigentliche Rettungsdienst wurde von der DGzRS weiterhin in Eigenverantwortung wahrgenommen. Offiziell firmierte diese Unterstellung als »Sondereinsatz der Küstenrettungsboote der DGzRS für den Flugsicherungsdienst der Luftwaffe und für Rettungsaufgaben der Kriegsmarine«. Das bedeutete vor allem, daß kein Einsatz der Boote von Fall zu Fall erfolgte, sondern ein ständiger, kräfte- und materialverzehrender Einsatz. Da zudem die Schnelligkeit der Boote als nicht ausreichend angesehen wurde, um beispielsweise abgeschossenen Fliegern auf hoher See rasch genug Hilfe zu bringen, mußten einige Boote auf »vorgeschobener Seeposition« eingesetzt werden.[291] Im Zusammenhang mit diesen Entwicklungen nahm auch der Anteil festangestellter Rettungsmänner zu, da die Arbeit von Freiwilligen allein nicht mehr geleistet werden konnte. Die Rettungsmänner wurden u. k. gestellt, das heißt, sie waren »unabkömmlich« und entgingen damit einer Einberufung zum Wehrdienst.

Die Eigensicherung der Boote der DGzRS bereitete noch einige Probleme, da eine Behandlung nach den Genfer Konventionen unmöglich war. Auch die Kriegsmarine wehrte sich dagegen, da sie zum Teil bewaffnetes Begleitpersonal auf den Booten einsetzte. Am 1. Juli 1940 jedoch führte die Reichsregierung den Status von Lazarettschiffen für die Boote der DGzRS ein, der auch von der britischen Regierung sofort anerkannt wurde. Die Boote wurden nach dem vorgeschriebenen Verfahren in der Schweiz als Lazarettschiffe angemeldet und erhielten besondere Identifikationsnummern (KR-Nummern). Da Umstationierungen zeitaufwendig wieder in die Schweiz gemeldet werden mußten, um den Rechtsschutz zu erhalten, wurden die verlegten Boote jeweils auf den Namen des Vorgängers getauft.[292]. Rein äußerlich wurden die Boote der DGzRS jetzt Rotkreuzboote – alle schwimmenden Einheiten erhielten einen weißen Anstrich, einen grünen Streifen am Rumpf, rote Kreuze auf den Aufbauten und eine zusätzliche Rotkreuzflagge. Eine Kooperation mit dem Deutschen Roten Kreuz bestand jedoch nur bei der Sanitätsausbildung der Rettungsmänner. Die Sicherung der Boote durch die Genfer Konventionen bewährte sich – lediglich die »Hindenburg« und die »August Nebelthau« gingen durch Kriegseinwirkung verloren, sie liefen 1940 beziehungsweise 1942 auf Minen. Acht weitere Boote wurden von der DGzRS der Wehrmacht zur Verfügung gestellt, sie dienten im Seenotrettungsdienst der Luftwaffe an der französischen Kanalküste, im Schwarzen Meer sowie in der Ägäis. Von ihnen ging nur die »Bremen« nicht verloren.

Verbale Annäherungen an die Nationalsozialisten gab es weiterhin. Noch 1944 sprach die DGzRS in Rundschreiben von einem »unserem Volk aufgezwungenen Freiheitskampf«. Nach Kriegsende, am 5. August 1945, schrieb Hermann Helms jr. noch einmal in Sachen Drittes Reich an die Mitarbeiter in den Bezirksverbänden: »Eines bitten wir jedoch schon jetzt unbedingt zu beachten, nämlich: Die Vernichtung sämtlichen Prospekt- und sonstigen Druckmaterials, auf dem irgendwie die frühere Schirmherrschaft erwähnt ist.«

Eine Wertung der Position der Deutschen Gesellschaft zur Rettung Schiffbrüchiger in der Zeit des Dritten Reiches ist schwierig. Faktisch war man vor allem in der Führungsetage dem NS-Regime nicht allzu eng verbunden, glich dies aber durch wortreiche Bekenntnisse zu Führer und Vaterland aus. Insgesamt war die DGzRS wohl eine Mitläuferorganisation; von einer Verstrickung in die Verbrechen der Nationalsozialisten kann hingegen nicht die Rede sein.

Der Tenor aller Erklärungen von Funktionären innerhalb der **Deutschen Lebens-Rettungs-Gesellschaft** (DLRG) scheint eindeutig:»Wir waren nicht dabei!«»Daß dies keineswegs uneingeschränkt galt, erhellt bereits die Tatsache, daß der Verein im Dritten Reich dem Reichssportführer unterstellt war. Was diese Unterstellung für die oft propagierte »Unabhängigkeit«[293] der DLRG bedeutete, ist nur auf dem tatsächlichen Hintergrund des Sportgeschehens im Dritten Reich erkennbar.[294]

Die Deutsche Lebens-Rettungs-Gesellschaft wurde von den Nationalsozialisten zuallererst als Sportverein angesehen, der (in zweiter Linie) auch Rettungsaufgaben wahrnahm.[295] Für Sportvereine schien indes noch kein richtiges Konzept vorzuliegen, als Hitler zum Reichskanzler ernannt wurde. Die DLRG, für die nach eigener Aussage zu diesem Zeitpunkt eine »Pause der Besinnung und Neuorientierung«[296] eintrat, war also dank willkürlicher Zuordnung zu den Sportvereinen in ein parteipolitisches Niemandsland geraten.

Dieses Problem wurde von oberster Stelle erst einmal dadurch gelöst, daß man die DLRG wie auch die meisten Sportvereine[297] pauschal dem Reichssportführer unterstellte. Der Reichssportführer, seit Juli 1933 bekleidete Hans von Tschammer und Osten das Amt, war zugleich Führer des Reichsbundes für Leibesübungen. Dieser ab 1934 aktive Dachverband bildete einen Zusammenschluß der Turn- und Sportvereine (also auch der DLRG) im Sinne des NS-Staates, ein Beitritt erfolgte nicht freiwillig, sondern per Anordnung. Juden war die Aufnahme in den Reichsbund verwehrt, damit durften im Mitgliedsverein DLRG ebenfalls Juden nicht mehr Mitglieder sein. Tatsächlich wurde der deutsche Schwimmervertreter im internationalen FINA-Sportrat, der Münchner Julius Stern, trotz bislang sehr guter Arbeit sofort abberufen, weil er Jude war.[298] Ob und in welcher Breite jüdische Mitglieder aus der DLRG ausgeschlossen wurden, ist nicht bekannt. Statt dessen findet sich in der DLRG-eigenen Chronik der Hinweis, einem gewissen Franz Breithaupt sei die weitere Freiheit der Wasserretter zu verdanken gewesen.[299] Kommentarlos steht das in der ersten Auflage von 1977, später wurde folgender Satz nachgeschoben:»Eine scharf zu verurteilende Rolle spielt Breithaupt dagegen später als SS-General und Beisitzer beim berüchtigten, unmenschlich handelnden NS-Volksgerichtshof.[300] Tatsächlich rückte Breithaupt später sogar zum DLRG-Präsidenten auf, ein Amt, das er anscheinend von 1941 bis zu seinem Tod am 25. April 1945 allein bekleidete.[301] Als einzige Hintergrundinformation zu ihm heißt es in der Liste der DLRG-Präsidenten, er sei»Berufsoffizier« gewesen. Tatsächlich war Breithaupt hohes Mitglied der SS. In der Hierarchie des schwarzen Ordens rangierte der DLRG-Chef unmittelbar unter dem Reichsführer SS und Chef der deutschen Polizei Heinrich Himmler; er war Leiter des Hauptamtes SS-Gericht.[302] Ferner bekleidete Breithaupt das Amt eines Richters am Volksgerichtshof,[303] dem schärfsten juristischen Terrorinstrument des Dritten Reiches. In dieser Funktion war Breithaupt an zahlreichen Todesurteilen gegen Regimegegner beteiligt.

Die Autoren der Chronik glaubten offenbar, daß die Ergänzung inzwischen notwendig geworden war, um einen Beitrag zur Aufarbeitung der nationalsozialistischen Vergangenheit der DLRG zu leisten. Den Rang eines»SS-Generals« allerdings gab es gar nicht.[304]

Im Jahr 1938, die DLRG feierte ihren 25. Geburtstag, organisierten die Wasserretter eine eigene Großkundgebung, eine im Dritten Reich ganz normale Erscheinung. Im selben Jahr noch benannte sich die DLRG um, strich das Wort»Gesellschaft« aus ihrem Namen und paßte sich unter dem Namen Deutsche Lebens-Rettungs-Gemeinschaft der Diktion der Nationalsozialisten an. Eine Gesellschaft war schließlich etwas Bürgerliches, Eigenständiges, gesetzlich Geschütztes –

eine Gemeinschaft dagegen entsprach mehr dem Bild, das die NS-Machthaber von Deutschland hatten. Diese Umbenennung, die die DLRG-Historiker Schmitz und Bartnitzke nur beiläufig erwähnen,[305] ging einher mit der Bildung des Nationalsozialistischen Reichsbundes für Leibesübungen (NSRL), der den bestehenden Reichsbund ablöste. Es handelte sich nicht um eine einfache Umbenennung, um die Nähe zur Partei zu demonstrieren. Tatsächlich wurde der Reichsbund mit seiner Umwandlung in einen Nationalsozialistischen Reichsbund eine von der NSDAP »betreute« und somit direkt von der Partei abhängige und vor allem von ihr kontrollierte Organisation. Parallel zu dieser Entwicklung entfiel die juristische Selbständigkeit der dem NSRL unterstellten Vereine, wovon auch die DLRG betroffen war. Das Vermögen der Vereine floß, zwecks weiterer »Förderung des Sports«, in die Kassen der NSDAP. Über die Zwangsmitgliedschaft im NSRL war die DLRG also spätestens seit 1938 eine von der NSDAP geführte und kontrollierte Gemeinschaft.

Nähe zu den Machthabern wurde auch äußerlich demonstriert. So prangte auf den Urkunden der DLRG, etwa dem Grundschein, deutlich an prominenter Stelle ein Hakenkreuz. Die Verwendung des nationalsozialistischen Kernsymbols war keinesfalls Pflicht im Dritten Reich, solange keine hoheitlichen Aufgaben wahrgenommen wurden. Es dürfte sich also um ein freiwilliges Zugeständnis der Wasserretter, eine weitere Identifikation mit Staat und Partei gehandelt haben.

Auch die DLRG zog mit in die besetzten Gebiete. So bemerkt die eigene Vereinschronik stolz: »Führende Männer der DLRG kümmern sich um die Wehrmachtsangehörigen, besonders an der Atlantik- und Kanalküste, und wirken dort für die Ziele der DLRG.«[306] Schließlich gab es ja nicht nur die territorialen Landesverbände der Gemeinschaft, sondern auch die eigenen Landesverbände »Heer«, »Marine« und »Luftwaffe«. Allein im Jahr 1942 wurden vom »Landesverband

Wehrmacht«[307] 15 000 Rettungsschwimmprüfungen abgenommen. Zum Vergleich: Im Friedensjahr 1935 wurden im ganzen Deutschen Reich rund 67 000 Prüfungen (Grund-, Leistungs- und Lehrschein) abgenommen. Die Arbeit in der Wehrmacht muß also einen wesentlichen Teil der DLRG-Aktivitäten ausgemacht haben. Eine Zusammenarbeit mit der SA und der SS scheint es auf breiter Ebene nicht gegeben zu haben, da diese Organisationen ihre eigenen Sportgruppen betrieben.[308] Allenfalls die Abnahme von Rettungsschwimmprüfungen für Mitglieder dieser Gruppen wäre in den Zuständigkeitsbereich der DLRG gefallen.[309]

Die zunehmend dem Dritten Reich und seiner militaristischen Grundhaltung angepaßte DLRG gründete 1943 bei einem Reichstreffen in Stuttgart ein »Freiwilliges Rettungsschwimmer-Korps der DLRG«, dessen Mitglieder jährlich eine verschärfte Prüfung zum Leistungsschein ablegen mußten. Wie verhältnismäßig unbeeindruckt von den Kriegsereignissen man weiterwirken konnte, zeigt auch eine Entwicklung des Jahres 1944. Im Mai dieses Jahres fand der erste Lehrgang auf der gerade neugegründeten DLRG-Schule statt. Diese Schule, wohl eine Kaderschmiede der künftigen Vereinselite, befand sich nicht irgendwo im Deutschen Reich, sondern im Reichsprotektorat Böhmen und Mähren, in der von deutschen Truppen besetzten Stadt Prag. Darin mag sich der feste Glaube an den Endsieg gespiegelt haben, auf jeden Fall war es eine unglückliche Wahl, denn ein Jahr später gehörten Prag und die DLRG-Schule nicht mehr zum deutschen Einflußbereich.

Bei Kriegsende war die DLRG noch aktiv, wurde aber von den Besatzungsmächten vorerst verboten. Ein Neuanfang gelang jedoch wenige Monate später.

Insgesamt fügten die DLRG-Wasserretter sich offensichtlich nahtlos in den nationalsozialistischen Staat und seine Sport- und Jugendpolitik ein. Es handelte sich um die klassi-

sche Mitläuferorganisation. Durch das eng begrenzte Tätig-
keitsfeld der Gemeinschaft war die Möglichkeit, direkt in Verbrechen verstrickt zu werden, nicht gegeben. Der Ausschluß
von Juden aus dem Verein und die Aktivitäten der Wehr-
machts-Landesverbände sind zeittypische Erscheinungen, die
indessen nichts entschuldigen oder beschönigen sollen. Es
darf auch nicht vergessen werden, daß die DLRG über die
längste Zeit des Dritten Reiches hinweg (wie auch das DRK)
von einem hochrangigen SS-Funktionär geleitet wurde.

Wohl kaum eine andere Organisation hat in ihrer Tätigkeit
eine derartige Kontinuität aufzuweisen wie die **Feuerwehren**.
Die Zahl der Brände nahm im Laufe des »Tausendjährigen
Reiches« ungemein zu, und allein der Bombenkrieg verlangte
von den Brandschützern bis dato unbekannte Anstrengungen.
Nach dem Zusammenbruch der Diktatur setzten die Wehren
ihre Arbeit nahezu nahtlos fort, lediglich einige Posten wurden neu besetzt.

Wichtigster Aspekt der Veränderung im Dritten Reich war
vielleicht die Angliederung der Feuerwehren an die Polizei als
sogenannte Feuerschutzpolizei, womit sie direkt dem Reichsführer SS und Chef der deutschen Polizei Heinrich Himmler
unterstellt wurden. Bereits am 15. Dezember 1933 wurde für
den Staat Preußen ein diesbezügliches Gesetz über das Feuerlöschwesen erlassen. Es beseitigte in Preußen jede Selbständigkeit der Feuerwehren, indem alle Berufsfeuerwehren, Freiwilligen Feuerwehren und Pflichtfeuerwehren dem jeweils
zuständigen Ortspolizeiverwalter und über ihn den Polizeiauf-
sichtsbehörden unterstellt wurden. Die Feuerwehren waren
weiterhin, jedenfalls vorbehaltlich der fehlenden Regelungen
im Gesetz selbst, als »Feuerwehren« zu bezeichnen, schnell
bürgerte sich jedoch die wohl auch selbstgewählte Benennung

»Feuerlöschpolizei« ein. Diese Bezeichnung fand sich häufig sogar auf den Fahrzeugen, ohne daß eine Regelung dafür getroffen worden wäre.

Mit der zunächst nur in Preußen erfolgten Eingliederung in den Polizeiapparat wurde schnell und ohne eigens nötigen Beschluß der Wehren der Ausschluß von Juden aus dem Feuerwehrdienst erreicht.[310] Für Tätigkeiten im Bereich der Polizei mußte nämlich ein Abstammungsnachweis erbracht werden, das heißt ein Nachweis, daß der Betreffende »deutschen Blutes« war und keine »nichtarischen Vorfahren« hatte.

Die preußischen Bestimmungen waren zunächst nicht reichsweit gültig, es wurde jedoch angeregt, sie auf »freiwilliger Basis« auch in den anderen Ländern einzuführen. Das gelang nur schleppend. In Stuttgart führte man als Ersatz des Feuerwehrabzeichens erst im Februar 1936 das Polizeiabzeichen ein, trug aber weiterhin Feuerwehruniformen. Immerhin trugen die Männer der Berufsfeuerwehr schon 1935 einen an die Wehrmacht angelehnten Stahlhelm, komplett mit großem Hakenkreuz auf der rechten Seite. Zudem beschriftete man bereits 1937 neu angeschaffte Fahrzeuge mit dem Schriftzug »Feuerschutzpolizei«, auch hier war der Titel nach Aktenlage gar nicht offiziell eingeführt worden.[311] Bei Veranstaltungen wurde hinter einer Hakenkreuzfahne marschiert. Diese wehte seit dem 12. März 1933 auch auf den Gebäuden der Dienststellen, zudem wurde der »Deutsche Gruß« obligatorisch.

Andere Städte gingen noch einen Schritt weiter. In Nürnberg, der »Stadt der Reichsparteitage«, waren anscheinend nicht einmal die Löschfahrzeuge selbst von der Gleichschaltung ausgenommen. Einige wenige erhaltene Bilddokumente zeigen Feuerwehrfahrzeuge, die in »Parteibraun« mit roten Kotflügeln lackiert waren.[312]

Vor allem die Führungspositionen in den Berufsfeuerwehren wurden noch nach einem anderen Schlüssel »bereinigt«, denn hier griff das Gesetz zur Wiederherstellung des Berufsbeamtentums vom 7. April 1933. Mit ihm war ein Instrument geschaffen worden, unliebsame Beamte »zur Wiederherstellung eines nationalen Berufsbeamtentums und zur Vereinfachung der Verwaltung« zu entlassen – auch unter Mißachtung anderer bislang geltender Rechtsvorschriften. Alle Beamten, die einer kommunistischen Organisation angehört hatten, wurden entlassen, alle »Nichtarier« in den Ruhestand versetzt. Für einzelne »Nichtarier« waren jedoch Ausnahmen vorgesehen, namentlich für schon vor 1914 Verbeamtete, für Frontkämpfer des Ersten Weltkrieges sowie für Söhne beziehungsweise Väter von Kriegsgefallenen. Neben Kommunisten und »Nichtariern« konnten allerdings auch Beamte entlassen werden, die nicht »rückhaltlos« für den nationalsozialistischen Staat eintraten, womit praktisch jeder unliebsame Mitarbeiter gemeint sein konnte. In welcher Form und Breite diese Gesetzgebung die Feuerwehren betraf, ist nicht genau feststellbar, zumal Entlassungsgründe nicht immer klar formuliert wurden. Feststellbar ist jedoch, daß sich zwischen 1933 und 1935 fast allerorten Führungswechsel vollzogen.

Die Feuerwehren begannen sich sehr früh auf einen Krieg einzustellen. Für die Stadt Itzehoe beispielsweise ist bereits für den 15. März 1934 eine Luftschutzübung belegt. Offiziell aber existierte der Luftschutz per Gesetz erst ab dem 26. Juni 1935.

Zu den eindringlichsten Bildern der deutschen Geschichte und auch der Feuerwehrgeschichte vor dem Zweiten Weltkrieg gehören sicherlich die brennenden Synagogen in der sogenannten »Reichskristallnacht«. In der Nacht vom 9. zum 10. November 1938 wurden überall in Deutschland jüdische Gotteshäuser in Brand gesteckt. SA-Trupps und Angehörige anderer NS-Organisationen zerstörten und plünderten jüdische Geschäfte und Privathäuser. Es kam zur Massenverhaftung jüdischer Mitbürger mit anschließender Deportation in Konzentrationslager.

Himmler erließ erst gegen 1.00 Uhr am 10. November den Befehl, daß die Polizei Plünderungen verhüten, Personen schützen und Vermögen sichern solle. Ausdrücklich erwähnt er, daß die Feuerwehr bei Bränden die *umliegenden Gebäude* zu schützen habe.

Erst um 5.00 Uhr folgte ein Befehl des Generals der Ordnungspolizei Kurt Daluege, daß Brandlegungen »unter allen Umständen« zu verhindern seien.

Wie war die Reaktion der Feuerwehren in den einzelnen Städten und Gemeinden? Eher skurril ging es in Baden-Baden zu,[313] wo man die ausländischen Kurgäste nicht durch den Pogrom verschrecken wollte. Erst um 7.00 Uhr nahm die Badener Polizei in Galauniform die jüdischen Bewohner des Kurortes fest, brachte sie zunächst ins Gefängnis und dann in die Synagoge. Dort konnten die Verhafteten beobachten, wie unbekannte SS-Männer das Gebäude verminten. Später wurde die Synagoge ohne viel Aufsehen vernichtet. Die Feuerwehr begleitete dies wahrscheinlich nur sicherheitshalber mit einer kleinen Brandwache. Ein Bilddokument zeigt SS- und Feuerwehrleute in Eintracht vor der Synagoge, wobei die SS das Sagen zu haben scheint.[314]

Die Reichshauptstadt Berlin überzeugte dagegen durch Professionalität: Sämtliche Telefonleitungen der wesentlichen jüdischen Einrichtungen wurden fachmännisch schon vor 1.00 Uhr abgeklemmt, desgleichen wurde die Stromversorgung unterbunden.[315] Danach leitete die Polizei den Verkehr so um, daß die »spontanen Ausschreitungen« freie Bahn hatten. Kurz darauf standen sieben Synagogen in Flammen. Der Oberkantor Davidsohn begab sich zu seiner Synagoge in der Fasanenstraße und fand dort bereits die Feuerwehr vor. Diese stand zwar einsatzbereit, aber mit leeren Schläuchen und recht teilnahmslos herum, so daß Davidsohn einem leitenden Beamten zurief: »Warum spritzen Sie nicht?« Die Antwort des Feuerwehrmannes, wie Davidsohn sie überlieferte, lautete:

»Was wollen Sie denn hier? Sie werden hier nur totgeschlagen!« Sodann fügte der unbekannte Beamte hinzu: »Tut mir leid, aber ich kann Ihnen nicht helfen, wir sind nur hier, um die Nachbarhäuser zu schützen.« Gegen 5.00 Uhr erlosch das Feuer, und die Feuerwehr rückte ab. Wohl war diesem Feuerwehrmann offensichtlich nicht in seiner Haut. Schließlich äußerte er keine Beschimpfungen, sondern drückte sein Bedauern aus.

Breslaus große Synagoge und ein weiterer Betsaal wurden in den frühen Morgenstunden des 10. November in Brand gesteckt.[316] Die Feuerwehr der Stadt rückte schnell an und übernahm die Absperrung der umliegenden Straßen. Löschversuche gab es keine.

In Dinslaken begann das Pogrom mit Massenverhaftungen, die Brandstiftung in der Synagoge schien hier erst an zweiter Stelle zu stehen.[317] Salomon Herz, Stellvertretender Leiter des örtlichen Jüdischen Waisenhauses, schrieb in seinen Erinnerungen, daß erst gegen 10.15 Uhr eine riesige Rauchwolke auf den Brand des Gotteshauses hinwies, kurz danach wurde Sirenenalarm ausgelöst. Die Alarmierung der Feuerwehr war jedoch nur ein Alibi. Bereits an der planmäßigen Brandstiftung sowohl in der Synagoge wie auch in jüdischen Privathäusern waren Feuerwehrleute beteiligt.

In Elmshorn erschien ein SA-Obersturmführer Meyer in Vertretung des Pinneberger Standartenführers Becker und übernahm die Leitung des Pogroms.[318] Kurz nach Mitternacht holte man David Baum, den Kultusbeamten der Gemeinde, aus dem Bett und zwang ihn, die Synagoge am Flamweg zu öffnen. Die anrückenden SA-Männer in Zivil warfen zunächst Eichenbänke von der Balustrade in den Innenraum und schafften von einer Tankstelle Benzinkanister herbei. Das Entfachen des Brandes war somit kein Problem, zumal sich unter den Eindringlingen mehrere Feuerwehrleute befanden. Nach erfolgreicher Brandstiftung in der Synagoge ging die SA zur Verwüstung der Privatwohnung des Rabbiners über. Ein Anwohner, besorgt wegen der aus der Synagoge schlagenden Flammen, bat währenddessen um Benachrichtigung der nur einen Steinwurf entfernten Feuerwehr. Die Antwort:»Hol din Schnut, suns kriegst was mit dem Gummiknüppel!«(»Halt's Maul, sonst ...«) Und der kommissarische Bürgermeister stolzierte vor den Flammen herum, ohne einzugreifen. Eine »Alarmierung« der Wehr erfolgte erst Stunden später, um 5.15 Uhr. Sie erhielt den Auftrag, lediglich umgebende Gebäude zu schützen und das Synagogenfeuer nicht zu bekämpfen. Im Anschluß an die »Reichskristallnacht« wurden die männlichen Juden Elmshorns (mit zwei Ausnahmen) nach Sachsenhausen deportiert. Die Aktivitäten der Nacht dokumentiert am besten ein Ausspruch, den ein SA-Mann nach den Ereignissen gegenüber einem Verwandten fallenließ:»Klar haben wir sofort gelöscht – mit Benzin!«[319]

Im nordfriesischen Friedrichstadt, einer den etwa zwanzig dort lebenden Juden durchaus tolerant gegenüberstehenden Marktstadt, rückten Husumer SA-Leute gegen 5.00 Uhr an und warfen Handgranaten in die Synagoge, anschließend wurde in bewährter Manier Feuer gelegt.[320] Der nationalsozialistische Bürgermeister Albin Röhling ordnete allerdings sofort einen echten Löscheinsatz seiner Feuerwehr an, um umliegende Gebäude nicht zu gefährden. Damit ist diese Gemeinde eine der wenigen, in denen das Synagogenfeuer direkt bekämpft wurde. Dem eigens angereisten Flensburger Polizeidirektor und SS-Standartenführer Hinrich Möller reichte das unvollständige Vernichtungswerk nicht, so daß er persönlich versuchte, einen Kronleuchter von der Decke zu reißen.

Im hessischen Hanau wurde die Arbeit der Feuerwehr im Bild dokumentiert:[321] Während das Feuer in der mit der Schmähschrift »verkäuflich« versehenen Synagoge noch schwelte, bewachten Feuerwehrleute lediglich die umstehen-

den Gebäude. Den Brand selber beobachteten die Florians-
jünger in betont entspannter Haltung, ein Mann trug sogar
ein breites Grinsen zur Schau.

In Kiel wurden die SA-Gruppe Nordmark, die Marine-SA
sowie der SA-Pioniersturm Kiel-West gegen 3.00 Uhr auf dem
damaligen Adolf-Hitler-Platz vor dem Rathaus zur Teilnahme
am »spontanen Volkszorn« zusammengetrommelt, versehentlich Uniformierte erhielten aus dem Rathaus Bürojacken.[322]
Währenddessen liefen schon einzelne Aktionen verschiedener
SA-Gruppen, und auch die Synagoge in der Goethestraße war
bereits aufgebrochen worden. Hier schleppte der Mob zunächst Benzin in Milchkannen heran, die eigentliche Vernich-
tungsarbeit begann jedoch durch die Zündung von sechs
Sprengladungen durch SA-Pioniere. Um 4.08 Uhr erfolgte die
Alarmierung der Kieler Feuerwehr. Sie war schon im Vorfeld
von dem nebulösen Stabsführer der SA-Gruppe Nordmark,
Carsten Volquardsen, angewiesen worden, die Synagoge nicht
zu löschen, sondern nur den Schutz benachbarter Gebäude
zu übernehmen. Ein Verhalten, das in der Tagespresse gezielt
verschleiert wurde: »Die Kieler Feuerlöschpolizei rückte mit
fünf Löschzügen zur Bekämpfung des Brandes an, der auf seinen Herd beschränkt und niedergekämpft wurde«, schrieb die
Nordische Rundschau.

Der amerikanische Konsul Baffum beschrieb detailliert die
Zustände in Leipzig:[323] »Drei Synagogen in Leipzig wurden
gleichzeitig durch Brandbomben angesteckt und alle geheilig-
ten Gegenstände und Dokumente entweiht oder vernichtet, in
den meisten Fällen durch die Fenster geschleudert und in den
Straßen verbrannt. Keinerlei Versuch wurde unternommen,
das Feuer zu löschen, nachdem die Tätigkeit der Feuerwehr
darauf beschränkt worden war, Wasser auf die Nachbarge-
bäude zu spritzen. Die Synagogen wurden alle von den Flammen, nicht wiedergutzumachend, ausgebrannt.« Da sich zwei
der Leipziger Synagogen in unmittelbarer Nachbarschaft die-

ses neutralen Beobachters befanden, wurde der Amerikaner zum Augenzeugen des Pogroms.

Eine Episode während des ebenfalls nicht gelöschten Synagogenbrandes in Lichtenfels (Oberfranken)[324] wirft ein Licht auf die Verrohung der Teilnehmer und Beobachter des Pogroms: Eine jüdische Frau wollte aus der schon brennenden Synagoge wenigstens an Kultgegenständen retten, was sie tragen konnte. Bei diesem Versuch wurde die Frau unter den Augen der Zuschauer von Kindern getötet – die anschließend seelenruhig mit den Gebetbüchern Fußball spielten. Das Verhalten der Lübecker Feuerwehr ist nicht genau dokumentiert.[325] Eine Sprengung der Synagoge durch SA-Oberführer Währer wurde nach einem Streit mit dem Polizeipräsidenten und SS-Führer Walther Schröder indessen verhindert. Schröder befürchtete, daß anliegende Gebäude, darunter ein Museum, in Mitleidenschaft gezogen werden könnten.

In Mosbach wurde ein Schnappschuß vom Brand der Synagoge gemacht, der deutlich das Verhalten der Behörden erkennen läßt:[326] Vor dem lichterloh brennenden Gebäude stehen, staunend und tatenlos, Polizeibeamte mit Tschakos. Ein weiterer Mann mit markanter Uniformmütze dürfte ein Angehöriger der Feuerwehr sein.

In München, der »Hauptstadt der Bewegung«, begann der Pogrom schon vor Mitternacht.[327] Der dortige Polizeipräsident und SS-Obergruppenführer von Eberstein erhielt am 9. November zwischen 22.00 und 23.45 Uhr einen Anruf des Münchner Landrates, daß eine Synagoge und auch das Schloß Planegg des jüdischen Barons Hirsch von Unbekannten in Brand gesteckt worden seien. Die Feuerwehr sei nach den Worten des Landrats daran gehindert worden, das Feuer zu löschen, und auch die örtliche Gendarmerie könne nicht Herr der Lage werden, so daß man um Unterstützung bitte. Offensichtlich wurden also hier, im ländlichen Umland Münchens,[328] direkte Löschversuche unternommen. Das mag vor allem an der allgemeinen Verwirrung der frühen Stunde gelegen haben, denn eindeutige Anweisungen lagen zu diesem Zeitpunkt noch nicht vor.

Die Nürnberger und Fürther Synagogen brannten ebenfalls,[329] und in der »Stadt der Reichsparteitage« vermeldete der *Fränkische Kurier*: »Die beiden Synagogen sind im Inneren völlig ausgebrannt; die sofort herbeigeeilte Feuerwehr verhinderte jede *Ausdehnung* des Brandes.«[330] Es sei angemerkt, daß allein hier 26 Menschen in der »Reichskristallnacht« starben.

In Rendsburg wurde die Synagoge durch einen Sprengsatz schon vor Mitternacht schwer beschädigt, Feuer wurde jedoch nicht gelegt.[331]

Die Rüdesheimer Synagoge wurde am frühen Morgen des 10. November so dilettantisch von vier SA-Leuten mit Hilfe von Benzin in Brand gesteckt, daß es zu einer unkontrollierten Verpuffung und mehreren Verletzten unter den Brandstiftern kam.[332] Nachbarn, die den Tumult bemerkten, löschten das gerade entstehende Feuer mit einem Minimax-Feuerlöscher binnen weniger Minuten. Die Rüdesheimer Polizei erstattete bei der Staatsanwaltschaft sogar Anzeige gegen Unbekannt wegen Brandstiftung. Die Anzeige wurde nicht weiter bearbeitet, aber in einem Schreiben an die Polizei gerügt. In einem Prozeß nach dem Krieg kam allerdings zur Sprache, daß die örtliche Polizei wie auch die Feuerwehr eingeweiht gewesen waren. Laut den der SA vorliegenden Befehlen ging man auf seiten der Brandstifter davon aus, »Polizei und Feuerwehr würden das Übergreifen eines etwaigen Feuers auf Wohnungen verhindern«.

In Stuttgart brannten in der »Reichskristallnacht« die Stuttgarter und die Cannstatter Synagoge – mit Wissen und unter aktiver Beihilfe der Feuerwehr.[333] Gegen Mitternacht wurde der Stuttgarter Branddirektor August Bender in Zivilkleidung in das Gaupropagandaamt bestellt und im Beisein der Polizeiführung von deren Leiter Maurer eingewiesen. Ziel war der gleichzeitige Brand beider Synagogen und eine Unterbindung von Löschversuchen, klarer war der Auftrag anscheinend nicht formuliert. Da Bender nicht an zwei Orten gleichzeitig sein konnte, zog er den Cannstatter Wachvorsteher ins Vertrauen. Anschließend begab Bender persönlich sich in die Hospitalstraße und beaufsichtigte die Vorbereitungen der SA, direkte Brandstiftung konnte ihm jedoch, trotz aller Gerüchte, nicht nachgewiesen werden. Erst als die dortige Synagoge brannte, alarmierte der oberste Feuerwehrmann die zuständige Wache und wies die anrückenden Einheiten an, nicht zu löschen, sondern nur die Umgebung zu schützen. Noch schauriger war die Situation in Cannstatt, hier hatte der Wachvorsteher die Anweisungen Benders als eindeutigen Befehl zur Brandstiftung verstanden, zog mit zwei Feuerwehrleuten zur Synagoge und steckte den Holzbau persönlich in Brand. Anschließend alarmierte er »seine« Wache und wies sie an, lediglich die Umgebung zu schützen. In einem Prozeß im Jahr 1947 wurde Bender zu zwei und der Cannstatter Wachvorsteher zu einem Jahr Zuchthaus verurteilt. Benders Verhalten in der Nacht wurde vom Gericht als Beihilfe zur Brandstiftung interpretiert. Den Ausschlag gab nicht sein (unterstelltes, aber nicht nachweisbares) aktives Hantieren, sondern sein Befehl, nicht zu löschen.

Im schwäbischen Tübingen machten sich kurz nach 2.00 Uhr einige SA-Leute auf Befehl des Gauleiters Murr auf, die Synagoge in Brand zu setzen.[334] Sie tranken sich Mut an, schnappten sich eine Dose Bohnerwachs, etwas welkes Laub und marschierten los. Die Synagoge war schon einige Stunden zuvor durch uniformierte SA- und SS-Leute geschändet und teilweise zerstört worden; bis zur erfolgreichen Brandlegung benötigten die unerfahrenen SA-Männer allerdings noch etwas Zeit, so daß das Gebäude erst um etwa 4.00 Uhr brannte. Die nach kurzer Zeit eintreffende Feuerwehr schützte nur umliegende Häuser.

Insgesamt betätigte sich die Feuerwehr während der »Reichspogromnacht« in den meisten Fällen als Zuschauer. Die meist von SA-Leuten gelegten Brände wurden nicht verhindert oder gelöscht. In wenigen Fällen legten Feuerwehrleute selber Brände oder gaben Vorgesetzte entsprechende Weisungen. Die Gleichschaltung der Feuerwehren, das zeigte die Pogromnacht, war also nicht nur in Preußen schon weit fortgeschritten. Den dortigen Verhältnissen wurden die Wehren im übrigen Reich nämlich erst am 23. November 1938 mit einem jetzt reichsweit gültigen Gesetz über das Feuerlöschwesen angeglichen. Fortan lautete die offizielle Bezeichnung »Feuerschutzpolizei«; alle Wehrmänner wurden der Ordnungspolizei angegliedert. Die Zuständigkeit für das Feuerlöschwesen erhielt der Reichsminister des Inneren, personell war man ab November 1938 aber dem Reichsführer SS und Chef der deutschen Polizei Heinrich Himmler unterstellt.

Auch nach außen wurde das neue Dienstverhältnis deutlich demonstriert: Die bislang meist roten Feuerwehrfahrzeuge wurden in Polizeigrün umlackiert, statt einer regionalen Zulassungsnummer erhielten sie die reichsweiten POL-Kennzeichen. Auf den Türen prangten Polizeiabzeichen komplett mit Hakenkreuz, auch die Uniformen wurden militärischer und mit dem Abzeichen der Feuerschutzpolizei endgültig staatlich.

Zudem erhielten die Wehren einen militärischen Organisationsplan. Künftig gab es im wesentlichen drei Arten von Feuerwehren:

- die eigentliche Feuerschutzpolizei mit den ergänzenden, freiwilligen Feuerlösch- und Entgiftungsbereitschaften (FE-Bereitschaften). In ihr gingen die bestehenden Berufs-, Pflicht- und Freiwilligen Feuerwehren der Kommunen auf;
- die der Luftwaffe unterstellten motorisierten Luftschutzabteilungen;

- ab 1940 die motorisierten Feuerschutzpolizei-Abteilungen der Ordnungspolizei, überregionale Verfügungstruppen für Großschadensereignisse.

Letztere Abteilungen waren nicht nur im Reichsgebiet vorhanden. So gab es auch Feuerschutzpolizei-Regimenter in den Niederlanden, in »Böhmisch-Mähren« und in der Ukraine. Angehörige des ukrainischen Regiments wurden später im Reich eingesetzt, so in Hamburg und Stuttgart. Offiziell (und auch noch in vielen Veröffentlichungen) wurde ihr Dienst als freiwillig bezeichnet, und man zollte ihnen Respekt für die Bereitschaft, fern der Heimat »brav, fleißig, ausdauernd und oft mit erstaunlichem technischen Geschick«[335] zu löschen.

Tatsächlich allerdings war diese »Bereitschaft« durchaus zwiespältig. Aus Hamburg etwa wird berichtet, daß man dort etwa 150 »zwielichtige Gestalten« in die Feuerwehr eingegliedert hatte, die angeblich als unzuverlässig aus Kiew abgeschoben worden waren und mit der Verlegung bestraft wurden. »Offene Resistenz, Verlogenheit, starke Alkoholexzesse – darunter mit mehreren Todesfällen nach Genuß von Methylalkohol – kamen vor. Verwanzung, Verlausung und Geschlechtskrankheiten erforderten Maßnahmen, die bis dahin noch niemand erwogen hatte und die auch dem FE-Dienst völlig wesensfremd waren.«[336] Allerdings merkt der Autor dieser Zeilen wenig später auch an, daß die ukrainischen Feuerwehrleute tatsächlich schlechter behandelt wurden als verschleppte Zwangsarbeiter aus den besetzten Gebieten.

Neben den zwangsweise ins Reich geschickten Feuerwehrleuten gab es auch solche, die nur zu gern die Gelegenheit ergriffen, samt ihren Familien ins Reich zu kommen. Hier handelte es sich mehrheitlich um Ukrainer, die sich schon in der Heimat »ausgezeichnet« hatten – als Kollaborateure im Dienst von Wehrmacht und SS und als Beteiligte an Mordaktionen gegen Widerstandskämpfer, Zivilisten und vor allem Juden.

237

Sie wußten natürlich, was ihnen nach einer Rückeroberung der besetzten Gebiete durch die Sowjettruppen blühte, und versuchten sich so späterer Rache zu entziehen.

Daß die Ukrainer durchaus ihre Pflicht als Feuerwehrleute erfüllten, ist unbestritten. Allein in Stuttgart[337] ließen mindestens zwei von ihnen im Einsatz ihr Leben, in Hannover[338] mindestens vier.

Interessant ist in diesem Zusammenhang eine Episode aus der Geschichte der Stuttgarter Feuerwehr. Im April 1945 wurden zwei fast ausschließlich von Ukrainern besetzte FE-Bereitschaften in die Nähe des Bodensees verlegt, wofür keinerlei feuerwehrtaktische Überlegungen sprachen. Die Vermutung, die Einheiten seien für »Abwehrkämpfe« vorgesehen gewesen, dürfte zutreffen – tatsächlich wurden in der Endphase des Krieges Einheiten der Feuerschutzpolizei bewaffnet und dem Volkssturm zugeordnet. Nach zwei Wochen konnte die Stuttgarter ihre Fahrzeuge abholen. »Die Ukrainer kehrten nicht nach Stuttgart zurück, über ihren Verbleib ist nichts bekannt.«[339]

Wahrscheinlich wurden die in deutschen Polizeiuniformen aufgegriffenen Ukrainer von den Alliierten gesammelt und gemäß den geltenden Verträgen zurück in die Sowjetunion geschickt.

Zusammenfassend kann festgestellt werden, daß die Feuerwehren durch ihre schnelle Eingliederung in das NS-System, die per Gesetz veranlaßt wurde, wenig Gelegenheit hatten, Eigeninitiative zu entwickeln. Wohl keine Feuerwehr schaffte es, sich im Vorfeld dieser Bestimmungen wirkungsvoll für »Führer, Volk und Vaterland« auszusprechen oder durch eigene Taten Parteitreue zu beweisen. Die Feuerwehren schalteten sich nicht aus eigenem Antrieb gleich, sondern wurden von oben herab mehr oder minder dazu gezwungen.

Allenfalls einzelne Aktionen, wie etwa das frühe Hissen und Mitführen von Hakenkreuzfahnen, lassen auf eine pronatio-

nalsozialistische Haltung zumindest der verbeamteten Führungskräfte schließen. In den gängigen Feuerwehr-Chroniken und -Festschriften
spielt die Nacht vom 9. zum 10. November 1938 keine beson-
dere Rolle, und wenn doch, dann zumeist in genereller Form
und ohne einen Hinweis auf das (Fehl-)Verhalten der Wehren.
Meist wird es verdrängt und nur selten, so etwa in Stuttgart,
im Detail beschrieben.

Die Behandlung der Feuerwehren durch die alliierten Truppen reduziert sich auf eine »Reinigung«; vor allem Führungspositionen wurden mit unbelasteten, also nicht der NSDAP
angehörenden Männern besetzt; die Polizeidienstabzeichen
entfielen künftig, und die Fahrzeuge erhielten wieder ihren
früheren roten Anstrich.

Die **Technische Nothilfe** als Vorläuferorganisation des Technischen Hilfswerks wurde kurz nach dem Ersten Weltkrieg
gegründet, um in Krisenzeiten die Versorgung der Bevölkerung mit lebenswichtigen Dingen wie Strom, Gas und Wasser
sicherzustellen, und zwar nicht nur bei Katastrophen, sondern
auch im Falle von Streiks.

Die Technische Nothilfe (abgekürzt TN oder TeNo[340]) un-
terscheidet sich von den anderen hier thematisierten Organisationen in einem wichtigen Punkt: Sie war kein selbständiger
Verein und kein auf kommunaler Basis betriebenes Hilfswerk,
sondern als ursprünglich vom Reichswehrministerium ins
Leben gerufene besondere Organisation« schon seit Dezember
1919 dem Geschäftsbereich des Reichsinnenministers zugeschlagen. Zwar handelte es sich bei der TN rein juristisch um
einen eingetragenen Verein, doch war sie stets politischen
Stellen weisungsgebunden.

Von 1920 bis 1933 bestand eine zentrale Hauptstelle, der die

239

einzelnen Landesbezirke unterstanden, die sich wiederum in Landesunterbezirke aufteilten. Diese gliederten sich in Gruppenbezirke, unter denen es nur noch Ortsgruppen gab, die sich aber eventuell noch durch auswärtige Helfergruppen ergänzten. Ab 1933 wurde dieses System leicht angepaßt, da eine technische Spezialisierung der Technischen Nothilfe erfolgte und auch die Führungsstruktur gestrafft wurde. Fortan gab es an der Spitze die Hauptstelle, darunter Landesbezirke. Diese gliederten sich dann in Ortsgruppen, in denen die gesamte Helferschaft der TN zusammengefaßt war, denen jedoch eine mehr »kameradschaftliche« Funktion zukam. Die Einsatzkräfte in den Bereitschaftstrupps und den Gasschutz-Abteilungen sowie die Obleute unterstanden direkt dem Landesbezirk. Damit zeigte sich schon ein Vorbote späterer Entwicklungen, denn neben Arbeiten bei Notständen und Katastrophen wurden fortan auch Einsätze innerhalb des zivilen Luftschutzes vorbereitet, wofür unter anderem eigens die Gasschutz-Abteilungen gebildet wurden.

Viel wichtiger als diese Anpassung an das straffe Führerprinzip des Dritten Reiches und die Mitwirkung bei den in der TN bis dahin unbekannten Luft- und Gasschutzübungen war jedoch der Eingriff des Reichsinnenministers in die Helferschaft. Noch 1930 hieß es dazu in den Statuten der TN: »Der Zweck soll erreicht werden durch den Einsatz freiwilliger Helfer und Helferinnen, die sich ohne Unterschiede des Standes, der Partei und der Konfession zur Verfügung gestellt haben. Die Technische Nothilfe e.V. ist wirtschaftlich und politisch neutral.«[341]

Das sollte sich schnell ändern, denn schon 1933 konnte die jetzt als »Machtmittel des Staates« deutlich von einem einfachen Verein unterschiedene TN nicht mehr ohne weiteres Mitglieder aufnehmen. Fortan hieß es: »Nothelfer können alle Deutsche arischer Abstammung werden, die nach Gesinnung und bisheriger Betätigung die Gewähr dafür bieten, daß sie jederzeit rückhaltlos für den nationalen Staat eintreten. Bevorzugt werden Personen mit fachtechnischer Vorbildung.«[342] Mitglieder konnten fortan nur noch Deutsche arischer Abstammung sein, womit man sich den Bestimmungen des Gesetzes zur Wiederherstellung des Berufsbeamtentums (BBG) vom 7. April 1933 anglich, das den Nachweis arischer Abstammung zur Rechtspflicht machte.[343] Als »nichtarisch« galten all jene, die auch nur einen Eltern- oder Großelternteil hatten, der der jüdischen Religion angehörte. Der Nachweis des »Ariertums« erfolgte allgemein durch den sogenannten »Kleinen Abstammungsnachweis«, entweder einen Ahnenpaß oder eine andere urkundlich beglaubigte Ahnentafel. Konnte dieser nicht beigebracht werden oder wies er gar Juden auf, war eine Mitgliedschaft in der TN ausgeschlossen. Der Grundsatz der konfessionellen Freiheit, der noch 1930 für die TN-Helfer gegolten hatte, wurde also über Bord geworfen – und zwar über zwei Generationen rückwirkend.

Ebenfalls Makulatur wurde mit diesen Richtlinien die politische Freiheit in der TN, denn hiervon ist nicht mehr explizit die Rede. Vielmehr mußte der Helfer den Nachweis erbringen, »jederzeit rückhaltlos für den nationalen Staat« einzutreten, also für das Dritte Reich. Diese Bestimmung schloß außer den »Nichtariern« weiterhin all diejenigen aus, die irgendwann einmal Sympathien für Andersdenkende bekundet hatten, Mitglied einer anderen Partei als die NSDAP gewesen waren oder ihre Ablehnung der NSDAP in anderer Weise kundgetan hatten. Alle politisch dem NS-Staat nicht genehmen Personen konnten somit aus der TN entfernt werden.

Die endgültige Gleichschaltung und gleichzeitige Vereinnahmung der Technischen Nothilfe durch den Staat erfolgte noch vor Kriegsbeginn. Am 25. März 1939 erließ die Reichsregierung ein spezielles Gesetz über die Technische Nothilfe. Darin wurde der eingetragene Verein aufgelöst und in eine gleichnamige Körperschaft des öffentlichen Rechts überführt.

Gleichzeitig verlor die TN ihre organisatorische Selbständigkeit, denn die neue TN wurde als technische Hilfspolizei definiert, war also ein Teil der gesamten Polizeiverwaltung geworden.[344] Damit war die Eingliederung der Technischen Nothilfe in das System des nationalsozialistischen Staates abgeschlossen; bis Kriegsende traten keine wesentlichen weiteren Veränderungen mehr ein.

Eine aktive Beteiligung der Technischen Nothilfe in ihrer Gesamtheit, durch Teilgliederungen oder durch Mitglieder an Kriegsverbrechen oder Verbrechen gegen die Menschlichkeit ist nicht bekannt; hierzu liegen keine Dokumente, Berichte oder Akten vor.

Generell ließ sich die stramm nationalsozialistisch geprägte Wandlung der TN schon 1933 nicht vermeiden, da die Vereinigung bereits Teil des Staatsapparates war und somit der Einflußnahme durch die neuen Machthaber nicht entgehen konnte. Ein aktiver Ausschluß von Juden oder Regimekritikern scheint von unten niemals betrieben worden zu sein. In den wenigen Monaten, die zwischen »Machtergreifung« und »Arisierung« der Technischen Nothilfe vergingen, gab es für die Helferschaft kaum ausreichend Zeit, irgendwelche Intrigen dieser Art zu spinnen. Zusätzlich konnte man sich auf Regulierungen durch die Behörden verlassen, zu denen es nach dem Gesetz über das Berufsbeamtentum in Kürze mit Sicherheit käme.

Die Tatsache, daß die TN nicht durch selbständig inszenierte Lobeshymnen auf das NS-Regime auffiel, darf jedoch nicht darüber hinwegtäuschen, daß in ihr während der gesamten Zeit des Dritten Reiches nur als zuverlässig geltende Volksgenossen tätig waren, der Verein (beziehungsweise die Körperschaft) also einen Hort der Überzeugten wie der unauffälligen Anpasser darstellte. Dennoch: Da die TN eine quasi staatliche Einrichtung war und ihre Mitglieder wie Beamte behandelt wurden, darf keinem TN-Helfer seine Mitarbeit in der Zeit des Dritten Reiches zum Vorwurf gemacht werden.

Anmerkungen

1 »Suchdienst bei Katastrophen und Konflikten«, S. 29. Fettdruck im Original.

2 Bis zum Sturz des Schah war auch der rote Löwe vor der roten Sonne als »internationales« (de facto nationales) Schutzzeichen im Sinne der Genfer Konventionen anerkannt. Unmittelbar nach der Revolution schaffte die Islamische Republik Iran diesen in der Geschichte des Roten Kreuzes einmaligen Alleingang ab und verwendet seitdem den Roten Halbmond. Die Verwendung des roten Davidsterns durch Israel erfolgt ohne internationale Anerkennung und war immer wieder Anlaß zu heftigen Kontroversen.

3 Die Unterzeichnung der Genfer Konventionen verpflichtet Staaten dazu, den Gebrauch des Schutzzeichens nur durch anerkannte Hilfseinheiten während internationaler Konflikte zu sichern. Der Gebrauch des Wahrzeichens (Abzeichen der nationalen Rotkreuz-Gesellschaft zu jeder Zeit) ist zwar in den Genfer Konventionen geregelt, bedarf allerdings noch innerstaatlicher Richtlinien zur Erlangung nationaler Rechtskraft. Die Zulassung von Wahrzeichen anderer Organisationen, die dem Wahrzeichen der nationalen Rotkreuz-Gesellschaft ähneln, beschneidet keineswegs die Gültigkeit der zwischenstaatlichen Bestimmungen der Genfer Konventionen.

4 Grüneisen, S. 183. Geschrieben vor Kriegsbeginn 1939, an anderer Stelle (S. 227) spricht Grüneisen vom Jahr 1938 mit den Worten »endgültige Einigung aller Deutschen in einem Großdeutschen Reich« und vergißt dabei offensichtlich, daß bis dahin weder die Bewohner der Freien Stadt Danzig noch des Memelgebietes »heim ins Reich« geholt wurden.

5 Insgesamt also knapp 290 000 Männer und Frauen unter dem

Roten Kreuz – 1914 waren es schätzungsweise 275000 (Müller-Werthmann, S. 14).

6 Lichtenberg, S. 19.

7 So der Friedensforscher Dieter Riesenberger (im Interview bei Bergmann). Ob diese Feststellung in ihrer Ausschließlichkeit tatsächlich richtig ist, dürfte sich kaum endgültig feststellen lassen, den einen oder anderen »Alibi-Arbeiter« wird man bei langer Suche wohl doch finden.

8 Grüneisen (S. 161) sieht den Dienst im Krieg als »... Grundlage und Daseinsberechtigung für das Rote Kreuz ...« – durchaus richtig, denn die Anerkennung einer nationalen Rotkreuz-Gesellschaft ist von der Mitwirkung im Kriegssanitätsdienst abhängig (siehe oben).

9 Grüneisen, S. 184.

10 Den ersten Kriegseinsatz absolvierte das DRK allerdings nicht an der Seite der Wehrmacht, sondern mit der »Legion Condor«. Grüneisen S. 229 f.

11 Grüneisen, S. 186. Hervorhebung durch Kursivschrift nicht im Original.

12 Grüneisen, S. 185.

13 Sein voller Name und Titel lauteten: Carl-Eduard Herzog von Sachsen-Coburg und Gotha – Reichstagsabgeordneter, Obergruppenführer (General) des NSKK, NSDAP-Mitglieds-Nummer 2560843. Herzog Carl-Eduard blieb bis Kriegsende Präsident des DRK.

14 Scholtz-Klink versteckte sich nach Kriegsende unter falschem Namen, wurde dennoch nach drei Jahren festgenommen und Ende 1948 von einem französischen Militärgericht zu achtzehn Monaten Haft verurteilt; rechtlich gehört sie seit 1949 zu den »Hauptschuldigen« im Sinne der Entnazifizierungsstellen. Vom Vorwurf der Kriegsverbrechen wurde sie jedoch freigesprochen. 1978 bewertete sie die nationalsozialistische Weltanschauung in ihren Memoiren immer noch als positiv.

15 Grüneisen, S. 187.

16 Gruber, *125 Jahre Rotes Kreuz*, S. 52.

17 Grüneisen, S. 184.

18 Das Jugendrotkreuz wurde im Sinne einer rein staatlich-natio-
nalsozialistischen Jugendarbeit aufgelöst, die Mitglieder durften
sich fortan vor allem als »Feldschere« (= Sanitäter) bei der Hitler-Jugend betätigen.

19 Tatsächlich wurden später alle Sozialdienste des DRK in die
NSV überführt – die Schwestern der NSV verwendeten übrigens
dem DRK ähnliche Bekleidungen und eine NSV-Armbinde, vor
allem auf Schwarzweißfotos sind Verwechslungen nicht ausgeschlossen.

20 Präambel des Gesetzes, unter anderem bei Grüneisen, S. 264ff.

21 Was das neue DRK allerdings nicht daran hinderte, später neue
Gesellschaften wie die »Verlag des Deutschen Roten Kreuzes
GmbH« zu gründen.

22 Grüneisen, S. 188.

23 Faktisch entschieden also Adolf Hitler, Wilhelm Frick, Werner
von Blomberg und Rudolf Heß über die Leitung einer humanitären Hilfsorganisation. Frick wurde 1946 als einer der
Hauptkriegsverbrecher gehängt, von Blombergs Stuhl wackel-
te schon im Dezember 1937 (er wurde wenige Wochen später
durch Hitler selbst ersetzt), und Heß flog im Mai 1941 nach
England.

24 Die Berufung des Geschäftsführenden Präsidenten durch den
DRK-Präsidenten war später rein rechtlich nur genehmigungs-
pflichtig, wurde also de facto von den Nationalsozialisten weiterhin kontrolliert. Der tatsächliche Fall einer Berufung durch Carl-
Eduard trat nicht ein.

25 Eine Formulierung, die so nur auf Adolf Hitler, nicht aber auf
potentielle Nachfolger ausgerichtet war – jeder Wechsel des
Reichskanzlers (der Begriff »Führer« war exklusiv an Hitler gebunden) hätte also an dieser Stelle und bei der Eidesformel zu
einer Satzungsänderung führen müssen.

26 Wörtlich: »die für den Einsatz bestimmten Männer und Frauen
des Deutschen Roten Kreuzes«.

27 Womit eindeutig ein Einsatz innerhalb der SS nicht gemeint sein
konnte, da sie niemals zur Wehrmacht gehörte.

28 Dies betraf unter anderem die Wohlfahrtspflege, die die NSDAP

mit ihren eigenen Untergliederungen (vor allem der NSV) für sich beanspruchte.

29 Die Satzung des Deutschen Roten Kreuzes beseitigte endgültig die Demokratie in der Organisation und war somit nur eine konsequente Fortführung des vorangehenden Reichsgesetzes.

30 Wieder ein illustres Gespann – Frick (1946 hingerichtet), Heß (später Bormann, 1945 durch Selbstmord oder sowjetische Soldaten ums Leben gekommen), von Blomberg (später Hitler selbst, Selbstmord 1945), von Ribbentrop (1946 hingerichtet) und Göring (Selbstmord 1946, zwei Stunden vor seiner angesetzten Hinrichtung).

31 Als Schutzzeichen im Sinne der Genfer Konventionen gebrauchte man selbstverständlich nur das rote Kreuz auf weißem Grund.

32 Die heraldisch eher akzeptable Form des nach rechts gewendeten Kopfes wurde allgemein bei staatlichen Symbolen des Dritten Reiches verwendet, der nach links (oder gegen links) gewendete Kopf dagegen eher bei Parteisymbolen der NSDAP – hier gab es aber durchaus verschiedene Verfahrensweisen; vgl. dazu Heiber, S. 228.

33 Gruber sagt (»Das Rote Kreuz ...«, S. 82), daß Grüneisen »Nicht-Parteigenosse« war. Sein Aufstieg in das Generalsekretariat des DRK konnte jedoch nur unter der Bedingung erfolgt sein, daß Grüneisen dem Regime zumindest freundlich gesinnt war.

34 Grüneisen, S. 183.

35 Foelster u. a., S. 41 und S. 405.

36 Geleitwort bei Foelster u. a.

37 Bilder u. a. im *Steinburger Jahrbuch 1996*, S. 86 ff.

38 Ein neben den DRK-Helfern postierter Schutzpolizist scheint dagegen zwar strammzustehen, aber nicht zu grüßen.

39 Interview bei Bergmann.

40 Ob dies nur zu besonderen Anlässen oder allgemein geschah, ist nicht weiter bekannt – und letztlich auch nicht wichtig. Interessant ist allerdings, daß ein Foto eines solchen Fahrzeugs in der Festschrift zum achtzigjährigen Jubiläum des DRK Hanau abge-

druckt wurde, in der zehn Jahre später erschienenen Festschrift zum neunzigjährigen Jubiläum allerdings fehlt.
41 Eine Bildunterschrift im »Steinburger Jahrbuch 1996« (S. 317) nimmt die drei erkennbaren DRK-Helfer dann auch gleich pauschal in die Reihen von »Kellinghusens Nazi-Prominenz« auf!
42 Heiber, S. 152.
43 Heiber, S. 153. Das Herausgeberteam stellt sich auf den Standpunkt, daß Hitler die Wiedergabe ebendieser sehr abfälligen Bemerkung nicht vorgesehen habe. Das muß jedoch nicht unbedingt richtig sein, denn schließlich herrschte innerhalb der NSDAP eine gewisse Abneigung gegen »höhere Damen« vor, die nicht produktiv (zumindest als Frau und Mutter) tätig waren und sich die Zeit mit karitativen Hobbies vertrieben. Es könnte also auch eine gezielte Beleidigung gewesen sein.
44 Erdmann, S. 139.
45 Brunswig, Bilder 116 und 117.
46 Rundschreiben der Landesstelle X, Erdmann, S. 138.
47 Zitiert aus einem Schreiben der DRK-Kreisstelle Plön, vgl. Erdmann, S. 139.
48 Wenig später allerdings wurden Frauen auch schon an der Panzerfaust ausgebildet.
49 Zitiert nach Müller, *Furchtbare Juristen*, S. 156f. Der Volksgerichtshof präsentierte den Angehörigen der von ihm Verurteilten Rechnungen. Für eine Hinrichtung wurden fast achthundert Reichsmark fällig, davon 300,00 RM »Gebühr für Todesstrafe«, Haftkosten und 158,18 RM »Kosten der Strafvollstreckung«. Ebenfalls im Volksgerichtshof saß der Vorsitzende einer weiteren Hilfsorganisation, der DLRG.
50 Erdmann, S. 142.
51 Zitiert nach Müller, *Mit einem Unfall fing es an ...*, S. 187.
52 Von Kretzschmar im Rundschreiben vom 12. April 1933 so formuliert: »Der Arbeiter-Samariter-Bund ... hat bei allen seinen Arbeiten nicht danach gefragt, für wen die Hilfe geleistet wurde.«
53 Zumindest galt dies formaljuristisch, daher auch der wiederholte Hinweis auf Reichsgesetze.
54 Die Befehle dazu wurden schon am 21. April ausgegeben.

55 So auch der offizielle neue Name des Vereins. Statt der Buchstaben A.S.B. »zierte« jetzt ein Hakenkreuz die Mitte des Samariterkreuzes.

56 Ausgenommen sogenannte »Märzgefallene«, Menschen, die nach dem Erfolg der NSDAP bei den Wahlen im März 1933 aus politischem Kalkül in die Partei eintraten. Es gab aber anscheinend tatsächlich einzelne Berührungspunkte zwischen NSDAP und ASB: Jedenfalls zeigt ein Foto in den *Itzehoer Nachrichten* vom 15. Februar 1933 einen Aufmarsch der Partei, und auf diesem Bild ist in der rechten Hälfte deutlich ein SA-Mann in braunem Ornat zu erkennen, der neben der Hakenkreuz-Armbinde eine Armbinde des Arbeiter-Samariter-Bundes trägt oder jedenfalls eine weiße Armbinde mit einem roten Kreis, in dem ein weißes Kreuz zu sehen ist – das bekannte ASB-Kennzeichen. Da der Sanitätsdienst der SA andere Abzeichen verwendete, ist eine Verwechslung nahezu ausgeschlossen.

57 Wobei es mit Dr. Dommel bereits einen Beauftragten, ja sogar einen Staatskommissar gab.

58 Bis November 1933 war der ehemalige Reichswehrminister Otto Gessler »Reichskommissar für Freiwillige Krankenpflege«, dann wurde er von Carl-Eduard von Sachsen-Coburg-Gotha abgelöst. Gessler wurde 1950 zum Präsidenten des neugegründeten Deutschen Roten Kreuzes gewählt.

59 »Nachweisung über beschlagnahmtes Vermögen staatsfeindlicher Organisationen und Einzelpersonen« des Oberbürgermeisters von Emden als Ortspolizeibehörde vom 3. Januar 1934.

60 Eine Ergänzung ist jedoch noch angebracht: Auch in Österreich gab es einen Arbeiter-Samariter-Bund, der eine durchaus schlagkräftige Konkurrenz zum dortigen Roten Kreuz darstellte. Dieser Verein erlebte jedoch den »Anschluß« an das Deutsche Reich nicht mehr, denn er wurde bereits im Februar 1934 zusammen mit allen anderen Arbeiterorganisationen in der Alpenrepublik von der autoritären Regierung des »Austrofaschisten« Engelbert Dollfuß verboten. Wegen ihrer Hilfeleistung für verletzte Arbeiter bei Unruhen wurden sogar sieben Samariter in Holzleithen von der faschistischen österreichischen Heimwehr standrecht-

lich erschossen. Besitztümer des österreichischen ASB gingen in den Bestand des Österreichischen Roten Kreuzes über.

61 In keinem Werk über das Dritte Reich taucht Dommel (über den weiter nichts bekannt ist) nochmals auf; seine Spur verliert sich nach dem 6. September 1933 im dunkeln.

62 Kurt Hörmann, ASB-Mitglied seit 1928, bei Bergmann.

63 Von einer Gleichschaltung nach dem Willen der NSDAP ist hier bezeichnenderweise nicht die Rede.

64 Hesse, *Das Krankenbeförderungswesen* ..., S. 25 – Kursivdruck im Original.

65 Das »Rettungswesen« umfaßte den Bereich, der heute als »Rettungsdienst« bekannt ist – also die notfallmedizinische Versorgung der Bevölkerung (soweit man zu jener Zeit von »Notfallmedizin« sprechen konnte). Nicht Teil des Rettungsdienstes war und ist der Krankentransport, der lediglich die Beförderung nicht (allein) gehfähiger Patienten übernimmt, also keinen Teil der eigentlichen Notfallvorsorge ist, sondern eher zum Sozialdienst gehört.

66 Hesse, *Das Krankenbeförderungswesen* ..., S. 26.

67 Es ist nicht klar, ob (und wenn, wie) Fahrzeuge im Dienst der SA, SS und anderer Parteigliederungen erfaßt wurden. Nicht in dieser Statistik enthalten ist der Sanitätsdienst bei den Gliederungen der Wehrmacht.

68 Hesse, *Das Krankenbeförderungswesen* ..., S. 145.

69 Hesse, *Das Krankenbeförderungswesen* ..., S. 145.

70 Jarausch/Haase, S. 112. Die nicht bei der Stuttgarter Wehr verbliebenen Fahrzeuge waren im Rahmen der Amtshilfe ohnehin schon seit Kriegsbeginn auf Anordnung des Polizeipräsidenten dem DRK Stuttgart zur Benutzung geliehen worden, hier änderte sich also lediglich das juristische Eigentum.

71 Stadt Braunschweig, S. 8, 21, 44.

72 Reichsweit wurde die Zulassung »RK-...« angeordnet, ein Privileg, das in der gesamten deutschen Geschichte nur wenigen staatlichen Stellen gewährt wurde (eigene Kennzeichen hatten nur: das Militär, im Dritten Reich Parteiformationen, die Post und die Bahn bis zu deren Privatisierung, die Polizei bis 1945,

der Bundesgrenzschutz und erst seit kurzem das Technische Hilfswerk).

73 Die »Freiwilligkeit« des Deutschen Roten Kreuzes wurde hiermit deutlich unterlaufen.

74 Hesse, *Das Krankenbeförderungswesen …*, S. 147.

75 Hitler, S. 652.

76 Vgl. dazu das Kapitel »Gedächtnislücken« und die von Gruber angegebenen Zahlen zur Parteimitgliedschaft innerhalb des DRK. Dieselben Zahlen wurden hier verwendet.

77 Der Umkehrschluß, daß 15 Mitglieder in einer Gruppe von 100 Personen eine Anhängerschaft von 100 % bedeuten, ist natürlich falsch.

78 Grüneisen, S. 191, Einleitung des Kapitels »Das Deutsche Rote Kreuz in der Gegenwart«.

79 Es wäre durchaus möglich gewesen, auf eine deutsche Rotkreuz-Gesellschaft komplett zu verzichten und deren Aufgaben im Sinne der Genfer Abkommen einer beliebigen anderen »nationalen Hilfsorganisation« zu übertragen, etwa der NSV. Einen ähnlichen Schritt unternahm die DDR während der ersten Jahre ihrer Selbständigkeit. Hier war der FDGB-Gesundheitsdienst tätig, der erst Mitte der fünfziger Jahre durch das Deutsche Rote Kreuz der DDR abgelöst wurde.

80 Grüneisen, S. 191 f.

81 Mögliche Interpretationen gehen in der Mehrzahl der Fälle in die Richtung, daß durch das Wort »frei« eine Unabhängigkeit suggeriert werden sollte, die der staatlichen Unabhängigkeit des Deutschen Reiches entsprach, sich also auf internationale Kontakte und Handlungen sowie auf nationale Entscheidungen bezog.

82 Grüneisens Formulierung »Reich« bezog sich eindeutig auf den Staat, das Dritte Reich, nicht auf die Nation oder das Volk.

83 Die Eindeutigkeit besteht jedoch nur so lange, wie der Absatz komplett wiedergegeben wird. Eine inhaltliche Vergewaltigung durch selektives (und nicht gekennzeichnetes) Zitieren wie bei Gruber, »Das Rote Kreuz …« (S. 88) gibt Grüneisen eine komplett andere Tendenz: »Das DRK konnte weder eine Gliederung der Partei noch ein unmittelbarer Bestandteil der Wehrmacht

werden. Diese Sonderstellung ist dem Deutschen Roten Kreuz eigentümlich ...« Vergleiche dazu auch das Kapitel »Gedächtnislücken« im Zusammenhang mit Gruber.

84 Angeblich soll Grawitz versucht haben, das DRK zur NSDAP-Gliederung auch im juristischen Sinne zu machen.

85 Grüneisen, S. 193.

86 Grüneisen, S. 194 ff.

87 Grüneisen, S. 197. In der Eidesformel wird nur auf Adolf Hitler als »Führer des Deutschen Reiches und Volkes« und den Gehorsam gegenüber Vorgesetzten abgehoben, die Verbundenheit mit dem Volk zeigt sich damit in der Verbundenheit mit Hitler.

88 Vorwort Grawitz bei Grüneisen ohne Seitenzählung.

89 von Prof. Dr. med. Eugen Fischer (1874–1967), dem »Bahnbrecher für die wissenschaftliche Unterbauung der Erb- und Rassenpflege des nationalsozialistischen Staates« (Klee, *Auschwitz* ..., S. 453). Fischer war schon 1921 und vor allem im Dritten Reich einflußreicher Rassentheoretiker (»Rassenhygieniker«) und nach dem Krieg Ehrenmitglied der Deutschen Anthropologischen Gesellschaft.

90 von Arthur Gütt (1891–1949), Arzt, seit 1923 Mitglied der NSDAP, 19433 bis 1939 Leiter der Abteilung für Volksgesundheit im Reichsministerium des Inneren, ab Juni 1935 auch Leiter des Amtes für Bevölkerungspolitik und Erbgesundheitslehre im Stab des Reichsführers SS, in der SS bis zum Gruppenführer (Generalleutnant) aufgestiegen.

91 von Prof. Dr. Walter Groß (1904–1945), Leiter des Rassenpolitischen Amtes der NSDAP, glühender Antisemit und 1943 Verfasser des Buches *Die rassenpolitischen Voraussetzungen zur Lösung der Judenfrage.*

92 Noch fünfzig Jahre später war diese Beilage in besagtem Buch zu finden.

93 Mindestens neun Arbeiter-Samariter waren in Österreich sogar wegen ihres Dienstes für Regimegegner standrechtlich erschossen worden.

94 Grüneisen, S. 228. Tatsächlich war Österreich widerstandslos von deutschen Truppen besetzt worden.

95 Grüneisen, S. 228.

96 Es drängt sich das Bild eines beim Schlagobers versammelten Österreichischen Roten Kreuzes auf, in dessen Kaffeehaus-Seligkeit die deutsche Effizienz in Gestalt von DRK-Führern in Langschäftern und Reithosen hineinplatzt.

97 Danzig war nach dem Ersten Weltkrieg vom Völkerbund als »Freie Stadt« neutralisiert worden und gehörte somit weder zu Polen noch zum Deutschen Reich. Zum Teil geheim wurden allerdings von Danzig aus ständig Planungen betrieben, »heim ins Reich« zu kommen. Beim Einmarsch der deutschen Truppen standen auch sofort nationalsozialistische Kampfgruppen zu deren Unterstützung bereit.

98 Kommentarlos abgedruckt in: *Blätter des Deutschen Roten Kreuzes*, 1. Jahrgang, Nr. 12 vom 1. Dezember 1922, S. 305, unter der Überschrift »Aus der Internationalen Rotkreuzarbeit«.

99 Dazu gehörten vor allem die Verteidiger der polnischen Post in Danzig, die nach dem deutschen Sieg summarisch als »bewaffnete Banditen« exekutiert wurden.

100 Das Polnische Rote Kreuz war zwar aufgrund der Bedingungen unter deutscher Besatzung eigentlich nicht mehr handlungsfähig, gewährleistete aber dennoch zahlreiche Hilfsdienste für die polnische Bevölkerung. Auch abseits der Rotkreuzarbeit waren Verknüpfungen zwischen Rotem Kreuz und Widerstand nicht nur in Polen üblich.

101 Es handelte sich um den Panzer »38(t)«, ein leichtes, schnelles Kampffahrzeug auf dem neuesten Stand der Technik, das allerdings schon durch seine ungewöhnliche Typbezeichnung aus dem standardisierten Rüstungsprogramm des Dritten Reiches herausfiel.

102 Eine Verstrickung über Personen war wohl gegeben, etwa über den Geschäftsführenden Präsidenten Grawitz und über den aktenkundlich an der Ermordung beteiligten Gouverneur von Krakau, der in Personalunion auch Führungsmitglied des DRK war.

103 Dem IKRK wurde von den Nationalsozialisten dennoch gelegentlich gestattet, auch deutsche Häftlinge zu besuchen. Diese Besuche hatten für das NS-Regime Alibifunktion.

104 Interview bei Bergmann.

105 Interview bei Bergmann.

106 Die Frage stellt sich, ob das gesamte DRK in Polen seine Schuhe in den jüdischen Ghettos reparieren ließ.

107 Eine Besetzung oder zumindest politische »Heimholung« der Schweiz war von den Nationalsozialisten angedacht, aber nie ernsthaft in Angriff genommen worden. Die Schweizer Behörden zeigten sich auch nach dem Verständnis des Dritten Reiches kooperativ genug, um einen solchen Vorgang unnötig zu machen. So wurden jüdische Flüchtlinge ohne viel Aufhebens von den Schweizer Stellen der »Obhut« der deutschen Nachbarn übergeben.

108 Ein Schritt, der in manchen Fällen sinnlos war. Kroatien etwa schaffte es in Rekordzeit, die deutsche Judenverfolgung noch zu übertreffen, und mordete in eigenen Konzentrationslagern zwar nicht so effektiv, aber den Verhältnissen entsprechend sehr »erfolgreich«.

109 Die Rumänen hatten die Zeichen der Zeit erkannt. Wenige Wochen später verjagten sie die prodeutsche Regierung, ergaben sich dem Kriegsgegner Sowjetunion und erklärten dem Deutschen Reich den Krieg.

110 Eine militärische Intervention durch gezielte Bombenangriffe beispielsweise auf Gleisanlagen in Richtung Auschwitz oder durch den Einsatz freiwilliger jüdischer Fallschirmjäger, die für Kommandounternehmen bereitstanden, lehnten die Alliierten dagegen ab.

111 Himmler verhandelte gleichzeitig persönlich mit Bernadotte, wohl um sich über das Schwedische Rote Kreuz eine Fluchtmöglichkeit zu verschaffen.

112 Die einschlägige Literatur zu diesem Versagen füllt Bände, die These ist nicht umstritten. Obwohl es Bemühungen gegeben hat, kamen diese entweder zu spät oder in zu geringer Form zum Tragen.

113 Vgl. hierzu das Kapitel über Gebhardt, einen der Hauptunterhändler in dieser Sache.

114 Besonders Wassermanns Buch ist ein Beispiel für die Rechtfer-

tigungsversuche gerade im Hinblick auf die Konzentrationslager. Vgl. hierzu auch Lichtensteins kritische Würdigung des Buches (S. 40 ff.).

115 Ein fast philosophischer Exkurs: C. G. Jung glaubte nicht an den Zufall, sondern an Synchronizität, das heißt das sinnvolle Aufeinandertreffen von anscheinend nicht miteinander verbundenen Ereignissen, das einen wesentlichen Einfluß auf die Realität (oder deren Wahrnehmung) nehme. Aus dieser Sichtweise wäre dann das Internationale Rote Kreuz ein kleines Rädchen im Holocaust gewesen, das die Vernichtung der europäischen Juden zwar nicht aktiv vorangetrieben, aber dennoch durch seine Passivität und sein Mitspiel im Räderwerk in einer ganz kleinen Funktion mit ermöglicht hat. Betrachtet man die Geschichte des Holocaust ohne Vorurteile (positiver wie negativer Art!), scheint dies zu stimmen – man schloß die Augen und unternahm trotz Kenntnis von Lagern wie Auschwitz keine wirksamen Schritte. Anfragen des World Refugee Board, ob das Internationale Rote Kreuz den Schutz von jüdischen Flüchtlingen aus Europa übernehmen könne (alle Kosten sollten vom WRB getragen werden), wurden nicht einmal beantwortet.

116 Vgl. Suchowiak, S. 131 ff. – Bericht des Überlebenden Stanislaw Waleszynski.

117 Als provokative Frage formuliert bei Müller-Werthmann (S. 20), der jedoch einfach von »Rot-Kreuz-Wagen« spricht und sich damit nicht auf den tatsächlichen Eigner festlegt.

118 Hilberg, S. 1042. In Zusammenhang mit dem KZ Auschwitz machte Dr. Charles Sigismund Bendel die Aussage über den »Rot-Kreuz-Wagen«. Hilberg impliziert nicht, daß es sich um ein Fahrzeug des Deutschen Roten Kreuzes handelte.

119 Rein formaljuristisch wäre auch der nachgewiesene bloße Transport von Zyklon-B durch das Deutsche Rote Kreuz eventuell nicht einmal illegal, da es von der NS-Bürokratie immer als »Entlausungsmittel« deklariert wurde.

120 Kohl, S. 96.

121 Grüneisen, S. 161.

122 Nach Kriegsende formulierte man vorsichtiger, wie der umstrit-

254

tene Dr. Hartwig Schlegelberger (*30 Jahre Deutsches Rotes Kreuz Landesverband Schleswig-Holstein*, Geleitwort), und sprach von »Vorsorge für den Fall größerer Katastrophen, aus welchem Anlaß sie auch immer eintreten sollten«. Der mögliche »Anlaß« wird nicht genannt, wohl aber ein erhellender Vergleich gezogen: »Wir bilden aus für den Katastrophenschutz, und wir üben für diesen Fall ebenso wie unsere Soldaten ...«

123 Gasschutz, also das Verhalten bei Angriffen mit Giftgas, hatte für die Deutschen einen hohen Stellenwert und verdrängte sogar die möglichen Auswirkungen eines konventionellen Krieges oftmals aus dem Denken. Zu frisch waren noch die Bilder aus dem Ersten Weltkrieg. Im Dritten Reich behielt der (niemals erforderlich gewordene) Gasschutz seine Wichtigkeit, da Adolf Hitler selbst im Krieg durch Giftgas verletzt worden war und panische Angst vor diesem Kampfstoff hatte.

124 Grüneisen, S. 228.

125 Tatsächlich war den österreichischen Streitkräften erst in letzter Minute der Befehl gegeben worden, sich den deutschen Truppen nicht zu widersetzen.

126 Grüneisen, S. 228f.

127 Grüneisen, S. 229. Der Einsatz am Westwall wird hier als reiner Betreuungseinsatz für die Arbeiter dargestellt und in keiner Weise mit einem möglichen militärischen Eingreifen Frankreichs in Verbindung gebracht.

128 Buchner, S. 10.

129 Grüneisen, S. 229f. Offiziell wurde die massive deutsche Intervention zugunsten der spanischen Faschisten erst nach Beendigung des Einsatzes bestätigt. Grüneisens Buch muß also nach dem 19. Mai 1939 (erster öffentlicher Auftritt der »Legion Condor« bei einer Parade in Madrid) erschienen sein.

130 Grüneisen, S. 231.

131 Vorwort Grawitz bei Grüneisen. Vermutlich waren beim DRK für diese Aktionen wieder »Übungen« angesetzt.

132 Interview bei Bergmann.

133 Goldhagen, S. 288 und S. 630.

134 Bei Böhme findet man versteckt (Fußnote S. 24) einen Dankes-

brief des damals noch neutralen Nationalen Amerikanischen Roten Kreuzes und den lapidaren Hinweis, Hilfen für Polen seien dem DRK nach 1940 verboten worden.

135 Erdmann, S. 136.

136 Interview bei Bergmann.

137 Clichy, eines der modernsten Krankenhäuser der Welt, war von den deutschen Besatzungstruppen für eigene Zwecke beschlagnahmt worden.

138 Ein interessanter Nebensatz. Berief die alte Dame sich hier auf ihre Schweigepflicht oder auf ein Gefühl, es sei nicht alles Rechtens gewesen?

139 Vielleicht auch aus damaliger Sicht: Den sicheren Sieg und einige Tage Sonderurlaub vor Augen »vergeigte« der Großvater des Verfassers die letzten Schüsse eines Soldatenschießwettbewerbs in Norwegen, als sein Offizier ihm steckte, daß an der Ostfront noch Scharfschützen gesucht würden.

140 Bei diesem ungenannten Mediziner war der hippokratische Eid eindeutig zu einem hypothetischen Eid verkommen.

141 Der Rußlandfeldzug 1941–1945 wird fälschlicherweise oft auf einen rein deutsch-sowjetischen Konflikt reduziert. Tatsächlich kämpften auf seiten des Deutschen Reiches auch nichtdeutsche Einheiten, unter anderem die europäischen Freiwilligenverbände der SS, reguläre Truppen aus Rumänien und Ungarn sowie mehr oder minder eigenständige nationale Freiwilligenverbände aus Spaniern, Ukrainern und Russen. Auf seiten der Sowjetunion waren unter anderem französische, polnische und tschechische Freiwilligenverbände eingesetzt, aber auch (in verschiedenen Rechtsrahmen) Deutsche und Briten. Gerade der Einsatz von Staatsangehörigen des Kriegsgegners untermauert die These, daß es sich weniger um einen zwischenstaatlichen als um einen ideologischen Krieg handelte.

142 Die UdSSR war nicht der einzige Staat, der sich dem 3. Genfer Abkommen verschloß. Gruber nennt auch noch Japan (»Das Rote Kreuz ...«, S. 79), ohne diese Auswahl zu begründen. Das 3. Genfer Abkommen war jedoch von zahlreichen Staaten, darunter auch dem 1940 von deutschen Truppen besetzten Luxem-

burg, nicht ratifiziert worden. Die Freie Stadt Danzig hatte die Genfer Abkommen in ihrer Fassung von 1929 sogar nur zur Kenntnis genommen und zwischen 1929 und 1939 keinen Schritt zu ihrer völkerrechtlichen Anerkennung unternommen.

143 Das sogenannte 2. Genfer Abkommen zur Verbesserung des Loses der Verwundeten, Kranken und Schiffbrüchigen der Streitkräfte zur See von 1906 bezog sich lediglich auf den Seekrieg und war sowohl vom Deutschen Reich als auch vom zaristischen Rußland als rechtsverbindlich erklärt worden, was weder die deutsche Kriegsmarine im Ersten noch die Sowjetmarine im Zweiten Weltkrieg davon abhielt, ausgewiesene Lazarettschiffe ohne Vorwarnung zu torpedieren.

144 Artikel 6 der ersten Genfer Konvention von 1864, sinngemäß fortgesetzt und erweitert in den folgenden Abkommen.

145 Die Genfer Abkommen verpflichten die Kriegsparteien keineswegs zwingend, Sanitätseinrichtungen und -personal mit einem Schutzzeichen zu versehen. Das Zeichen soll lediglich einen gezielten Angriff verhindern, hat aber keine negative rechtliche Wirkung, wenn es nicht gezeigt wird. Das bedeutet, daß die Bestimmungen der Genfer Abkommen auch für solche Einrichtungen gelten, die in ihren Geltungsbereich fallen und die als schützenswert bekannt sind. Spätestens nach einer Besetzung solcher Einrichtungen oder der Gefangennahme von Sanitätspersonal und der Durchsuchung (zum Beispiel auf versteckte Waffen) gelten die Bestimmungen der Genfer Abkommen auch für nicht mit dem Schutzzeichen gekennzeichnete Anlagen und Personen.

146 Eine Reminiszenz an jene Zeiten, als Offiziere noch ihre eigenen (also tatsächlich im Privateigentum befindlichen) Pferde hatten.

147 Beschluß Nr. 1798–80406, vorliegend in deutscher Übersetzung als Anhang an eine Vortragsnotiz von Admiral Canaris zum Kriegsgefangenenproblem, u. a. bei Buchheim/Broszat/Jacobsen/Krausnick, Bd. 2, S. 211 ff.

148 Keitel wurde am 16. Oktober 1946 wegen zahlreicher Kriegsverbrechen und Verbrechen gegen die Menschlichkeit als einer der Hauptkriegsverbrecher in Nürnberg hingerichtet.

149 Finnland (einer der treuesten Verbündeten des Dritten Reiches)

hatte die 3. Genfer Konvention selbst auch nicht ratifiziert, wodurch dieser Schritt eine besondere Bedeutung erhält.

150 *Es begann in Solferino*, S. 11.

151 Grüneisen, S. 152. Selten erwähnt werden dagegen in der gesamten deutschen Literatur die Ereignisse um die britische Schwester Edith Cavell, die wegen ihrer Beteiligung an Fluchtversuchen im Ersten Weltkrieg und als »Spionin« angeklagt von den deutschen Truppen in Frankreich hingerichtet wurde.

152 Grüneisen, S. 164. Über die Zeit nach 1922 hätte man schlecht lamentieren können, denn nach Abschluß des Rapallo-Vertrages in diesem Jahr arbeiteten ausgerechnet das Deutsche Reich und die Sowjetunion militärisch eng zusammen. Gipfel dieser »Realpolitik« zweier international zumindest suspekter Staaten war die gemeinsame Vernichtung Polens 1939, ausgehandelt von Stalin und Hitler.

153 Grüneisen, S. 49. Das 3. Genfer Abkommen wird im Anhang des Buches nur in wenigen Auszügen vorgestellt, die aber ausreichen, eine massive Verletzung dieses Abkommens durch die deutschen Dienststellen zu belegen.

154 Das fragliche Abkommen war nie ein »Abkommen über das Rote Kreuz«, sondern ein »Genfer Abkommen zur Verbesserung des Loses der Verwundeten und Kranken der Heere im Felde«. Unter diesem Namen wird es auch wenige Zeilen zuvor korrekt erwähnt.

155 Tatsächlich hatten die Kriegsgefangenen des Ersten Weltkrieges aus verschiedensten Gründen ganz unterschiedliche Überlebenschancen, wie eine Statistik beweist: Russen überlebten in deutscher Gefangenschaft zu 94,6 %, Deutsche in russischer Gefangenschaft dagegen lediglich zu 60,5 %. Siehe *Chronik des Zweiten Weltkriegs*, Gütersloh (Bertelsmann) 1994, S. 176.

156 Geschürt wurden solche Vorurteile auch im Zusammenhang mit ungenauen Berichten über den Krieg gegen die Sowjetunion. So geistert die durch ein sowjetisches U-Boot versenkte »Wilhelm Gustloff« gerne als »Lazarettschiff« durch die Literatur – was sie zum Zeitpunkt ihrer Versenkung lange nicht mehr war. Auch hört man immer wieder, die Sowjetunion habe »die Genfer Kon-

ventionen« nicht anerkannt, was in dieser Absolutheit nicht stimmt. Und nicht zuletzt die Arbeit des DRK nach Kriegsende führte zu einer Abrundung des Bildes: Im Zusammenhang mit heimkehrenden Kriegsgefangenen war immer die Polarisation »gutes Rotes Kreuz – böse Russen« zu spüren.

157 Faktisch konnte damit jeder unliebsame Gefangene ohne Verfahren hingerichtet werden.

158 Zu den Zahlen vgl. Überschär/Wette, S. 160.

159 Interview bei Bergmann.

160 Namentlich bekannt sind sieben Tschechen, die zu einem eigenen Exilkorps gehörten, das an der Seite der Sowjetarmee kämpfte. Auffällig ist, daß der Tscheche Erik Freschel nicht erschossen, sondern erstochen wurde, vielleicht ein Indiz dafür, daß man sich dieser Soldaten als »Landesverräter« oder »Söldner« besonders grausam annahm?

161 Ob das 1. Armeeaussonderungskrankenhaus durch Schutzzeichen gekennzeichnet war, ist nicht bekannt und auch nicht relevant. Zum Zeitpunkt der beschriebenen Ereignisse war den Verantwortlichen bewußt, daß es sich um eine medizinische Einrichtung handelte, die dem besonderen Schutz der Genfer Konventionen unterlag (s. o.). Dafür spricht auch die Finte des Offiziers Schulz, eine Weiterverwendung ganz im Sinne der Genfer Konventionen bzw. der Haager Landkriegsordnung anzukündigen.

162 Der Name »Schulz« ohne Vorname und Rang läßt natürlich keine gezielte Überprüfung zu und wirft zudem die Frage auf, wie viele Deutsche sich anläßlich ähnlicher Aktionen mit Namen wie »Meier«, »Schulz« und »Müller« vorgestellt haben.

163 Zitate nach Klee/Dreeßen, S. 155 ff.

164 Hubig wurde für diese und andere Verbrechen nie zur Rechenschaft gezogen. Nach Kriegsende soll er unter dem Namen Helmut Haller eine neue Existenz aufgebaut haben.

165 Zitat nach Klee/Dreßen, S. 85.

166 Bamm, S. 194.

167 Interview bei Bergmann.

168 Global betrachtet gab es wahrscheinlich keinen am Zweiten

Weltkrieg beteiligten Staat, der sich nicht Kriegsverbrechen in irgendeiner Form zuschulden kommen ließ. Daß eine juristische Verfolgung letztlich nur bei Verbrechen der Achsenmächte und ihrer Verbündeten in großem Maßstab erfolgte, relativiert die »Schuld« nicht.

169 Interview bei Bergmann.

170 Wie relativ sorglos man allerdings mit den Genfer Konventionen umging, bewiesen auch die Alliierten nach Kriegsende. Die auf dem Gebiet des Deutschen Reiches von den Westalliierten festgesetzten russischen und ukrainischen Einheiten, die Wlassow-Armee an allererster Stelle, wurden nach einer Vereinbarung mit der Sowjetunion nicht als Kriegsgefangene behandelt, sondern als »displaced persons«, die es in die Heimat zurückzusiedeln galt. So wurden etwa Kosaken von den Briten entwaffnet, zu Sammeltransporten zusammengefaßt und direkt in Stalins Todeslager geschickt. Allein auf dem Friedhof der norddeutschen Kleinstadt Itzehoe findet man Dutzende von russischen Namen über einem Massengrab; die meisten hatten sich im örtlichen Lazarett selbst umgebracht, als sie von der bevorstehenden Überführung in die Sowjetunion erfuhren. Die Mißachtung des 3. Genfer Abkommens auch gegenüber deutschen Kriegsgefangenen durch Großbritannien, Frankreich und die USA, die mehrere tausend Menschen das Leben kosten sollte und die völkerrechtlich äußerst fragwürdig begründet wurde, soll hier jedoch nicht in voller Breite diskutiert werden.

171 Vgl. dazu vor allem Böhme, S. 38 ff. Schon im April 1945 gründete der Mathematiker Kurt Wagner in Flensburg einen Vorläufer des später von ihm geleiteten DRK-Suchdienstes und nannte diesen »Deutsches Rotes Kreuz – Flüchtlingshilfswerk – Ermittlungsdienst – Zentral-Suchkartei«. Ob hierfür eine Genehmigung oder gar ein gezielter Auftrag des DRK vorlag, ist aus Böhmes Darstellung nicht ersichtlich. Erdmann (S. 191) schildert dieselbe Episode und verweist auf Kontakte zum »Restpräsidium«, wahrscheinlich zu Gebhardt in seiner Rolle als Geschäftsführender Präsident des DRK.

172 Böhme, S. 160 f.

260

173 Kurioserweise tauchen auf dieser Liste neben Angehörigen jener westeuropäischen Staaten, die SS-Truppen aufstellten (Belgien, Dänemark, Frankreich, Luxemburg, Norwegen) und Staatsangehörigen mit dem Dritten Reich kollaborierender (Marionetten-)Staaten wie z. B. Jugoslawien (wahrscheinlich mehrheitlich Kroaten und Bosnier), den Baltikumstaaten und Ungarn auch auf: 16 Amerikaner (richtiger: US-Bürger, davon sieben »verschollen«), fünf Engländer (richtiger: Briten, davon zwei »verschollen«), ein Schwede (evtl. Raoul Wallenberg, »verschollen«), neun Schweizer (davon drei »verschollen«), ein Türke (ebenfalls »verschollen«) und 37 Angehörige »außereuropäischer Staaten« (ohne Japan, davon sieben »verschollen«). Angaben wie »zehn Ukrainer, vier davon verschollen« dürften dagegen eher kosmetischer Art gewesen sein. Die an deutscher Seite gegen die Sowjetunion kämpfenden Volksgruppen im Staatsgebiet der UdSSR waren wohl in Stalins Sinne schon »bereinigt« worden. Komplette Liste bei Böhme, S. 131.

174 Die sowjetischen Behörden betrachteten bei ihrer Nationalitätszuordnung wahrscheinlich den Zustand Europas nach Beendigung des Krieges, daher die Herauslösung der Österreicher und die Zusammenfassung der Jugoslawen. Eventuell wurde auch der Status vor Beginn der deutschen Expansionspolitik gewählt, dagegen spricht jedoch das Fehlen von Danziger Stadtbürgern auf der Liste.

175 Der Einsatz war zwar durch seine zwischenstaatlichen Bemühungen »international«, entsprach jedoch keiner »internationalen« Tätigkeit im Sinne eines gegenseitigen Nutzens. Für die ehemaligen Kriegsgegner, die ihre eigenen Suchdienste betrieben und zudem unmittelbar nach der Kapitulation alle deutschen Akten (so noch vorhanden) beschlagnahmten, war die in der Anfangszeit dilettantisch und verzweigt geführte »Suchdienstkartei« des DRK wertlos.

176 Zitate nach Kadell, S. 82.

177 Tatsächlich war eine deutsche Beteiligung an dem Massaker wohlweislich vor Bekanntgabe ausgeschlossen worden, obwohl die verwendete deutsche Munition zumindest ein Indiz hierfür geliefert hätte.

261

178 Auch die polnische Exilregierung bekam den Wind von vorne zu spüren. Am 19. April schrieb die *Prawda* im Zusammenhang mit den polnischen Kontakten zum IKRK über »Hitlers polnische Kollaborateure«.

179 Ein wahrscheinlich äußerst effektiver Keil. Der keineswegs nach Moskau orientierte polnische Regierungschef im Exil, Wladyslaw Sikorski, stürzte samt seines Beraterstabes noch im Juli 1943 mit einem Flugzeug über dem Mittelmeer ab, nur der tschechische Pilot der »Liberator« kann sich retten. Über die genauen Hintergründe des Absturzes wurde niemals etwas bekannt, obwohl US-Stellen offen Sabotage vermuteten. Sowohl britische als auch sowjetische Geheimdienstkreise wurden als Drahtzieher wiederholt hinter dem »Unfall« Sikorskis vermutet. Pikanterweise war im britischen Geheimdienst zu jener Zeit Kim Philby für den Mittelmeerbereich zuständig, der später als sowjetischer »Maulwurf« enttarnt wurde.

180 Im Gesetz über die Wiederherstellung des Berufsbeamtentums, das »Nichtariern« das Beamtenverhältnis versagte, war extra eine Schutzklausel für Weltkriegsveteranen und deren nahe Verwandte enthalten!

181 Allerdings war Theresienstadt bereits seit Januar 1942 Durchgangsstation für die Vernichtungslager, seit Oktober 1942 wurde von Theresienstadt nach Auschwitz deportiert. Insgesamt wurden aus Theresienstadt 88 000 Menschen in Vernichtungslager deportiert.

182 Tatsächlich war jeder Schulbetrieb in Theresienstadt verboten und wurde im Untergrund durchgeführt.

183 Grüneisen, S. 188.

184 Lichtenstein, S. 23.

185 Hierzu und zu Grawitz' Rolle vgl. Höß, S. 163. Höß nennt Grawitz nie beim Namen, sondern erwähnt nur seinen Funktionsposten.

186 Klee, *Auschwitz ...*, S. 119.

187 Willy Witteler, 1944 Lagerarzt in Dachau, gab an, man habe die Totenscheine stets mit dem Vermerk »Kreislaufstörungen« oder »Herzschwäche« versehen.

188 Auszüge in Klee/Dreßen/Rieß, S. 231 ff.

189 Zum Besuch Himmlers in Auschwitz am 17. und 18. Juli 1942 vgl. Höß, S. 181 ff. Über den anschließenden Besuch von Grawitz berichtet Höß nicht, wie er auch den Reichsarzt SS nur als Funktion nennt, nicht jedoch als Person. Da Höß ein fast freundschaftliches Verhältnis zu Gebhardt hatte (siehe entsprechendes Kapitel), stellt sich die Frage, ob diese Nichterwähnung von Grawitz Ausdruck einer Fraktionsbildung innerhalb der medizinischen SS-Führung war.

190 Auch Malariaforscher Schiller nahm gern polnische Geistliche als Versuchskaninchen.

191 Auch in anderen KZ wurde mit Gasbrand experimentiert.

192 Klee, *Auschwitz* ..., S. 166.

193 Zitate nach Klee, *Auschwitz* ..., S. 261.

194 Fraglich ist, ob mit C-Waffen-Einsatz des Gegners gerechnet wurde oder ob im Hinblick auf einen eigenen Einsatz dieser Mittel hin geforscht wurde.

195 An der 3. Arbeitstagung der Beratenden Ärzte der Militärärztlichen Akademie, bei der auch über Menschenversuche im KZ Ravensbrück referiert wurde, nahm Poppendick als »Stabschef des Reichsarztes SS und Polizei Grawitz« teil.

196 Ein Bild Raschers bei seinen Menschenversuchen (*Chronik der Medizin*, Dortmund 1993, S. 465) zeigt eine auffällige Ähnlichkeit sowohl mit Bela Lugosi (»Dracula«) als auch Boris Karloff (»Frankenstein«). Rascher erinnert insgesamt an Fred Gwynne in der Maske des »Herman Munster«. Diese Rolle war eine Karikatur von Frankensteins Monster. Diese Ähnlichkeit mit Darstellern des frühen Horrorfilms entbehrt nicht einer gewissen Ironie.

197 Eine eklatante Verletzung der Genfer Abkommen unter der Schirmherrschaft des DRK-Chefs Grawitz.

198 Zitate nach Klee, *Auschwitz* ..., S. 353.

199 Klier unterstellt die Möglichkeit, Rascher sei von Häftlingen umgebracht worden (S. 294). Hier dürfte der Wunsch der Autorin Vater des Gedankens gewesen sein, denn Klier gibt weder Belege für diese Version an, noch läßt diese Vermutung sich nach der Aktenlage in irgendeiner Form verifizieren.

200 Im Nürnberger Ärzteprozeß 1947 wurde Schröder zu lebenslänglicher Haft verurteilt.

201 Zitate nach Klee, *Auschwitz* …, S. 246 f.

202 Ein Häftling wurde relativ früh von der Teilnahme befreit und weggeschafft, sein Schicksal ist ungeklärt.

203 Sogenannte Häftlingsärzte waren KZ-Häftlinge mit Medizinstudium, die zur Mitarbeit gezwungen wurden.

204 Die Episode Heißmeier beweist zumindest, daß die schlimmsten Schergen des Dritten Reiches nicht nur in Westdeutschland und Südamerika untertauchen konnten.

205 Klee, *Auschwitz* …, S. 86.

206 So zumindest die Annahme des Lagerarztes Baumkötter; vgl. Klee, *Auschwitz* …, S. 87.

207 Klee, *Auschwitz* …, S. 87. Die Aussage bezieht sich eindeutig auf die Entsorgung von restlichem N-Stoff, das maschinengewehrähnliche Geräusch kann also nicht mit der Exekution der Opfer der Versuche verbunden sein.

208 Speer, S. 318.

209 So die Aussage Gebhardts. Tatsächlich trat er in die Bayerische Armee ein, denn eine gesamtdeutsche Wehrmacht schuf erst der Nationalsozialismus.

210 So jedenfalls Gebhardts Aussage in Nürnberg. Tatsächlich geriet er zunächst in französische Kriegsgefangenschaft; die dort erfahrene objektiv schlechte Behandlung scheint einen Verdrängungsprozeß ausgelöst zu haben.

211 Speer, S. 317 ff.

212 Hierbei handelt es sich um eine polizeigrüne Ju-52-Reisemaschine mit dem Kennzeichen D-ALUE, eine Ehre, die sonst nur Göring mit seiner roten »Manfred von Richthofen« gewährt wurde.

213 Zitiert nach Speer, S. 323.

214 Nach Fremdquellen (u. a. Klier ohne Nachweis, Anmerkung Broszat bei Höß ohne Nachweis) war Gebhardt schon 1933 Mitglied der SS geworden.

215 Oder vielleicht gerade wegen dieses »Desasters«? Gebhardt behandelte ja auch Speer und Daluege in einer Form, die medizi-

nisch nicht haltbar, aber mit den Interessen seines Chefs Himmler vereinbar war. Der Verdacht, Himmler habe sich Heydrichs auf diese Art entledigt, wurde bislang noch nie genau untersucht.

216 Das Ende dieser Stellung ist nicht genau bekannt, im Vernehmungsprotokoll ist »Februar 194.« angegeben.

217 Klier (S. 265) behauptet sogar, Gebhardt habe damit »prophylaktisch ein Bombardement auf das Lazarett« verhindert. Diese Ansicht dürfte in letzter Konsequenz falsch sein, da Hohenlychen bereits als Einrichtung des Sanitätsdienstes mit Schutzzeichen versehen war. Eine Bombardierung des abseits militärischer Ziele gelegenen Lazaretts wäre daher ein Akt der Aggression von solcher Tragweite gewesen, daß auch gutes Zureden des Schwedischen Roten Kreuzes die Alliierten kaum davon abgehalten hätte, wenn ein solcher Plan tatsächlich gefaßt worden wäre.

218 Ein wichtiger Faktor. Wahrscheinlich wollte auch Himmler sich so vorsorglich des Schutzes durch die Genfer Abkommen versichern.

219 Klier, S. 274.

220 Klier scheint dies als Faktum anzuerkennen, wobei sie keine Quellen angibt. Prof. Dr. Meir Dworzecki von der Bar-Ilan-Universität äußerte kurz vor seinem Tod 1974 ebenfalls die Meinung, Gebhardt sei tatsächlich ernannt worden; Lichtenstein scheint sich dieser Aussage nicht unbedingt anschließen zu wollen; das Deutsche Rote Kreuz verneint eher eine Amtsübernahme (als Präsident) durch Gebhardt. Die Erinnerungen von Rudolf Höß, der Gebhardt in Flensburg begegnete und der mit diesem bereits vorher persönlich bekannt gewesen sein muß, lassen keinen Rückschluß zu. Zwar impliziert Höß zumindest andeutungsweise, daß Gebhardt in einer offiziellen Funktion tätig war (»Frauen und Kinder übernahm Gebhardt«), erwähnt jedoch niemals die Art der Funktion.

221 Bahnsen/O'Donnell, S. 70 f.

222 Andere Quellen bringen Gebhardt in dieser kritischen Episode nicht direkt mit Himmler zusammen. Laut Knopp (S. 197) soll Himmler am 20. April 1945 das letzte Mal im Führerbunker

gewesen sein; die Ereignisse um die Ernennung sind einfach sehr verworren.

223 Zumindest Speer bezeichnete Gebhardt nach Kriegsende (in ein Zitat von Prof. Koch eingefügt, vgl. Speer, S. 325) als Reichsarzt SS, vielleicht ein Hinweis auf die Realitätsnähe dieses Versuchs zur Rekonstruktion der Vorgänge.

224 Erdmann, S. 191. Bei Böhme (S. 38) ist dieselbe, für den Suchdienst entscheidende historische Episode, nämlich die Gründung des Flensburger Suchdienstes, ohne jede Klärung der DRK-internen Vorgänge dargestellt. Erdmann schrieb seine erfrischend offene Chronik mit zahlreichen Verklausulierungen, wertete jedoch den Einfluß des Dritten Reiches auf das DRK in Ansätzen durchaus richtig. Böhmes heroisierende Geschichte des Suchdienstes dagegen erschien in einer Zeit, als ebendiese Gliederung des DRK gerade bemüht war, deutsche Kriegsverbrecher vor Verfolgung im Ausland zu warnen.

225 Zu den Tätigkeiten Gebhardts für die SS-Führer vergleiche Höß, S. 148f. und 186f. Es ist bis heute nicht geklärt, ob Himmler im Sinne des Wortes »untertauchen« wollte oder aber auf offizielles, durch Graf Bernadotte vielleicht befürwortetes Asyl in Schweden hoffte. Rudolf Höß jedenfalls fand Himmler, sehr zu seinem eigenen Erstaunen, nach Hitlers Selbstmord in Flensburg »strahlend und bester Laune« vor.

226 Die junge Oberheuser wurde während ihrer Zeit als KZ-Ärztin unter Hohenlychener Ärzten weniger durch ihre medizinische Kompetenz als durch einen seidenen Arztkittel bekannt, unter dem sie rosa Dessous hervorscheinen ließ. Vgl. Klier, S. 175f.

227 Klee, *Auschwitz ...*, S. 156.

228 Dieses und weitere Zitate nach Klee, *Was sie taten ...*, S. 85ff.

229 Was wenig verwundert, wenn man an die gefälschten Totenscheine denkt, die im Umlauf waren. Kein Arzt hätte wohl als Todesursache »Verhungern nach Dr. Schultzes Plan« vermerkt.

230 Besonders die deutsche Nachkriegsjustiz ließ jedoch auch manchen Täter ungeschoren davonkommen, ein dunkles Kapitel, das hier nicht weiter aufgearbeitet werden soll und kann.

231 Andere bekamen sogar Freifahrkarten und gutdotierte Posten

bei den Siegermächten in Ost und West und wurden von deren Geheimdiensten an den Justiz- und Militärbehörden vorbei aus Deutschland hinausgeschleust. Unter anderem bediente sich die US-Luftwaffe der durch Menschenversuche international an erster Stelle rangierenden deutschen Luftfahrtmediziner, und auch das amerikanische Raketen- und Weltraumprogramm erhielt durch deutsche Wissenschaftler seinen entscheidenden Schliff. Wernher von Braun, dem legendären »Vater der Weltraumfahrt«, verzieh man etwa den Einsatz (und Tod) von Sklavenarbeitern bei der Entwicklung und Produktion von »Vergeltungswaffen« großzügig.

232 Zitat Bischof Alois Hudal, der auch zu seiner Rechtfertigung anführte, ihm habe schließlich niemand seine Vergangenheit im Dritten Reich gebeichtet.

233 Otto Skorzeny war (unter anderem) an der spektakulären Befreiung Mussolinis aus dessen Gefängnis auf dem Gran Sasso beteiligt, organisierte völkerrechtswidrig eingesetzte deutsche Kampfeinheiten in US-amerikanischen Uniformen, konnte nach Kriegsende auf wundersame Weise aus einem amerikanischen Gefangenenlager nach Spanien flüchten und Hilfsorganisationen für ehemalige »Kameraden« gründen, ging später sogar in der Bundesrepublik Deutschland offen mit seinen »Heldentaten« hausieren und arbeitete bis zu seinem Tod 1975 für diverse internationale Geheimdienste – sogar für den israelischen.

234 Papst Pius XII. ging jedoch deutlich auf Distanz zu Hudal, als Freiherr von Wächter, steckbrieflich als Massenmörder gesuchter ehemaliger Vizegouverneur im besetzten Polen, im Vatikan an Gift verstarb. In seinen Memoiren gedachte Hudal des SS-Sturmbannführers, der in seinen Armen starb, »mit Ergriffenheit«.

235 Das Wort »Schauprozeß« wird hier bewußt verwendet, da das israelische Gericht dem Verwaltungsbeamten Eichmann keine persönliche Beteiligung an Morden nachweisen und schließlich nur seine minutiöse Planung der notwendigen Holocaust-Infrastruktur gegen ihn verwenden konnte. Das Todesurteil gegen ihn war dennoch unausweichlich, der Prozeß eine reine Formalität.

Letztlich ging es Israel wohl auch nicht primär um die Verurteilung der Einzelperson Eichmann, sondern um die Signalwirkung der Entführung und Hinrichtung – daher der Begriff »Schauprozeß«, der die Rechtmäßigkeit der Verurteilung Eichmanns in keiner Form anzweifeln soll.

236 Es entbehrt nicht einer gewissen Ironie, daß der Scherge des »Homöopathen« Himmler eine Briefbombe in dieser Tarnung bekam.

237 Brasilien war pikanterweise einer der wenigen südamerikanischen Staaten, die dem Dritten Reich frühzeitig den Krieg erklärten und an der Seite der USA auch tatsächlich Kampftruppen gegen die Achsenmächte einsetzten.

238 Giefer, S. 101.

239 Ein Ausweis sollte ihn als Wehrmachtsangehörigen namens »Josef Hackl« identifizieren, zeigte auf dem Bild jedoch Schwammberger in voller SS-Uniform.

240 Galland kehrte später nach Deutschland zurück und hatte einen seiner letzten öffentlichen Auftritte in einem privaten Luftfahrtmuseum in Hannover, wo er voller Nostalgie und unter berührten Blicken seiner »Fans« ein restauriertes Jagdflugzeug der nationalsozialistischen Luftwaffe bestieg.

241 Rudel war nach dem Krieg vor allem von Südamerika aus für verschiedene rechtsextremistische Parteien als Propagandist tätig und eine Galionsfigur der alten wie neuen Rechten. Bei seinem Begräbnis traten Bundeswehrsoldaten in Uniform auf, und Kampfflugzeuge überflogen nach offizieller Darstellung »zufällig« zeitgleich den Friedhof. Posthum ehrte ihn auch der bekannte Rechtsaktivist Gerhard Frey durch Benennung einer rechtsradikal-militaristischen Vereinigung nach dem Fliegerhelden.

242 Einige dieser Ukrainer arbeiteten während des Kalten Krieges für die CIA und an der Destabilisierung der UdSSR.

243 Giefer, S. 101 f.

244 Für Wiesenthals Darstellung der Vorgänge vgl. Wiesenthal, S. 305 ff., alle Zitate dort.

245 Böhme, S. 293.

246 Eitner, S. 100.

247 Auch Adolf Eichmann bemühte sich letztlich stets nur um »einzelne Aufgaben« in der »Flut alles überwältigender Geschehnisse«. Einen Nekrolog dieser Art hätte er aber von Schlögel wohl nicht bekommen, da er keine »Persönlichkeit« war.

248 Gruber, *125 Jahre* ... Gruber orientiert sich bei seiner Chronik an Jubiläen – 1938 war das DRK 75 Jahre alt. Wegen der »Reichskristallnacht« und des Anschlusses Österreichs ist natürlich auch 1938 ein Schlüsseldatum.

249 Gruber, *125* Jahre ..., S. 52.

250 Oft wird behauptet, es habe auch eine Zwangsverpflichtung zur Waffen-SS gegeben, nach Ansicht des Verfassers aber nicht auf breiter Ebene.

251 In dieser Gruppe innerhalb des DRK sind 15,7 % Parteimitglieder, in der Gesamtheit der Wahlberechtigten (bei Berücksichtigung der absolut höchsten Zahl von NSDAP-Mitgliedern, 8 500 000) bis zu 16 %.

252 Ausgehend von 267 Personen und 45 Parteibüchern ergibt sich eine beachtenswerte prozentuale Steigerung: Jetzt sind 16,85 % der DRK-Frauen NSDAP-Mitglieder.

253 Bei Gruber lautet der Name »Schmid«, wohl eine Verwechslung mit dem mehrfach erwähnten Sozialdemokraten Carlo Schmid.

254 Hilberg, S. 652.

255 Schlotterbeck war der einzige Überlebende seiner Familie, deren neun andere Mitglieder wegen ihrer aktiven Beteiligung am kommunistischen Widerstand am 30. November 1944 hingerichtet wurden. Friedrich Schlotterbeck überlebte nur durch eine Flucht in die Schweiz.

256 Gruber, *Das Rote Kreuz* ..., S. 7.

257 Gruber, *Das Rote Kreuz* ..., S. 82.

258 Die Formulierung »NS-Organisation« ist geschickt gewählt, aber sehr schwammig. Sie kann für eine nationalsozialistische Organisation (was das DRK war) oder eine Gliederung der NSDAP (was das DRK nicht war) stehen.

259 Gruber, *Das Rote Kreuz* ..., S. 86.

260 Gruber, *Das Rote Kreuz* ..., S. 88. Es ist ausdrücklich von Mit-

gliedschaft die Rede, nicht von einer Arbeit im oder für das Deutsche Rote Kreuz.

261 Personal des Krankentransports z. B. wurde auf der Basis solcher »Dienstverpflichtungen« von anderen Stellen in das DRK übernommen. In diesem Bereich gab es auch Zwangsverpflichtungen, als längst keine Freiwilligen mehr kamen.

262 Gruber, *Das Rote Kreuz* ..., S. 88.

263 Grüneisen, S. 191 f.

264 Gruber, *Das Rote Kreuz* ..., S. 87.

265 Gruber, *Das Rote Kreuz* ..., S. 91.

266 Gruber, *Das Rote Kreuz* ..., S. 96.

267 Gruber, *Das Rote Kreuz* ..., S. 96. Wenigstens behauptet der Verfasser hier nicht pauschal, die Deutschen hätten »von alledem nichts gewußt«.

268 Anders als Gruber, *125 Jahre* ..., der Hitler nur zweimal erwähnt – einmal als dieser 1933 Reichskanzler wird (S. 19) und dann noch einmal in der Formulierung »Anti-Hitler-Gruppe« (S. 53), die zu der fraglichen Zeit gar nichts mit dem DRK zu tun hatte.

269 Auch Namen wie Hitler oder Hocheisen fehlen ganz. Hatte Erdmann noch fast emotionslos vom »Zusammenbruch der Dachorganisation« gesprochen, beschwerte man sich in der neueren Druckschrift angesichts der Probleme nach Kriegsende: »Trotzdem gehörte es zu den ersten Taten der Militärregierung, die zentrale Organisation des Deutschen Roten Kreuzes aufzulösen.«

270 Klee, S. 41.

271 Klee, S. 239.

272 Wie weit man von der antisemitischen Ideologie der NSDAP entfernt war, zeigte sich schon 1927. Unter dem Arbeiter-Samariter Noack wurden in Palästina die ersten Helferkurse für jüdische Siedler abgehalten, die mit der Gründung eines eigenen Hilfswerks unter dem Zeichen des roten Davidsterns endeten.

273 Müller, *Mit einem Unfall fing es an* ..., S. 192.

274 Im Gegensatz etwa zur Arbeiterwohlfahrt, wo durchaus verdeckte Widerstandsarbeit geleistet wurde.

275 Wirz, *Seenot* ..., S. 244.

276 Ostersehlte in »Die Deutsche Gesellschaft zur Rettung Schiff-

brüchiger«, ein Buch, das zu den wissenschaftlich sehr gut auf-
gearbeiteten und neutralen Vereinschroniken zählt und somit zu
Recht in der Reihe »Schriften des Deutschen Schiffahrtsmuseums« erschienen ist.

277 Die DGzRS hatte (und hat noch heute) Gliederungen in Land-
strichen, die der See und ihren Gefahren so vertraut sind wie der
Wattwurm dem Hochgebirge. Diese Gliederungen dienen der
Förderung der Gesellschaft und zeichnen sich vor allem durch
Sammelaktionen und PR-Arbeit aus, sind durch die so gewon-
nenen Gelder aber eine unerläßliche Stütze des Seenotrettungs-
wesens.

278 Und damit zwangsweise auch die DGzRS.

279 Ostersehlte, S. 59.

280 Womit er dann auch nur einen Arbeitslosen durch einen anderen
ersetzt hätte – ein Beispiel für die Schizophrenie des Dritten Reiches.

281 Es gab lediglich zwei Seefahrzeuge mit seinem Namen, einen
Fischdampfer der Hanseatischen Hochseefischerei AG und einen älteren Motorsegler. Neue Benennungen wurden jedoch
nach 1933 nicht zugelassen, auch für den als Museumsschiff erhaltenen Dampfeisbrecher »Stettin« wurde der von der Stettiner
Industrie- und Handelskammer vorgesehene Name »Adolf Hitler« nicht genehmigt.

282 Ostersehlte führt allerdings zur Entlastung Firles an, er habe immerhin für den Vorstand die Intrigen gegen die DGzRS durch
Schwarz und den abgelehnten Kapitän offiziell zurückgewiesen.

283 Der Bericht war weitgehend neutral. Abgesehen vom Beginn des
Ersten Weltkrieges fand lediglich die Gründung des deutschen
Kaiserreiches nahezu beiläufige Erwähnung.

284 Man bat sogar noch 1935 die holländische Noord- en Zuidhol-
landsche Reddings-Maatschappij (NZHRM) über persönliche
Kontakte um Aufklärung über die publizistische Wirkung und
eine Verwendung in fremder Propaganda gegen die DGzRS. Sekretär De Booy schätzte *Die weiße Feder* allerdings als politisch
harmlos ein. Der Vorgang war damit anscheinend erledigt.

285 Das Boot wurde 1937 unter dem Namen »Hindenburg« in Dienst

gestellt, ging am 28. November 1940 durch Minentreffer verloren und ist nicht mit der im Kieler Schiffahrtsmuseum erhaltenen »Hindenburg« identisch.

286 Diese Feiern stellten eine besondere Art von »Heldengedenktag« für die Toten der Skaggerrakschlacht dar und sollten den rechtslastigen Mythos der Deutschen Kriegsmarine aufrechterhalten – schließlich waren es Marinesoldaten gewesen, die den Untergang des Kaiserreiches durch die Revolution von 1918 ausgelöst hatten.

287 Großadmiral Erich Raeder, Oberbefehlshaber der Kriegsmarine, 1946 in Nürnberg zu lebenslänglicher Haft verurteilt und 1955 aus gesundheitlichen Gründen entlassen, verstorben 1960.

288 Womit sich Apelt von vielen DVP-Mitgliedern unterschied, die sich den Nationalsozialisten zuwandten.

289 Von 1945 bis 1955 war Apelt wieder Senator und in dieser Zeit Mitglied der FDP.

290 Ostersehlte, S. 133.

291 Die eigenen, wesentlich schnelleren Flugsicherungsboote der Luftwaffe waren nur für einen Einsatz unter guten Wetterbedingungen geeignet.

292 Zur Verfolgung von Bootsbiographien hilft für diese Zeit der Name nicht weiter, sondern nur die konstant bleibende KR-Nummer.

293 Unter anderem berufen sich Schmitz/Bartnitzke auf den drei Seiten, die der Zeit zwischen 1933 und 1945 gewidmet sind, zweimal auf Selbständigkeit, zweimal auf Unabhängigkeit und einmal auf Freiheit, die für die DLRG gegolten haben sollen.

294 Für eine kurze Zusammenfassung empfehlenswert ist der Artikel »Sport« von Wolf-Dieter Mattausch in der *Enzyklopädie des Nationalsozialismus*, S. 251 ff.

295 Nur dieser Sichtweise ist es wahrscheinlich auch zu verdanken, daß die DLRG nicht in das DRK überführt wurde, dem ja schnell alle »Rettungsvereine« zugeschlagen wurden.

296 Schmitz/Bartnitzke, S. 43.

297 Die zur Arbeiterbewegung gehörenden etwa 4000 Sportvereine wurden schlichtweg aufgelöst, da sie dem Regime nicht zuträglich waren; das Vermögen wurde vom Staat eingezogen.

298 Lewin, S. 38.

299 Schmitz/Bartnitzke, S. 43.

300 Schmitz/Bartnitzke, 3. Auflage, S. 43.

301 »Gleichberechtigter Vorsitzender« mit Georg Hax war Breithaupt schon seit 1937, insgesamt bestimmte der mörderische SS-Jurist also über drei Viertel der Lebensdauer des Dritten Reiches die Geschicke der Wasserretter.

302 Hilberg, S. 212.

303 Beisitzer klingt etwas abmildernd, tatsächlich waren die Beisitzer neben dem Vorsitzenden Richter auch Richter, brauchten jedoch nicht unbedingt die Befähigung zum Richteramt, sondern nur eine führertreue Grundeinstellung vorzuweisen. Vgl. hierzu Müller, »Furchtbare Juristen«.

304 Dabei zitiert sich Bartnitzke später in fast peinlicher Form selbst (S. 111 bzw. in der 3. Auflage S. 163): »Information und Dokumentation sind eine Erkenntnisquelle, aus der durch Zahlen und Bilder die Tatsachen in unverschleierter Form herausfließen.« Dieser verquere Satz steht im Widerspruch zu der im Zusammenhang mit Breithaupt gebotenen »Dokumentation und Information« und der durchaus verschleierten Geschichte der DLRG unter dem Nationalsozialismus.

305 Schmitz/Bartnitzke, S. 47.

306 Schmitz/Bartnitzke, S. 47.

307 So jedenfalls Schmitz/Bartnitzke auf S. 49. Gab es nun einen Landesverband Wehrmacht oder drei Landesverbände für Heer, Marine und Luftwaffe, wie auf S. 47 angegeben?

308 Der Verfasser macht zu diesem Satz die Einschränkung, daß diese Aussage wegen fehlender anderer Unterlagen auf der von der DLRG selbst publizierten Liste der Landesverbände basiert. Ein »Landesverband SS« wäre zumindest theoretisch denkbar gewesen, zumal sich über das DLRG-Präsidium doch recht enge Verbindungen zur SS ergaben.

309 Diese Prüfungsabnahme an sich stellt aber nach Ansicht des Verfassers keine Kollaboration mit diesen Organisationen dar, selbst wenn sie einheitsweise erfolgt wäre. Letztlich ist die Rettungsschwimmerprüfung eine freiwillige Angelegenheit und

damit in ihrer politischen Brisanz vielleicht dem Angelschein gleichzusetzen.

310 Eine Anfrage bei den Reichsbehörden bestätigte später zudem, daß Juden auch bei Werkfeuerwehren nicht tätig sein durften.

311 Jarausch/Haase, S. 102–110.

312 Bei den Fahrzeugen könnte es sich allerdings auch um parteieigene gehandelt haben, die speziell für das Reichsparteitagsgelände angeschafft wurden.

313 Thalmann/Feinermann, S. 103 ff.

314 Pehle, S. 111.

315 Thalmann/Feinermann, S. 90 ff. Bei den Fachmännern könnte es sich um Mitarbeiter der Reichspost, der Stadtwerke, um Militärs, SA- oder SS-Leute, Polizisten oder sogar um Mitglieder der Technischen Nothilfe gehandelt haben.

316 Thalmann/Feinermann, S. 90.

317 Thalmann/Feinermann, S. 117 ff.

318 *Jüdisches Leben* ..., S. 25 f.

319 Mündlich überliefert durch Leonhard Palm.

320 *Jüdisches Leben* ..., S. 27 ff.

321 Pehle, S. 21.

322 *Jüdisches Leben* ..., S. 21 ff.

323 Thalmann/Feinermann, S. 95 f.

324 Thalmann/Feinermann, S. 98 f.

325 *Jüdisches Leben* ..., S. 24 f.

326 Pehle, S. 20.

327 Thalmann/Feinermann, S. 84 f.

328 Die große Münchner Synagoge war schon im Sommer 1938 planmäßig gesprengt worden, fiel also als Ziel der SA aus.

329 Pehle, S. 26 f.

330 Hervorhebung nicht im Original.

331 *Jüdisches Leben* ..., S. 26 und 65 ff.

332 Pehle, S. 20 ff.

333 Jarausch/Haase, S. 109. Eine der wenigen befriedigenden Aufarbeitungen des 10. November 1938 in der Feuerwehr-Literatur.

334 Pehle, S. 74 f.

335 Brunswig, S. 355. Warum das technische Geschick der Ukrainer

erstaunlicher als bei einem deutschen Feuerwehrmann gewesen sein soll, ist nicht erklärt.

336 Brunswig, S. 354. Der Autor schlägt hier etwas über die Stränge, denn er berücksichtigt nicht die Tatsache, daß die Männer als Gefangene unter unwürdigen Bedingungen nach Hamburg gebracht wurden. Auch sind »Resistenz« und »Verlogenheit« verständlich, denn schließlich waren die Ukrainer nicht freiwillig an die Waterkant gekommen. Da die Männer die stärksten Luftangriffe auf Hamburg (oder zumindest ihr Nachspiel – Brunswig hat hier keine genauen Daten angegeben) miterlebt hatten, dürften die »Alkoholexzesse« durchaus verständlich gewesen sein. Insgesamt scheint bei Brunswig unbewußt noch etwas der »deutsche Geist« zu wehen, denn seine Wortwahl (»wesensfremd«) wie auch seine Beurteilung erscheinen wenig objektiv.

337 Jarausch/Haase, S. 123.

338 *100 Jahre Berufsfeuerwehr Hannover*, S. 6.

339 Jarausch/Haase, S. 123 f.

340 Pikanterweise gründete im September 1974 der Arzt Uwe Jürgens, dem Kontakte zu neofaschistischen Organisationen nachgesagt wurden, in Nordrhein-Westfalen eine »Nottechnische Übungs- und Bereitschaftsstaffel (Teno)«, die nach Beschreibung von Hirsch (S. 98 f.) zumindest bis 1987 »regelmäßig als Katastrophenschutzübungen getarnte paramilitärische Übungen« durchführte. Diese Teno kann nach Einschätzung der Bundesregierung als »Wehrsportgruppe mit neonazistischen Bezügen« bezeichnet werden.

341 Richtlinien für die Technische Nothilfe e. V., Erlaß Nr. IA 5407/22.8. des Reichsministers des Inneren vom 1. September 1930.

342 Richtlinien für die Technische Nothilfe, Erlaß Nr. IA 5400/7.10. des Reichsministers des Inneren vom 19. Oktober 1933.

343 Nach dem BBG gab es jedoch bis November 1935 Ausnahmen für vor 1914 beamtete Personen (was auf die TN nicht zutreffen konnte) und für ehemalige Frontkämpfer und deren Angehörige. Diese Bestimmungen findet man in den TN-Richtlinien nicht

wieder, hier wurde schon ein völliger Ausschluß von »Nichtariern« bestimmt.

344 Analog wurden auch die Feuerwehren als Feuerschutzpolizei der
Polizei angegliedert.

Annotierte Bibliographie

Die folgenden bibliographischen Angaben wurden teilweise mit (durchaus subjektiven) Kommentaren des Verfassers versehen, um dem Leser die schnelle Orientierung zu erleichtern. Ohne Erwähnung blieben Standardwerke wie Lexika oder Gesamtdarstellungen.

Bahnsen, Uwe/O'Donnell, James P. O.: *Die Katakombe*, Stuttgart 1975. Beschreibung der Vorgänge in der Reichskanzlei gegen Ende des Zweiten Weltkrieges; nicht alle Dialoge und Monologe dürften sich eindeutig belegen lassen; zumeist basieren sie auf dem Hörensagen.

Bamm, Peter: *Die unsichtbare Flagge*, München/Zürich 1975. Autobiographische Aufzeichnungen eines Arztes an der Ostfront.

Bastian, Till: *Furchtbare Soldaten*, München 1997. Ähnlich der Ausstellung »Vernichtungskrieg« beleuchtet Bastian schlaglichtartig Verbrechen deutscher Soldaten, beginnt jedoch schon im Ersten Weltkrieg.

Benz, Wolfgang (Hg.): *Legenden, Lügen, Vorurteile*, München 1990.

Benz, Wolfgang/Graml, Hermann/Weiß, Hermann (Hg.): *Enzyklopädie des Nationalsozialismus*, München ³1998.

Bergmann, Wolfgang: »Mißbrauchte Helfer – Das Deutsche Rote Kreuz 1921–1945«, LICHTfilm für NDR und WDR in Zusammenarbeit mit ARTE 1996 (TV-Reportage).

Berufsfeuerwehr Gelsenkirchen (Hg.): *Feuerwehr Gelsenkirchen 90 Jahre*, Gelsenkirchen 1994.

Berufsfeuerwehr Zwickau (Hg.): *Feuerwehren der Stadt Zwickau*, Zwickau 1992.

Böhme, Kurt W.: *Gesucht wird …*, München 1970. Vom Deutschen

Roten Kreuz unter anderem an freiwillige Mitarbeiter der Kreis-
auskunftsbüros (örtliche Gliederungen des Suchdienstes) ver-
schenktes Buch, dessen Fallbeispiele zum Teil »Märchencharak-
ter« haben.

Brunswig, Hans: *Feuersturm über Hamburg*, Stuttgart ⁴1981. Teilweise
persönlich gefärbter Bericht eines ehemaligen Offiziers der Feuerschutzpolizei und späteren Beamten der Hamburger Berufsfeuerwehr; leider nicht frei von vorurteilsartigen Bewertungen.

Buchheim, Hans/Broszat, Martin/Jacobsen, Hans-Adolf/Krausnick,
Helmut, *Anatomie des SS-Staates*, 2 Bde., München ⁵1989.

Buchner, Alex: *Der Sanitätsdienst des Heeres 1939-1945*, Wölfersheim-
Berstadt 1995. Brauchbare Gesamtdarstellung, die jedoch stellen-
weise unter einem »Landser«-Ton leidet; die Mitwirkung des
DRK wird nicht thematisiert.

Deutsches Rotes Kreuz, Generalsekretariat: *Es begann in Solferino*,
Bonn o. J.

Deutsches Rotes Kreuz, Landesverband Schleswig-Holstein: *30 Jahre
Deutsches Rotes Kreuz Landesverband Schleswig-Holstein*, Lütjensee
1978.

Eitner, Lisa:»100 Jahre Rotes Kreuz im Kreis Pinneberg«, in: Heimatverband für den Kreis Pinneberg von 1961 e.V. (Hg.): *Jahrbuch
für den Kreis Pinneberg 1992*, Pinneberg 1991, S. 85–102. Lokale Darstellung, die überraschend kurz und ehrlich mit dem Dritten
Reich umgeht.

Erdmann, Walter: *Ohne Befehl*, Kiel (DRK-Landesverband) 1969.

Feuerwehr der Landeshauptstadt Hannover (Hg.): *100 Jahre Berufsfeuerwehr Hannover*, Hannover 1979.

Foerster, Wolfgang/Liesner, Gerhard/Senftleben, Eduard: *Unter dem
Roten Kreuz im Weltkriege*, Berlin o. J. Im Dritten Reich erschiene-
ner Prachtband über die Arbeit der Freiwilligen Krankenpflege im
Ersten Weltkrieg.

Freiwillige Feuerwehr der Stadt Itzehoe (Hg.): *112 Jahre Freiwillige
Feuerwehr Itzehoe*, Itzehoe 1982.

Friedrich, Jörg: *Das Gesetz des Krieges*, München ²1995. Eine detailge-
treue Dokumentation des Prozesses gegen das Oberkommando
der Wehrmacht.

278

Giefer, Rena und Thomas: *Die Rattenlinie*, 2., durchgesehene Auflage, Frankfurt am Main 1992.

Goldhagen, Daniel Jonah: *Hitlers willige Vollstrecker. Ganz gewöhnliche Deutsche und der Holocaust*, Berlin 1996. Heftig umstritten, aber als Quellensammlung brauchbar.

Grenzfriedensbund (Hg.): *Jüdisches Leben und die Novemberpogrome 1938 in Schleswig-Holstein*, Flensburg 1988.

Gruber, Walter: *125 Jahre Rotes Kreuz*, Stuttgart (DRK-Landesverband Baden-Württemberg) 1988.

Ders.: *Das Rote Kreuz in Deutschland*, Schriftenreihe Verbände der Bundesrepublik Deutschland, Bd. 10, Wiesbaden 1985. »Mit dem Kauf dieses Buches unterstützen Sie die Arbeit des Deutschen Roten Kreuzes. Der Spendenanteil beträgt DM 3,-.«

Grüneisen, F.: *Das Deutsche Rote Kreuz in Vergangenheit und Gegenwart*, Ausgabe für Angehörige des Deutschen Roten Kreuzes, Potsdam (Deutsches Rotes Kreuz, Präsidium) 1939. Umfassende Selbstdarstellung des Deutschen Roten Kreuzes im Dritten Reich.

Heiber, Beatrice und Helmut (Hg.): *Die Rückseite des Hakenkreuzes*, München [2]1994. Dieses kaum überschaubare Konvolut von Dokumenten offenbart die teilweise ans Satirische grenzende Realität des Dritten Reiches.

Heimatverband für den Kreis Steinburg (Hg.): *Steinburger Jahrbuch 1996*, Itzehoe 1995.

Hesse, Erich: *Das Krankenbeförderungswesen im Wandel der Zeiten*, München 1956. Ein als Standardwerk angelegter Überblick zum Thema Krankentransport; noch stark von der Ideologie des Dritten Reiches geprägt.

Hilberg, Raul: *Die Vernichtung der europäischen Juden*, 3 Bde. (Seitenzählung durchgängig!), Frankfurt am Main 1990.

Hitler, Adolf: *Mein Kampf*, zwei Bände in einem Band / ungekürzte Ausgabe, 573.-577. Auflage, München (Zentralverlag der NSDAP) 1940.

Höß, Rudolf: *Kommandant in Auschwitz*, hg. von Martin Broszat, München [11]1987 – die autobiographischen Aufzeichnungen des KZ-Kommandanten Höß.

Jarausch, Dieter/Haase, Joachim: *Die Stuttgarter Feuerwehr*, Stuttgart

1991 – eine der wenigen Selbstdarstellungen einer deutschen Feuerwehr, in der eigene Verbrechen im Dritten Reich thematisiert werden.

Kadell, Franz: *Die Katynlüge*, München 1991.

Klee, Ernst: *Auschwitz, die NS-Medizin und ihre Opfer*, Frankfurt am Main 1997.

Klee, Ernst/Dreßen, Willi: *Gott mit uns*, Frankfurt am Main 1989.

Klee, Ernst/Dreßen, Willi/Rieß, Volker: *Schöne Zeiten*, Frankfurt am Main [3]1988.

Klier, Freya: *Die Kaninchen von Ravensbrück*, München 1994. Das Buch leidet stellenweise unter dem sehr subjektiven Stil der Autorin und ist insbesondere in bezug auf Führungspositionen (Bernadotte und Gebhardt) ungenau.

Knopp, Guido: *Hitlers Helfer*, München 1998.

Kohl, Paul: *Der Krieg der deutschen Wehrmacht und der Polizei 1941–1944*, München 1995. Lizenzausgabe des Buches *Ich wundere mich, daß ich noch lebe*, Gütersloh 1990. Sammlung von Aussagen sowjetischer Überlebender des deutschen Überfalls.

Krueger, Richard: *Amtliches Unterrichtsbuch über Erste Hilfe*, Berlin [2]1938.

Ders.: *Amtliches Unterrichtsbuch über Erste Hilfe*, [20]1944.

Lange, Wilhelm: *Cap Arcona*, Eutin 1988. Offizielle Darstellung der Ereignisse im Auftrag der Stadt Neustadt.

Lewin, Gerhard: *Schwimmsport*, Berlin (O) 1972.

Lichtenstein, Heiner: *Angepaßt und treu ergeben*, Köln 1988.

Lifton, Robert Jay: *Ärzte im Dritten Reich*, Stuttgart 1988.

Meier, Helmut: *Die Bundesanstalt Technisches Hilfswerk (THW) 1950–1990*, Karlsfeld o. J. Der Text entspricht einem Auszug aus einem Zivilschutz-Handbuch und enthält die einzige offizielle Darstellung der Technischen Nothilfe; die Broschüre wurde vom THW im Rahmen der Öffentlichkeitsarbeit kostenlos verteilt.

Müller, Ingo: *Furchtbare Juristen*, München 1987.

Müller, Wilhelm: *Mit einem Unfall fing es an ...*, Wiesbaden 1988. Chronik und Selbstdarstellung des Arbeiter-Samariter-Bundes.

Müller-Werthmann, Gerhard: *Konzern der Menschlichkeit*, Hamburg 1984. Rundumschlag gegen die Geschäftspraktiken des Deutschen Roten Kreuzes in den frühen achtziger Jahren; der historische Teil dient vor allem der allgemeinen Diskreditierung und weist Ungenauigkeiten auf.

Ostersehlte, Christian: *Die Deutsche Gesellschaft zur Rettung Schiffbrüchiger*, Reihe Schriften des Deutschen Schiffahrtsmuseums, Bd. 26, Hamburg 1990.

Pehle, Walter H. (Hg.): *Der Judenpogrom 1938*, Frankfurt am Main 1988.

Schmitz, Josef N./Bartnitzke, Klaus: *DLRG: Humanität und Sport im Dienst am Mitmenschen*, Schorndorf 1977, 3., erweiterte und verbesserte Auflage, 1988.

Seward, Desmond: *The Monks of War*, Harmondsworth 1995.

Silver, Eric: *Sie waren stille Helden*, München 1994.

Speer, Albert: *Der Sklavenstaat*, Stuttgart 1981.

Stadt Braunschweig (Hg.): *100 Jahre organisierter Rettungsdienst in Braunschweig*, Braunschweig 1996.

Suchowiak, Bogdan: *Die Tragödie der Häftlinge von Neuengamme*, Hamburg 1985.

Thalmann, Rita/Feinermann, Emmanuel: *Die Reichskristallnacht*, Frankfurt am Main 1988.

Ueberschär, Gerd. R./Wette, Wolfram (Hg.): *Der deutsche Überfall auf die Sowjetunion*, überarbeitete Neuausgabe, Frankfurt am Main 1991.

Wassermann, Charles: *Helden ohne Waffen*. »Geschichtsbuch« des Internationalen Komitees vom Roten Kreuz, das wegen seiner nicht dokumentierten Hintergründe eher ein »Märchenbuch« ist.

Wiesenthal, Simon: *Recht, nicht Rache*, Frankfurt am Main ²1988.

Wistrich, Robert: *Wer war wer im Dritten Reich?* Frankfurt am Main 1987.

Bildnachweis

Register